高等院校通识课教材

U0662855

普通话水平测试教程

第三版

彭 红◎编 著

华东师范大学出版社
·上海·

图书在版编目(CIP)数据

普通话水平测试教程/彭红编著.—3版.—上海:华东师
范大学出版社,2024
ISBN 978-7-5760-4864-3

Ⅰ.①普… Ⅱ.①彭… Ⅲ.①普通话—水平考试—教材
Ⅳ.①H102

中国国家版本馆 CIP 数据核字(2024)第 063697 号

普通话水平测试教程(第三版)

编　著　彭　红
责任编辑　范耀华　孔　凡
责任校对　李琳琳
装帧设计　卢晓红
封面设计　俞　越

出版发行　华东师范大学出版社
社　　址　上海市中山北路 3663 号　邮编 200062
网　　址　www.ecnupress.com.cn
电　　话　021-60821666　行政传真 021-62572105
客服电话　021-62865537　门市(邮购)电话 021-62869887
地　　址　上海市中山北路 3663 号华东师范大学校内先锋路口
网　　店　http://ecnup.taobao.com/

印 刷 者　常熟高专印刷有限公司
开　　本　787 毫米×1092 毫米　1/16
印　　张　12.75
字　　数　304 千字
版　　次　2024 年 5 月第一版
印　　次　2024 年 5 月第一次
书　　号　ISBN 978-7-5760-4864-3
定　　价　45.00 元

出版人　王　焰

(如发现本版图书有印订质量问题,请寄回本社客服中心调换或电话 021-62865537 联系)

目　　录

前　　言

　　《普通话水平测试教程》初版于 2007 年 1 月,再版于 2011 年 7 月,十余年来,得到高等院校师生及普通话学习者的认可与喜爱。今次修订为第三版,根据国家语委普通话与文字应用培训测试中心对普通话水平测试内容的调整,依据《普通话水平测试实施纲要(2021 年版)》,在第二版的基础上进行了严谨细致的修订工作。本教程是高等师范院校和开设普通话水平测试课程的各类性质高等院校的普通话水平测试通用教材,又因它以具有汉语拼音基本认读能力的人群为阅读对象,因此本教程的适用人群是:高等师范院校的学生;将要考取教师资格证选择教师职业的非师范类大学毕业生;各级各类学校还未拿到普通话水平测试合格证的教师;高职高专院校就业时有普通话水平等级要求的相关专业学生;新闻传媒类大学或此类专业的学生;公务员以及因职业关系需要参加普通话水平测试的社会各界人士。

　　本教程具有以下几个特点:

　　1. 紧扣普通话水平测试新版纲要

　　从 1994 年至今,普通话水平测试工作经过三十年的实践,不断总结经验,不断改进、完善测试内容。此次实施的新版纲要与 2003 年颁布的大纲相比,在《普通话水平测试用普通话词语表》和《普通话水平测试用普通话与方言常见语法差异对照表》两项中作了微调,而朗读篇目和命题说话两个测试内容有很大变动。本教程正是紧扣新版纲要而编写的一部实用性很强的普通话水平测试教材,练习用的字词都在新版纲要《普通话水平测试用普通话词语表》范围之内,必读轻声词、一般轻声词的选取、注音以及朗读短文中的读音语音难点分析一律以新版纲要为准,目的是让应试人有的放矢地练习测试中有可能出现的、有一定难度的字、词。

　　2. 完全从应测者考级的实际需要出发

　　由于普通话水平测试是对应试人掌握和运用普通话的规范程度进行的口头评定,它并不要求应试人一定掌握整个普通话语音、词汇、语法方面的系统知识;又因为阅读对象具有汉语拼音基本认读能力,故而本教程不花大量篇幅系统地介绍普通话语音系统理论,而完全从应试者的实际需要出发,直接从普通话水平测试的四大内容(读单音节字词、读多音节词语、朗读短文和命题说话)入手,讲清应测难点,介绍攻克难点的方法,提供丰富练习材料。其目的只有一个:掌握普通话水平测试时的读音与表达要求,通过努力取得满意的成绩。

　　为了解决应试者急需解决的问题,本教程作了如下几方面的努力:

　　一是所涉及的字、词均在新大纲指定范围之内;

二是为解决应试人记字正音问题，编制了一系列针对性很强的附录；

三是为加强应试人的实战训练，编制了相当数量的模拟测试题目；

四是为节省应试人的时间，对50篇朗读短文分别做了读音难点分类提示；

五是为解决应试人的疑问，特设了测试答疑，解答应测者最想了解的50个问题；

六是为加强应试人的听力训练，备有与练习和短文相匹配的资源，扫描封底二维码即可获取；

七是针对近年来普遍实施的计算机辅助普通话水平测试（称为"机考"），提供了机考流程，机考评分标准和有关机考的答疑。

本教程既可作普通话水平测试课程的教材，又可作自学指导书。作为普通话水平测试课程教材使用时，作者对课时的分配提出以下建议：

总授课时数：　　　　　　24课时

第一章 读单音节字词　　　6课时

第二章 读多音节词语　　　4课时

第三章 朗读短文　　　　　6课时

第四章 命题说话　　　　　4课时

第五章 测试心理辅导　　　1课时

附录(一～七)　　　　　　1课时

模拟测试　　　　　　　　2课时

当然，各高校或语委办、测试站亦可根据本校、本地的实际情况来确定具体课时。

普通话水平测试对测试员来说是一项技术性很强的工作，对应试人来说当然也就必须掌握重要的应测技巧。但愿本教程能够为参加普通话水平测试的朋友们带来福音，更愿听到来自专家和读者批评的声音。

《普通话水平测试教程》(第三版)修订过程中得到了华东师范大学出版社领导的关怀和支持，尤其是受到责任编辑范耀华、孔凡女士，责任校对李琳琳女士，审读章悬女士及其他各位编审的悉心指导和严格把关，使这部教程得以展现出全新的面貌，为我国普通话水平测试工作再作贡献。

彭　红

2023年12月

第一章　读单音节字词

这项测试是为了测查应试人普通话声母、韵母、声调发音的准确度。共读100个单音节字词,总分为10分。

这项测试的评分标准是:

▲ 读错一个字的声母、韵母或声调扣0.1分。

▲ 读音有缺陷每个字扣0.05分。

▲ 限时3.5分钟。超时1分钟以内,扣0.5分;超时1分钟以上(含1分钟),扣1分。

一个字允许读两遍,即应试人若发觉第一次读音有口误,允许改读,按第二次读音评判。

这项测试的应测难点有两个:一是避免读音错误;二是避免读音缺陷。

第一节　怎样避免读音错误

读音错误是指把普通话里的某一个音读成另外一个音。出现读音错误的主要原因是受方言的影响,其他原因还有遇到比较生疏的字、多音字及由于怯场而看错等等。下面对测试实践中比较常见的几种类型的读音错误进行分析,提供正音方法。

一、读准 z、c、s 和 zh、ch、sh

发音要领:

1. 发平舌音 z、c、s 时,舌尖平伸,抵住或接近上门齿背。

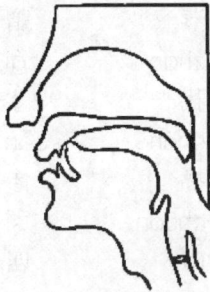

2. 发翘舌音 zh、ch、sh 时,舌头放松,舌尖轻巧地翘起来接触或靠近硬腭前部(即上牙床上部突出且凹凸不平的那个部位)。

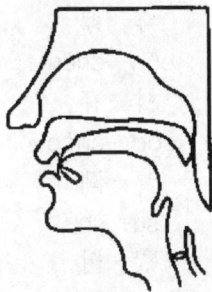

1　平舌音 z、c、s　　　　2　翘舌音 zh、ch、sh

图一　平舌音和翘舌音发音示意图

练习方法：

1. 集中练习

z——	zìzai	zàizào	zòngzi	zìzūn
	自在①	再造	粽子	自尊
	zàngzú	zézé	zǔzong	zāizāng
	藏族	啧啧	祖宗	栽赃
c——	cēncī	cāicè	cūcāo	cǎocóng
	参差	猜测	粗糙	草丛
	céngcì	cóngcǐ	cāngcù	cuīcán
	层次	从此	仓促	摧残
s——	suǒsuì	sōngsǎn	sīsuǒ	sèsù
	琐碎	松散	思索	色素
	sùsòng	sǎsǎo	sìsàn	sōusuǒ
	诉讼	洒扫	四散	搜索
zh——	zhēnzhū	zhòngzhí	zhèngzhì	zhuāngzhì
	珍珠	种植	政治	装置
	zhōuzhuǎn	zhǔzhāng	zhuózhòng	zhìzhǐ
	周转	主张	着重	制止
ch——	chāichú	chāochǎn	chuánchéng	chēngchí
	拆除	超产	传承	撑持
	chánchú	chuānchā	chúchén	chéngchǔ
	蟾蜍	穿插	除尘	惩处
sh——	shuìshōu	shǎnshuò	shāshāng	shōushi
	税收	闪烁	杀伤	收拾
	shénshèng	shànshí	shāoshāo	shānshuǐ
	神圣	膳食	稍稍	山水

2. 对比练习

（1）字的对比练习

平—翘	zī—zhī	zǐ—zhǐ	zì—zhì	zuì—zhuì
	兹—知	仔—纸	字—挚	最—缀
	zēng—zhēng	zèng—zhèng	zūn—zhūn	zàn—zhàn
	增—蒸	赠—正	尊—谆	赞—占
	zǎo—zhǎo	cái—chái	cūn—chūn	cí—chí
	澡—找	才—豺	村—春	瓷—驰
	cān—chān	cǎn—chǎn	cáo—cháo	cuī—chuī
	参—搀	惨—铲	曹—潮	崔—吹
	cuàn—chuàn	sì—shì	sù—shù	sāng—shāng
	窜—串	四—市	素—树	桑—伤

---

① 练习用词语中下面加"。"的字应读作轻声。后同。

sǎng—shǎng	suì—shuì	sǎn—shǎn	sǎ—shǎ
嗓—晌	隧—睡	散—闪	洒—傻

（2）词和短语的对比练习

平—翘

zīzhù—zhīzhù	zāihuā—zhāihuā	zǎodào—zhǎodào
资助—支柱	栽花—摘花	早稻—找到
mùcái—mùchái	cāzuǐ—chāzuǐ	luàncǎo—luànchǎo
木材—木柴	擦嘴—插嘴	乱草—乱吵
sǐjì—shǐjì	zìlì—zhìlì	zànzhù—zhànzhù
死记—史记	自立—智力	赞助—站住
zànshí—zhànshí	dàzì—dàzhì	yìcéng—yìchéng
暂时—战时	大字—大志	一层——一成
sāngē—shāngē	sāizi—shāizi	sǎnguāng—shǎnguāng
三哥—山歌	塞子—筛子	散光—闪光

sàngshēng—shàngshēng

丧生—上升

（3）组词对比练习

z—zh	zǔzhī	zázhì	zàizhòng	zēngzhǎng
	组织	杂质	载重	增长
	zuìzhōng	zòuzhāng	zǔzhǐ	zǔzhòu
	最终	奏章	阻止	诅咒
	zìzhǔ	zuìzhèng	zūnzhòng	zìzhì
	自主	罪证	尊重	自治
	zūnzhào	zǒngzhī	zìzhuàn	zuòzhě
	遵照	总之	自转	作者
zh—z	zhāzǐ	zhìzào	zhǒngzú	zhǎngzǐ
	渣滓	制造	种族	长子
	zhǎozé	zhènzuò	zhùzuò	zhèngzài
	沼泽	振作	著作	正在
	zhīzú	zhízé	zhǐzé	zhìzuì
	知足	职责	指责	治罪
	zhuāngzài	zhùzào	zhuàngzú	zhǔnzé
	装载	铸造	壮族	准则
c—ch	cáichǎn	cāochǎng	cǎichóu	càichǎng
	财产	操场	彩绸	菜场
	cāochí	cānchē	cánchūn	cánchuǎn
	操持	餐车	残春	残喘
	cúnchǔ	cíchéng	cūchá	cuīchǎn
	存储	辞呈	粗茶	催产
	cíchǎng	cúnchá	cùchéng	cáichǔ
	磁场	存查	促成	裁处
ch—c	chēcì	chàngcí	chéngcái	chúncuì
	车次	唱词	成才	纯粹

	chācuò	chǎngcì	chéncí	chóucuò
	差错	场次	陈词	筹措

	chūcāo	chúcǎo	chǔcí	chǔcún
	出操	除草	楚辞	储存
	chǔcáng	chuǎicè	chuāncì	chūncán
	储藏	揣测	穿刺	春蚕
s—sh	sǎnshè	suīshuō	sàngshī	sǎoshè
	散射	虽说	丧失	扫射
	sùshè	suíshí	suǒshǔ	sāshǒu
	宿舍	随时	所属	撒手
	sùshí	sùshā	sàishì	suànshù
	素食	肃杀	赛事	算术
	suíshēn	sǎoshì	sǔnshāng	suǒshì
	随身	扫视	损伤	琐事
sh—s	shàngsù	shàosuǒ	shénsè	shēnsī
	上诉	哨所	神色	深思
	shēnsuì	shēnsù	shàngsi	shénsù
	深邃	申诉	上司	神速
	shēngsù	shēngsè	shēngsǐ	shīsè
	声速	生涩	生死	失色
	shìsǐ	shōusuō	shēnsuō	shūsōng
	誓死	收缩	伸缩	疏松

3. 声旁类推练习

有一些造字能力很强的汉字可以作为声旁和其他偏旁构成许多字,作声旁的这个字的声母往往和由它构成的整个字的声母相同。这就为应试人记忆平舌音和翘舌音的字提供了方便。只要记住那个声旁的声母,就可以记住以它作声旁的许多字的读音。应试人可以根据自己的读音难点,选取声旁为平舌音或翘舌音声母的字,做成声旁类推记字卡片,随时进行组词、造句等多种方式的记忆练习。这种方法比较费工费时,但效果很明显。比如:

声旁类推　sh

山—舢汕疝疝

少—沙莎纱痧砂裟鲨(例外:娑 suō)

市—柿铈

申—伸呻绅砷神审婶

生—牲笙甥胜

式—试拭轼弑

师—狮筛(例外:蛳 sī)

---

4. 利用普通话声韵拼合规律练习

在普通话里,声母和韵母的拼合有一定的规律,可以利用这种拼合规律来分辨平舌音和翘舌音。比如：

平舌音 z、c、s 不能和 ua、uai、uang 相拼，所以"抓、刷、耍、唰、拽、踹、揣、摔、甩、帅、衰、蟀、装、庄、撞、壮、状、窗、床、闯、创、疮、双、霜、爽"等字都念翘舌音。

翘舌音 sh 不能和 ong 相拼，所以"松、嵩、怂、耸、宋、讼、颂、送、诵"等字都念平舌音。

5. 绕口令练习（加"．"的是翘舌音字）

绕口令是用声母、韵母容易相混的字交叉重叠编成句子的一种语言游戏，也是一种很好的练音正音形式。它可以帮应测者练习发音部位、发音方法转换的速度和准确度。

z——zh

红砖堆、青砖堆，砖堆旁边蝴蝶追，蝴蝶绕着砖堆飞，飞来飞去蝴蝶钻砖堆。

c——ch

紫瓷盘，盛鱼翅。一盘熟鱼翅，一盘生鱼翅。迟小池拿了一把瓷汤匙，要吃清蒸美鱼翅。一口鱼翅刚到嘴，鱼刺刺进齿缝里，疼得小池拍腿挠牙齿。

s——sh

四是四，十是十，十四是十四，四十是四十。

下面的《翘舌音和平舌音声旁代表字类推表》，可以帮助应试人快速高效地记忆翘舌音和平舌音的常用字。记忆练习时不要机械地反复念那些单字，而应该组词练习，让字音和字义在大脑中建立起联系。这样，就很容易记住它们的读音。

附录

翘舌音和平舌音声旁代表字类推表

一、zh 声母代表字

乍—zhà 炸(炸弹)榨诈 zhǎi 窄 zhá 炸(炸酱面)（zǎ 咋 zuó 昨 zuò 作）

占—zhān 占(占卜)沾粘毡 zhàn 占(占领)站战（shàn 苫 zuàn 钻(钻井)）

詹—zhān 詹瞻（shàn 赡）

斩—zhǎn 斩崭（zàn 暂 cán 惭）

章—zhāng 章彰樟 zhàng 障

长—zhǎng 长(生长)涨(涨价) zhāng 张 zhàng 胀帐账

丈—zhàng 丈仗杖

召—zhāo 招昭 zhǎo 沼 zhào 召照（chāo 超 sháo 韶）

折—zhē 折(折腾) zhé 哲 zhè 浙（shì 誓逝）

遮—zhē 遮 zhè 蔗

者—zhě 者 zhū 诸猪 zhǔ 煮 zhù 著（chǔ 储 shǔ 暑薯署 shē 奢）

贞—zhēn 贞侦帧

珍—zhēn 珍 zhěn 诊疹（chèn 趁）

真—zhēn 真 zhèn 镇（shèn 慎）

枕—zhěn 枕 zhèn 鸩（chén 忱 shěn 沈）

振—zhèn 振震（chén 晨 shēn 娠 shèn 蜃）

正—zhēng 正(正月)征 zhèng 正(正确)症怔证政(chéng 惩)

之—zhī 之芝

支—zhī 支枝肢吱(chì 翅)

只—zhī 只(一只)织 zhí 职 zhǐ 只(只要) zhì 帜识(标识)(shí 识(识别))

知—zhī 知蜘 zhì 智

旨—zhī 脂 zhǐ 旨指

执—zhí 执 zhì 挚(shì 势)

直—zhí 直值殖 zhì 置

止—zhǐ 止趾址(chǐ 耻齿 chě 扯)

至—zhì 至致窒 zhí 侄(shì 室)

中—zhōng 中忠钟衷 zhǒng 种(种子)肿 zhòng 仲种(种田)(chōng 冲)

州—zhōu 州洲(chóu 酬)

朱—zhū 朱珠蛛株(shū 殊)

主—zhǔ 主 zhù 住注柱驻蛀

爪—zhuā 抓 zhuǎ 爪

专—zhuān 专砖 zhuǎn 转(转运) zhuàn 传(传记)转(转速)(chuán 传(传达))

庄—zhuāng 庄桩(zāng 脏赃)

壮—zhuàng 装妆 zhuàng 壮状(zàng 奘)

撞—zhuàng 撞幢

隹—zhuī 锥椎 zhǔn 准(sǔn 榫 suī 睢)

卓—zhuō 桌 zhuó 卓 zhào 罩(chuò 绰)

啄—zhuó 啄琢

需要个别记住的字： zhā 渣 zhá 扎闸轧 zhǎ 眨 zhà 栅 zhāi 斋 zhái 宅 zhài 寨 zhǎn 展 zhàn 绽 zhǎng 掌 zhe 着(走着) zháo 着(着急) zhǎo 找 zhào 兆 zhé 辙辄 zhè 这 zhēn 针斟 zhèn 阵 zhèng 郑 zhī 汁 zhì 秩痔滞制 zhōng 终 zhòng 重 zhōu 舟粥 zhǒu 帚 zhòu 咒骤昼 zhú 竹竺逐 zhù 助祝铸筑 zhuài 拽 zhuàn 篆撰赚 zhuī 追 zhuì 缀赘 zhūn 谆 zhuō 捉 zhuó 着(着想)酌

二、ch 声母代表字

叉—chā 叉(叉子) chǎ 衩 chà 叉(劈叉)杈

查—chā 喳 chá 查(检查)猹碴(碴口)(又音 zhā 查(姓))

搀—chān 搀 chán 馋

产—chǎn 产铲

颤—chàn 颤(shàn 擅)

昌—chāng 昌猖菖阊娼鲳 chàng 唱倡

场—cháng 场(打场)肠 chǎng 场(场面) chàng 畅

尝—cháng 尝偿

抄—chāo 抄钞吵(吵吵) chǎo 炒吵(吵闹)

朝—cháo 朝(朝代)潮嘲(zhāo 朝(朝气))

撤—chè 撤澈(zhé 辙)

辰—chén 辰晨 chún 唇(zhèn 振震 shēn 娠 shèn 蜃)

呈—chéng 呈程 chěng 逞

成—chéng 成城诚盛(盛饭)(shèng 盛(盛大))

橙—chéng 橙澄(澄清)

丞—chéng 承(zhēng 蒸　zhěng 拯)

池—chí 池驰弛(shī 施)

尺—chǐ 尺　chí 迟

斥—chì 斥　chāi 拆(sù 诉)

虫—chóng 虫　chù 触(zhú 烛　zhuó 浊)

筹—chóu 筹畴

愁—chóu 愁　chǒu 瞅

出—chū 出　chǔ 础(zhuō 拙　zhuó 茁)

刍—chú 刍雏(zhōu 诌　zhòu 皱绉)

厨—chú 厨橱

喘—chuǎn 喘　chuāi 揣(怀揣)　chuǎi 揣(揣测)

吹—chuī 吹炊

垂—chuí 垂捶锤(shuì 睡)

春—chūn 春椿　chǔn 蠢

需要个别记住的字：chā 插差(差别)　chá 察　chà 岔差(差劲)诧刹　chāi 差(出差)　chán 缠蟾　chǎn 谄阐 chàn 忏　chāo 超　cháo 巢　chě 扯　chè 掣彻　chēn 嗔琛　chén 沉忱陈尘臣　chèn 趁　chéng 惩　chī 吃　chí 匙 持　chǐ 侈耻　chì 赤翅炽　chōng 冲(冲锋)充　chóng 重　chǒng 宠　chòng 冲(冲床)　chōu 抽　chóu 酬仇(复仇) chū 初　chú 锄除蹰　chǔ 储楚处(处理)　chù 处(处长)矗　chuān 穿　chuàn 串　chuáng 床幢(人影幢幢) chuǎng 闯　chuō 戳　chuò 绰

三、sh 声母代表字

衫—shān 衫杉(杉树)　shā 杉(杉木)

删—shān 删珊(cè 册)

单—shàn 单(姓)(chán 蝉　chǎn 阐)

善—shàn 善鳝

尚—shàng 尚　shǎng 赏　shang 裳(衣裳)

稍—shāo 稍捎梢　shào 哨

勺—sháo 勺芍(zhuó 酌灼)

少—shǎo 少　shā 沙纱砂

舌—shé 舌　shě 舍(舍命)　shè 舍(宿舍)　shì 适　shá 啥

申—shēn 申伸呻绅　shén 神　shěn 审婶

生—shēng 牲笙甥　shèng 胜

师—shī 师狮　shāi 筛(sī 蛳)

诗—shī 诗　shì 恃侍(zhì 峙痔　chí 持　sì 寺)

十—shí 十什(家什)(zhēn 针　zhī 汁)

史—shǐ 史驶

市—shì 市柿

式—shì 式试拭

受—shòu 受授

叔—shū 叔淑

疏—shū 疏蔬梳

暑—shǔ 暑署薯曙

刷—shuā 刷　shuàn 涮

率—shuài 率(表率)蟀 shuāi 摔
栓—shuān 栓拴
说—shuō 说(说服) shuì 税说(游说)

需要个别记住的字: shā 煞(煞尾) shǎ 傻 shà 厦霎 shǎn 闪陕 shāng 伤 shàng 上 shāo 烧 shé 蛇 shè 摄设社赦 shēn 身深 shěn 沈 shèn 慎 shēng 声升 shéng 绳 shèng 盛圣 shī 失施虱湿 shí 拾实 shǐ 始矢 shì 事势室似(似的) shōu 收 shǒu 手守首 shòu 售兽瘦 shū 书枢输 shú 赎 shǔ 蜀鼠数(数一数二) shù 数(数字)墅树竖戍恕束漱庶 shuǎ 耍 shuāi 衰 shuǎi 甩 shuǎng 爽 shuǐ 水 shuì 睡税 shùn 顺 shuò 朔烁

四、z声母代表字

匝—zā 匝咂 zá 砸
咋—zǎ 咋 zuó 昨 zuò 作柞
哉—zāi 哉栽 zǎi 载(记载) zài 载(装载)(cái 裁)
宰—zǎi 宰 zǐ 滓
赞—zǎn 攒(积攒) zàn 赞
脏—zāng 脏(肮脏)赃 zàng 脏(内脏)
藏—zāng 藏 zàng 藏(宝藏)(cáng 藏(矿藏))
澡—zǎo 澡藻 zào 燥躁噪
责—zé 责帻 zì 渍(zhài 债)
泽—zé 泽择
曾—zēng 曾(曾祖)憎增 zèng 赠(cēng 噌 cèng 蹭)
子—zī 孜 zǐ 子仔籽 zì 字 zǎi 仔(牛仔裤)
资—zī 资姿咨 zì 恣
兹—zī 兹嗞滋孳(cí 慈磁鹚糍)
辎—zī 辎淄缁锱
紫—zī 觜 zǐ 紫 zì 眦
宗—zōng 宗综踪鬃 zòng 粽(cóng 淙琮)
奏—zòu 奏揍(còu 凑)
租—zū 租 zǔ 阻祖诅俎 zuǐ 咀
卒—zú 卒 zuì 醉(cù 猝 cuì 淬悴瘁粹翠 suì 碎)
纂—zuǎn 纂 zuàn 攥(cuàn 篡)
尊—zūn 尊遵樽鳟
左—zuǒ 左佐
坐—zuò 坐座

需要个别记住的字: zā 扎(扎染) zá 杂 zāi 灾 zǎi 宰 zài 在 zán 咱 zàn 暂 zàng 葬 záo 凿 zǎo 早枣蚤 zào 皂灶造 zé 则 zè 仄 zéi 贼 zěn 怎 zǐ 姊 zì 自字 zǒng 总 zòng 纵 zōu 邹 zǒu 走 zú 足族 zuān 钻(钻空子) zuàn 钻(钻井) zuǐ 嘴 zuì 罪最 zuò 做

五、c声母代表字

才—cái 才材财(chái 豺)
采—cǎi 采睬彩踩 cài 菜
参—cān 参(参加) cǎn 惨 cēn 参(参差)(shēn 参(人参))
仓—cāng 仓伧(伧俗)沧苍舱(伧又音 chen(寒伧))
曹—cáo 曹漕嘈槽蝤(zāo 遭糟)

侧—cè 侧测厕恻(zé 则)

曾—cēng 噌 céng 曾(曾经) cèng 蹭

此—cǐ 疵 cí 雌 cǐ 此

次—cí 茨瓷 cì 次

慈—cí 慈磁糍鹚

词—cí 词祠 cì 伺(伺候)

从—cōng 苁枞 cóng 从丛

匆—cōng 匆葱

粗—cū 粗 cú 徂殂

窜—cuān 蹿撺 cuàn 窜

崔—cuī 崔催摧 cuǐ 璀

萃—cuì 萃翠淬瘁粹啐悴 cù 猝

搓—cuō 搓磋蹉 cuó 嵯

措—cuò 措错

痤—cuó 痤矬 cuò 挫锉

寸—cūn 村 cǔn 忖 cùn 寸

需要个别记住的字: cā 擦 cāi 猜 cài 蔡 cān 餐 cán 蚕残 cán 惭 càn 灿 cāo 操糙 cǎo 草 cè 册策 cén 岑 céng 层 cī 差(参差) cí 辞 cì 刺赐 cōng 囱聪 cóng 淙 cù 促蔟醋蹴 cuān 氽 cuán 攒 cún 存

六、s声母代表字

散—sā 撒(撒手) sǎ 撒(撒播) sǎn 馓散(散文) sàn 散(散步)

思—sāi 腮鳃 sī 思偲

桑—sāng 桑 sǎng 搡嗓

叟—sǎo 嫂 sōu 溲搜嗖馊飕螋艘 sǒu 叟(shòu 瘦)

司—sī 司 sì 伺(伺机)饲

斯—sī 斯厮撕嘶澌

四—sì 四泗驷

隋—suí 隋随 suǐ 髓

遂—suí 遂(半身不遂) suì 遂(毛遂自荐)隧燧邃

孙—sūn 孙荪狲

梭—suō 梭唆

锁—suǒ 锁琐唢

需要个别记住的字: sǎ 洒 sà 飒萨 sān 三 sǎn 伞 sāng 丧(丧事) sàng 丧(丧失) sāo 臊(腥臊) sǎo 扫 sào 臊(害臊) sè 涩色 sēn 森 sēng 僧 sī 丝私 sǐ 死 sì 似(似乎)肆 sōng 松嵩 sòng 送颂诵宋 sǒu 擞薮 sū 苏稣 sú 俗 sù 肃素诉塑 suī 尿虽睢 suí 绥 suì 岁穗崇碎 sǔn 损笋榫 suō 蓑婆挲缩 suǒ 所索

应试人读错翘舌音和平舌音主要有两种情况:一是由于自己的方言中没有翘舌音或没有平舌音。如果属于这种情况,必须首先弄清这两类声母的发音原理,再按照本教材提供的"集中练习"和"对比练习"准确分辨它们发音位置和音色上的区别,然后通过绕口令等形式的练习逐渐习惯这两类声母的发音状态。二是虽然能够读准这两类声母,但不能清楚地分辨哪些字该读平舌音、哪些字该读翘舌音。如果属于这种情况,可以通过声旁类推练习和上面提到的普通话声韵拼合规律记字,效果会非常不错。同时,还应该特别注意声旁代表字类推表中所列出的"需要个别记住的字",因为它们的读音无规律可循,所以在测试中读错的可能性最大。后面所涉及的几种声母、韵母方面的读音错误,均可以通过上述途径进行正音。

二、读准 n 和 l

发音要领:

1. 相同点:鼻音 n 与边音 l 都是舌尖中音,发音部位相同,发音时舌尖抵住上齿龈。

2. 不同点:鼻音 n 与边音 l 的发音方法不同。读 n 声母时,舌尖及舌前部两侧先与口腔前上部完全闭合,然后慢慢离开,气流从鼻腔出来,音色比较沉闷;读 l 声母时,舌尖接触上齿龈,气流从舌头两边透出,然后舌尖轻轻弹开,弹发成声,音色比较清脆。

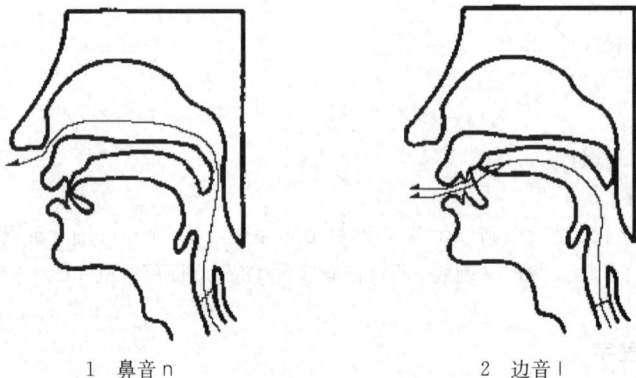

1 鼻音 n   2 边音 l

图二　鼻音和边音发音示意图

如图所示,n 是鼻音,发音时气流通过鼻腔;l 不是鼻音,发音时气流不通过鼻腔。如果不清楚自己读得对不对,可以用捏鼻孔的方法来检验:读 n 时捏住鼻孔就不能发音,说明读对了;如果捏住鼻孔还能读出来 n,则肯定读错了。相反,读 l 时捏住鼻孔并不影响发音,说明读对了;如果捏住鼻孔就读不出 l,则一定是读错了。

练习方法:

1. 对比练习

(1) 字的对比练习

n—l	nà—là	nè—lè	nài—lài	něi—lěi
	那—辣	讷—乐	奈—赖	馁—磊
	nèi—lèi	nǐng—lǐng	náo—láo	nǎo—lǎo
	内—类	拧—领	挠—牢	脑—老
	nào—lào	nán—lán	náng—láng	nǐ—lǐ
	闹—烙	南—蓝	囊—狼	你—里
	nì—lì	niè—liè	niǎo—liǎo	niào—liào
	逆—立	聂—裂	鸟—了	尿—料
	niū—liū	niǎn—liǎn	niàn—liàn	niáng—liáng
	妞—溜	碾—脸	念—恋	娘—凉
	nín—lín	nú—lú	nǔ—lǔ	nù—lù
	您—林	奴—炉	努—鲁	怒—路

nuó—luó	nuò—luò	nuǎn—luǎn	nǔ—lǔ
挪—罗	糯—洛	暖—卵	女—吕

nüè—lüè			
虐—略			

（2）词和短语对比练习

n—l	nǎozi—lǎozi		nánxié—lánxié
	脑子—老子		男鞋—蓝鞋
	dànù—dàlù		nóngzhòng—lóngzhòng
	大怒—大路		浓重—隆重
	nǔkè—lǔkè		yìnián—yìlián
	女客—旅客		一年——一连
	nánzhù—lánzhù		shuǐniú—shuǐliú
	难住—拦住		水牛—水流
	wúnài—wúlài		Nánníng—Lánlíng
	无奈—无赖		南宁—兰陵
	nánnǚ—lánlǚ		xiǎoniú—Xiǎo Liú
	男女—褴褛		小牛—小刘
	liúniàn—liúliàn		níba—líba
	留念—留恋		泥巴—篱笆
	yǔnnuò—yǔnluò		nàozāi—làozāi
	允诺—陨落		闹灾—涝灾
	niǎoquè—liǎoquè		lǎonóng—lǎolóng
	鸟雀—了却		老农—老龙

（3）鼻边音组词练习

n—l	nìliú	nàiláo	nǎolì	nèilì
	逆流	耐劳	脑力	内力
	nèilù	núlì	nǔlì	nǚláng
	内陆	奴隶	努力	女郎
	néngliàng	niánlì	niánlún	niánlíng
	能量	年历	年轮	年龄
	nuǎnliú	niǎolèi	nónglín	nónglì
	暖流	鸟类	农林	农历
l—n	lěngnuǎn	liúniàn	liúnián	lǎonián
	冷暖	留念	流年	老年
	lǎonà	lǎoniáng	lǎoniú	láinián
	老衲	老娘	老牛	来年
	lànní	língnüè	lìniào	liùniǎo
	烂泥	凌虐	利尿	遛鸟

2. 声旁类推练习

辨别声旁为鼻音或边音声母的字，也可以借助汉字声旁类推的规律，做成类推记音卡片,随时进行记忆练习,达到事半功倍的效果。

[示例]

> 声旁类推 l
>
> 仑—伦抢轮囵纶论
> 兰—拦栏烂
> 览—揽缆榄
> 龙—咙聋笼陇垄拢
> 卢(户)—泸庐芦炉轳颅驴
> 录—禄碌绿氯
> 劳—捞痨涝

3. 记单边练习

方言里的某一类音,在普通话里分为两类,往往一类字数少,一类字数多。如果能够记住少的那一类,其余的就属另一类,可以大胆推知它们的声母。

比如:普通话里,声母 n 与韵母 ü、ei、in 相拼的字极少,而 l 与它们相拼的字较多,如果记住字少的那一部分,其余的字就可以放心地读边音声母了。

nü 女—lü 驴旅屡缕褛吕铝履率虑滤律

nei 馁内—lei 勒雷累擂垒傫磊泪类肋

nin 您—lin 林淋琳临邻凛吝

4. 绕口令练习(加“．”的是 n 作声母的字)

分清鼻边音,由慢到快反复练读。

老龙恼怒闹老农,老农恼怒闹老龙,农怒龙恼农更怒,龙恼农怒龙怕农。

牛拉碾子碾牛料,碾了牛料留牛料。

借助《n 和 l 声旁代表字类推表》同样能够快速高效地记忆 n 声母和 l 声母的常用字。需要注意的是,不要一个字一个字机械地读,而应该组词练习,让字音和字义在大脑中建立起联系,这样才能比较快地记住它们的读音。

附录

n 和 l 声旁代表字类推表

一、n 声母代表字

那—Nā 那(姓) nǎ 哪(哪怕) nà 那(那么) 娜(人名用字) né 哪(哪吒) nuó 挪娜(婀娜)

乃—nǎi 乃奶

奈—nài 奈 nà 捺

脑—nǎo 脑恼

尼—ne 呢(语气助词) ní 尼泥(泥巴) 呢(呢绒) nì 昵泥(拘泥)

内—nèi 内 nà 呐纳钠

你—nǐ 你 nín 您

念—niàn 念 niǎn 捻

娘—niáng 娘 niàng 酿

聂—niè 聂镊

蘖—niè 蘖蘗

宁—níng 宁(宁静)狞拧(拧毛巾) nǐng 拧(拧螺丝) nìng 泞宁(宁可)

扭—niǔ 扭纽钮 niū 妞

农—nóng 农浓脓

奴—nú 奴 nǔ 努 nù 怒

懦—nuò 懦糯

诺—nuò 诺 nì 匿

虐—nüè 虐疟

需要个别记住的字:ná 拿 nài 耐 nán 男难 náng 囊 nào 闹 něi 馁 nèn 嫩 néng 能 nǐ 拟 nì 溺逆腻 nián 年 niǎn 碾 niǎo 鸟 niào 尿 niè 镍 níng 凝 niú 牛 nòng 弄 nuǎn 暖

二、l 声母代表字

立—lā 拉(拉扯)垃啦 lá 拉(拉了个口子) lǎ 拉(半拉) lì 立粒

喇—lǎ 喇 là 辣 lài 赖癞 lǎn 懒

洛—là 落(丢三落四) lào 络(络子)落(落枕)烙(烙饼)酪 lòu 露(露面) lù 路露(露水)赂 lüè 略 luò 骆络(联络)落(落实)洛烙(炮烙)

腊—là 腊蜡 liè 猎

来—lái 来莱

兰—lán 兰拦栏 làn 烂

蓝—lán 蓝篮 làn 滥

览—lǎn 览揽缆榄

郎—láng 郎(女郎)廊琅榔 lǎng 朗 làng 郎(屎壳郎)

劳—lāo 捞 láo 劳唠 lào 涝

老—lǎo 老姥

乐—lè 乐 lì 砾

了—le 了(去了) liáo 辽疗 liǎo 了(了解)

雷—léi 雷擂(擂鼓) lěi 蕾 lèi 擂(擂台)

累—léi 累(累赘) lěi 累(累计)儡 lèi 累(劳累) luó 骡螺

离—lí 离璃漓篱

里—lǐ 里理 li 哩 lí 厘狸 liáng 量(测量) liàng 量(产量)

利—lì 利俐莉 lí 梨犁黎

力—lì 力历荔雳励沥 lè 勒(勒索) lēi 勒(勒紧) lèi 肋 liè 劣 lìng 另 lǔ 虏

列—lì 例 liē 咧(大大咧咧) liě 咧(龇牙咧嘴) liè 列烈裂

连—lián 连莲涟鲢 liǎn 琏 liàn 链

廉—lián 廉镰

脸—liǎn 脸敛 liàn 殓

练—liàn 练炼

恋—liàn 恋 luán 峦孪栾

两—liǎng 两俩(伎俩) liǎ 俩(咱俩) liàng 辆

良—liáng 良粮 láng 狼 làng 浪(niáng 娘 niàng 酿)

凉—liáng 凉(凉爽) liàng 亮凉(饭太烫,凉一凉)谅晾 lüè 掠

梁—liáng 梁粱

撩—liāo 撩(撩开) liáo 僚撩(撩拨)嘹潦(潦草)缭燎(燎原) liǎo 燎(火把头发燎了) liào 瞭镣

林—lín 林淋(淋巴)琳 lìn 淋(淋病)

磷—lín 磷鳞

凛—lǐn 凛廪懔(bǐng 禀)

凌—líng 凌陵菱棱(穆棱,地名) léng 棱(棱角)

令—lìng 令(命令) lěng 冷 lián 怜 līn 拎 lín 邻 líng 令(令狐)伶铃零龄玲翎 lǐng 令(一令纸)岭领

留—liú 留榴馏(蒸馏)瘤 liǔ 溜(溜走) liù 溜(檐溜)馏(馏馒头)

流—liú 流琉硫

柳—liǔ 柳 liáo 聊

六—liù 六 lù 六(六安)

龙—lóng 龙聋笼(鸟笼)咙胧 lǒng 拢垄笼(笼罩)

娄—lóu 娄偻(佝偻)楼髅 lǒu 搂(搂抱)篓 lǚ 偻(伛偻)屡缕

录—lù 录绿(绿林)碌(劳碌) liù 碌(碌碡) lǜ 氯绿(绿化)

庐—lú 庐芦炉 lǘ 驴

卢—lú 卢颅

吕—lǚ 吕侣铝

虑—lǜ 虑滤

仑—lún 论(论语)轮仑伦抡(抡材)沦 lūn 抡(抡拳) lùn 论(论文)

罗—luō 啰(啰唆) luó 罗萝锣箩逻

需要个别记住的字: láo 牢 lěi 垒 lèi 泪 léng 楞 lǐ 李礼 lì 隶 lián 联 liàng 亮 liào 料 lín 临 lìn 吝赁 líng 灵 liú 刘 liǔ 绺 lòu 漏陋 lǔ 卤 lǚ 旅履 lǜ 率(效率)律 luǎn 卵 luàn 乱 luō 捋(捋虎须) luǒ 裸

三、读准 r 和 l

发音要领:

1. 发翘舌浊擦音 r 时,舌尖翘起接近硬腭前部,形成一条缝隙,颤动声带,气流从缝隙中摩擦而出。

2. 发舌尖中浊边音 l 时,舌尖在上齿龈上轻轻弹一下,颤动声带,呼出气流。

这两个声母的主要区别:一是舌尖所接近或接触的部位不同,二是 r 是摩擦成声,l 是弹发成声。发音时应该仔细揣摩自己的发音部位和发音方法是不是合乎这两个要领。

练习方法:

1. 字的对比练习

rán—lán	ràng—làng	rǎo—lǎo	rào—lào
然 — 蓝	让 — 浪	扰 — 老	绕 — 酪

rè—lè	réng—léng	róu—lóu	rú—lú
热—乐	仍 — 棱	柔 — 楼	如—炉
rǔ—lǔ	ruǎn—luǎn		
乳—鲁	软 — 卵		

2. 组词练习

r—r	réngrán	róuruǎn	róngrěn	rǎnrǎn
	仍然	柔软	容忍	冉冉
	róuruò	ruǎnruò		
	柔弱	软弱		
r—l	rèliàng	rǎnliào	rǎoluàn	róulìn
	热量	染料	扰乱	蹂躏
	rénlún	ruìlì		
	人伦	锐利		
l—r	lìrú	liánrì	liáorào	liǎorán
	例如	连日	缭绕	了然
	lièrén	lǎorenjia		
	猎人	老人家		

3. 词的对比练习

rǔzhī	lǔzhī		bìrán	bìlán
乳汁——	卤汁		必然——	碧蓝

lìrùn	lìlùn		ròuxiànr	lòuxiànr
利润——	立论		肉馅儿——	露馅儿

shuāiruò	shuāiluò		rùkǒu	lùkǒu
衰弱——	衰落		入口——	路口

yúrè	yúlè		zǔrán	zǔlán
余热——	娱乐		阻燃——	阻拦

4. 记少不记多练习

　　学会 r 和 l 这两个声母的发音并不太难,难的是分辨哪些字是 r 声母,哪些字是 l 声母。其实,普通话里 r 作声母的常用字只有 50 多个,l 作声母的常用字就很多。只要记住 r 作声母的那些常用字,其他的字就可以放心地读 l 声母了。

　　下面是 r 作声母的常用字,组词记忆可以收到很好的效果。

附录

r 声旁代表字类推表

然—rán 然燃

冉—rán 髯 rǎn 冉苒

嚷—rāng 嚷（嚷嚷） ráng 瓤 rǎng 攘壤嚷（嚷叫）

饶—ráo 饶桡娆（妖娆） rào 绕（náo 挠铙）

人—rén 人 rèn 认

壬—rén 壬任（姓任） rěn 荏 rèn 任（任务）妊饪

刃—rěn 忍 rèn 刃纫韧仞

扔—rēng 扔 réng 仍

容—róng 容溶熔蓉榕

戎—róng 戎绒

荣—róng 荣嵘蝾

柔—róu 柔揉糅蹂

如—rú 如茹 rǔ 汝

儒—rú 儒蠕孺嚅濡

辱—rǔ 辱 rù 褥蓐

阮—ruǎn 阮朊

若—ruò 若偌 rě 惹

闰—rùn 闰润

需要个别记住的字： rǎn 染 ràng 让 rǎo 扰 rè 热 rén 仁 rěn 稔 rì 日 róng 融茸 rǒng 冗 ròu 肉 rǔ 乳 rù 入 ruǎn 软 ruǐ 蕊 ruì 锐睿瑞枘 ruò 弱

四、读准 f 和 h

发音要领：

1. 发唇齿音 f 时，上齿与下唇内缘接近，摩擦成声。
2. 发舌根音 h 时，舌头后缩，舌根抬起接近软腭，摩擦成声。

练习方法：

1. 对比练习

（1）字的对比练习

f—h	fá—huá	fān—huān	fāng—huāng	fēi—huī
	罚—滑	翻—欢	方—慌	飞—灰
	féng—héng	fù—hù	fǔ—hǔ	fáng—huáng
	冯—横	赴—沪	斧—虎	房—黄
	fèn—hèn	fàn—huàn	fū—hū	fú—hú
	愤—恨	饭—换	夫—呼	扶—壶

（2）词和短语对比练习

f—h	lǐfà—lǐhuà	fāxiàn—huāxiàn
	理发—理化	发现—花线
	jiùfù—jiùhù	fèihuà—huìhuà
	舅父—救护	废话—会话
	fángchóng—huángchóng	fálì—huálì
	防虫—蝗虫	乏力—华丽

féijī—huíjī
肥鸡—回击

fànbìng—huànbìng
犯病—患病

2. 声旁类推练习

记忆这两类声母的常用字,也可以联系自己的方音实际,选取声旁为 f 或 h 作声母的字,做成类推记字卡片,随时进行组词记忆练习。

[示例]

声旁类推　h

胡—湖葫猢瑚糊蝴

化—花哗华骅铧桦货

灰—恢诙

回—茴蛔徊

会—绘烩荟桧

奂—涣换唤焕痪

皇—凰湟惶徨煌蝗隍

---

3. 利用普通话声韵拼合规律练习

借助普通话声母韵母的配合规律也可以记住一部分 f 声母字或 h 声母字。比如:在普通话里,声母 f 不跟韵母 ai 相拼,因此,方言中念 fai 音的字,都应念成 huai 音,如"怀、踝、槐、淮、徊、坏"等字。

4. 声旁联想辨记训练

利用 b、p、f 都是唇音,g、k、h 都是舌根音的规律,通过声旁联想辨记 f 和 h。给一个字加、换其他偏旁后,声母能读成 b、p,那么这个字的声母是 f;声母能读成 g、k,那么这个字的声母是 h。本项训练也可根据辨音难点做成卡片进行辨记训练。

[示例1]

声旁联想　f

b 播—f 番蕃藩翻

b 逼—f 幅富副

b 扮—f 分芬纷氛汾粉份忿

b 板—f 反返饭贩

p 排—f 绯匪痱

p 蓬—f 逢蜂锋峰

p 旁—f 方房防访纺妨放

[示例2]

```
                      声旁联想   h
         g 该—h 骸孩骇氦
         g 故—h 胡葫糊湖瑚蝴猢怙
         g 刽—h 会桧荟烩绘
         g 感—h 撼憾
         k 盔—h 灰恢
         k 魁—h 槐魂
         k 空—h 红虹讧
```

5. 绕口令练习（加"."的字是 f 声母字）

先分辨清楚声母，再由慢到快练习。

风吹灰飞，灰飞花上花堆灰。风吹花灰灰飞去，灰在风里飞又飞。

笼子里面有三凤，黄凤红凤粉红凤。忽然黄凤啄红凤，红凤反嘴啄黄凤，粉红凤帮啄黄凤，你说是红凤啄黄凤，还是黄凤啄粉红凤。

为了能够快速高效地记忆 f 声母和 h 声母容易相混的常用字，还可以借助《f 和 h 声旁代表字类推表》进行组词练习，快速记住它们的读音。

附录

f 和 h 声旁代表字类推表

一、f 声母代表字

发—fā 发（发表） fà 发（理发） fèi 废

乏—fá 乏 fàn 泛

伐—fá 伐阀筏

法—fǎ 法砝 fà 珐

番—fān 翻番藩幡蕃 （bō 播）

凡—fān 帆 fán 凡矾

反—fǎn 反返 fàn 饭贩

犯—fàn 犯范

方—fāng 方芳坊（牌坊） fáng 防妨房肪 fǎng 仿访纺 fàng 放

非—fēi 非菲（芳菲）啡扉绯菲霏 fěi 诽菲（菲薄）匪悱斐翡 fèi 痱

分—fēn 分（分配）芬吩纷酚氛 fén 汾 fěn 粉 fèn 分（分外）份忿

蜂—fēng 峰烽锋蜂 féng 逢缝（缝补） fèng 缝（缝隙）

风—fēng 风枫疯 fěng 讽

奉—fèng 奉俸

夫—fū 夫肤 fú 芙扶

孚—fū 孵 fú 孚俘浮

甫—fǔ 敷 fǔ 甫辅脯(杏脯) fù 傅缚

弗—fú 弗拂佛(仿佛)氟 fó 佛(佛教) fèi 沸费

伏—fú 伏袱

福—fú 幅福辐蝠 fù 副富

付—fú 符 fǔ 府俯腑腐 fù 付附咐

父—fǔ 斧釜 fù 父

讣—fù 讣赴

复—fù 复腹馥覆

需要个别记住的字：fá 罚 fán 繁樊 fàn 梵 fēi 飞妃 féi 肥 fén 坟 fèn 奋愤粪 fēng 丰封 féng 冯 fǒu 否 fú 服(制服) fù 负妇阜赋服(一服药)

二、h声母代表字

禾—hé 禾和(和平)

红—hóng 红虹鸿 hòng 讧

洪—hōng 哄(闹哄哄)烘 hóng 洪 hǒng 哄(哄骗) hòng 哄(起哄)

弘—hóng 弘泓

乎—hū 乎呼

忽—hū 忽惚唿 hú 囫 hù 笏

胡—hú 胡湖葫糊(糊口)蝴瑚猢 hù 糊(糊弄)

狐—hú 弧狐

虎—hǔ 虎唬琥

户—hù 户护沪

化—huā 花哗(哗啦啦) huá 华(中华)哗(喧哗)铧骅 huà 化桦华(姓) huò 货

滑—huá 滑猾

怀—huái 怀 huài 坏

还—huán 还环

寰—huán 寰鬟圜

奂—huàn 奂涣换唤焕痪

荒—huāng 荒慌 huǎng 谎

皇—huáng 皇凰惶徨蝗隍

黄—huáng 黄潢磺簧

晃—huǎng 晃(虚晃一刀)恍幌 huàng 晃(摇晃)

挥—huī 挥晖辉 hūn 荤 hún 浑 hùn 诨

灰—huī 灰咴诙恢

回—huí 回茴蛔洄 huái 徊

悔—huǐ 悔 huì 海晦

惠—huì 惠蕙

会—huì 会荟绘烩

彗—huì 彗慧

昏—hūn 昏阍婚

混—hún 混(混小子)馄 hùn 混(混淆)

活—huó 活 huà 话

火—huǒ 火伙

或—huò 或惑
霍—huò 霍霍嚯

需要个别记住的字：hōng 轰　hóng 宏　hú 壶　hù 互怙　huá 划（划算）　huà 划（规划）画　huái 淮槐踝　huān 欢　huán 桓　huǎn 缓　huàn 幻宦浣患豢　huāng 肓　huī 徽麾　huǐ 毁　huì 卉汇讳秽喙　hún 魂　hé 和（和气）　hè 和（应和）　huó 和（和面）　huò 和（和稀泥）　huō 豁（豁口）　huò 获祸豁（豁达）

五、读准 b、d、g、j、zh、z 和 p、t、k、q、ch、c

发音要领：

1. 发不送气音 b、d、g、j、zh、z 时呼出的气流较弱。
2. 发送气音 p、t、k、q、ch、c 时呼出的气流较强。

练习方法：

1. 对比练习

（1）字的对比练习

b—p	bá—pá	bài—pài	bàn—pàn	bèi—pèi
	拔—爬	败—派	伴—盼	倍—配
	bì—pì	bǔ—pǔ		
	避—僻	捕—普		
d—t	dàn—tàn	dào—tào	dí—tí	dú—tú
	蛋—炭	稻—套	笛—提	毒—涂
	dī—tī	duó—tuó		
	堤—踢	夺—砣		
g—k	guī—kuī	guì—kuì	guì—kuì	gōng—kōng
	规—亏	柜—匮	刽—愧	公—空
	guài—kuài	gū—kū		
	怪—快	姑—哭		
j—q	jí—qí	jiān—qiān	jié—qié	jìn—qìn
	集—齐	歼—千	截—茄	近—沁
	jú—qú	jìng—qìng		
	局—渠	净—庆		
zh—ch	zhá—chá	zhāo—chāo	zhàng—chàng	zhí—chí
	铡—茶	招—超	丈—唱	植—迟
	zhóu—chóu	zhuài—chuài		
	轴—稠	拽—踹		
z—c	zì—cì	zuì—cuì	záo—cáo	zuò—cuò
	字—刺	罪—脆	凿—曹	坐—错
	zài—cài	zāi—cāi		
	在—菜	灾—猜		

（2）组词练习

| b—p | bīpò | bǎipǔr | bèipò | bànpiào |
| | 逼迫 | 摆谱儿 | 被迫 | 半票 |

p—b	pāibǎn	pángbiān	páibǐ	pànbié
	拍板	旁边	排比	判别
d—t	dǐngtì	dìtǎn	dòngtan	dēngtǎ
	顶替	地毯	动弹	灯塔
t—d	tǎndàng	tài·dù	tángdàn	tèdiǎn
	坦荡	态度	糖弹	特点
g—k	gōngkè	gūkǔ	gāokàng	gōngkāi
	功课	孤苦	高亢	公开
k—g	kǎigē	kānguǎn	kǎogǔ	kègǔ
	凯歌	看管	考古	刻骨
j—q	jīqì	jiāqī	Jiāqìng	jiānqiáng
	机器	佳期	嘉庆	坚强
q—j	qiānjīn	qǔjù	qīngjiǎo	qúnjū
	千金	曲剧	清剿	群居
zh—ch	zhīchí	zhǎnchì	zhànchē	zhāngchéng
	支持	展翅	战车	章程
ch—zh	chāzhēn	cházhèng	chēzhàn	chéngzhì
	插针	查证	车站	诚挚
z—c	zìcí	zǎocāo	zàocì	zácǎo
	字词	早操	造次	杂草
c—z	cìzì	cáizǐ	cānzàn	cāozuò
	刺字	才子	参赞	操作

（3）词和短语对比练习

b—p	bàibīng—pàibīng	bízi—pízi
	败兵—派兵	鼻子—皮子
	bùwèi—pùwèi	biànzi—piànzi
	部位—铺位	辫子—骗子
d—t	dànhuà—tànhuà	dùzi—tùzi
	淡化—碳化	肚子—兔子
	dúyào—túyào	dàozi—tàozi
	毒药—涂药	稻子—套子
g—k	mǐgāng—mǐkāng	guàishì—kuàishì
	米缸—米糠	怪事—快事
	guǎnzi—kuǎnzi	gūshù—kūshù
	管子—款子	孤树—枯树
j—q	jiàngrén—qiàngrén	jìnglì—Qìnglì
	犟人—呛人	净利—庆历
	jiānqiáng—qiānqiǎng	jíquán—qíquán
	坚强—牵强	集权—齐全
zh—ch	zhídào—chídào	zhàngzhe—chàngzhe
	直到—迟到	仗着—唱着

	zhízi—chízi	zhìzǐ—chìzǐ
	侄子—池子	质子—赤子
z—c	zuòwèi—cuòwèi	zàichǎng—càichǎng
	座位—错位	在场—菜场
	zìxù—cìxù	dàzì—dàcì
	自序—次序	大字—大刺

2. 绕口令练习（带"·"的是不送气声母字）

练读时一定要注意不送气音气流较弱、送气音气流较强这个区别，由慢到快练习。

白猫黑鼻子，黑猫白鼻子。黑猫的白鼻子，碰破了白猫的黑鼻子。白猫的黑鼻子破了，剥个秕谷皮儿补鼻子；黑猫的白鼻子不破，不必剥秕谷皮儿补鼻子。

六、读准前鼻韵母和后鼻韵母

发音要领：

1. 发前鼻韵母时，发出元音后舌尖前伸，抵住上齿龈，在口腔前部造成阻碍，气流从鼻腔透出，用鼻辅音-n 作韵尾。

2. 发后鼻韵母时，发出元音后舌头后缩，舌根抬起抵住软腭，在口腔后部造成阻碍，气流从鼻腔透出，用鼻辅音-ng 作韵尾。

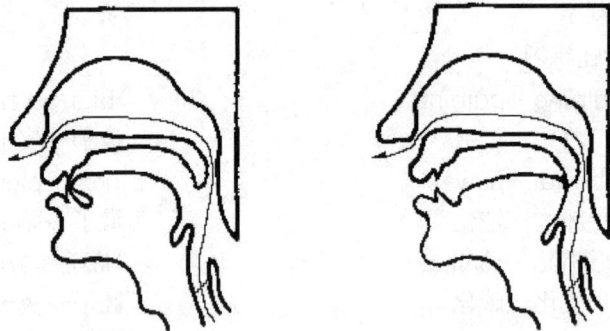

1 前鼻韵母　　　　　　　2 后鼻韵母

图三　前鼻韵母和后鼻韵母发音示意图

练习方法：

1. 衬音练习

在前鼻韵母或后鼻韵母的音节之后衬一个特定声母的音节，发音时利用舌位向后一个音节声母的移动趋向，读准这两类韵母。例如：

在前鼻韵母的音节后衬一个轻声的 na 音节：

看哪 kàn na　　　人哪 rén na　　　进哪 jìn na　　　滚哪 gǔn na

在前鼻韵母的音节后衬一个声母是 d、t、l 的音节：

品德 pǐndé　　　面条 miàntiáo　　　粪土 fèntǔ　　　门类 ménlèi

在后鼻韵母的音节后衬一个轻声的 ge 或 guo：

等个人 děng ge rén　　　　　　　听过戏 tīng guo xì

通个信 tōng ge xìn　　　　　　　帮过忙 bāng guo máng

在后鼻韵母的音节后衬一个声母是 g、k、h 的音节：

能够 nénggòu　　　　　　　　　请客 qǐngkè

迎合 yínghé　　　　　　　　　　丰厚 fēnghòu

2. 对比练习

（1）字的对比练习

-n——ng	shān—shāng	bān—bāng	zhān—zhāng	bēn—bēng
	山—伤	班—帮	沾—张	奔—崩
	pén—péng	mén—méng	fèn—fèng	gēn—gēng
	盆—蓬	门—盟	份—奉	跟—耕
	zhèn—zhèng	yīn—yīng	bīn—bīng	pín—píng
	镇—政	音—婴	斌—兵	频—瓶
	mín—míng	jīn—jīng	xìn—xìng	qún—qióng
	民—名	今—京	信—幸	裙—穷
	xūn—xiōng	xún—xióng		
	勋—兄	寻—雄		

（2）词的对比练习

-n——ng	fǎnwèn—fǎngwèn	kāifàn—kāifàng
	反问—访问	开饭—开放
	xīnfán—xīnfáng	chǎnzi—chǎngzi
	心烦—心房	铲子—厂子
	qīngzhēn—qīngzhēng	shēnzhāng—shēngzhāng
	清真—清蒸	伸张—声张
	guāfēn—guāfēng	zhōngshēn—zhōngshēng
	瓜分—刮风	终身—钟声
	jìndì—jìngdì	línshí—língshí
	禁地—境地	临时—零食
	mínshēng—míngshēng	xìnfú—xìngfú
	民生—名声	信服—幸福
	xūnzhāng—xiōngzhāng	yùnfèi—yòngfèi
	勋章—胸章	运费—用费
	qīnjìn—qīngjìng	
	亲近—清净	

3. 声旁类推练习

可以说，前后鼻韵母是普通话考级（尤其是考较高等级）最大的拦路虎，练习时应该花大气力来攻克这个难关。制作声旁类推记字卡片，随身携带，随时正音，就可以熟记一大批前鼻音或后鼻音的字。

> 声旁类推 -ng
>
> 平—评苹坪枰萍
>
> 令—囹苓玲瓴铃聆蛉翎零龄岭泠领
>
> 廷—庭蜓霆挺梃铤艇
>
> 圣—泾茎经颈刭劲（刚劲）
>
> 冥—溟暝瞑螟
>
> 青—菁晴精靖静清情睛氰请
>
> 婴—樱嘤撄缨鹦

4. 利用声韵母拼合规律练习

（1）普通话里，声母 t 绝不与韵母 en 相拼，所以方言中念 ten 音的字，都应改念 eng 韵。如"誊、腾、藤、滕、疼"等。

（2）普通话里，声母 d 一般不与韵母 en 相拼，所以方言中念 den 音的字，都应改念 eng 韵。如"灯、登、噔、等、瞪、凳、邓"等。

（3）普通话里，声母 f 绝不与韵母 ong 相拼，因此，方言中念成 fong 音的字，都应改念 eng 韵。如"丰、封、峰、锋、烽、蜂、风、疯、枫、逢、缝、讽、奉、俸、凤"等。

（4）普通话里，声母 d、t 绝不与韵母 in 相拼，因此，方言中念 din、tin 的字，都应改念 ing 韵。如"丁、疔、玎、叮、盯、钉、仃、顶、鼎、定、锭、订、厅、汀、庭、蜓、亭、停、婷、挺、艇"等。

（5）普通话里，声母 n 与韵母 en 相拼的字，只有一个"嫩"字（"恁"不常用）；声母 n 与韵母 eng 相拼的字，只有一个"能"字。

（6）普通话里，声母 l 绝不与韵母 en 相拼，所以方言中念 len 音的字，都应改念 eng 韵。如"棱、冷、愣"等。

（7）普通话里，声母 s 与韵母 en 相拼的字，只有一个"森"字；声母 s 与韵母 eng 相拼的字，只有一个"僧"字。

5. 记单边练习

（1）普通话里，声母 g 与前鼻韵母 en 相拼的字，常用的只有"根、跟、亘"三个字，其余的"庚、赓、羹、耕、更（更改）、耿、埂、梗、哽、颈（脖颈儿）、更（更加）"等字都是 eng 韵。

（2）普通话里，声母 z 与前鼻韵母 en 相拼的字，常用的只有一个"怎"字，其余的"曾（曾孙）、憎、增、赠"等字都是 eng 韵。

（3）普通话里，声母 c 与前鼻韵母 en 相拼的字，常用的只有一个"参（参差）"字，其余的"曾（曾经）、层、蹭"等字都是 eng 韵。

（4）普通话里，声母 r 与后鼻韵母 eng 相拼的常用字只有"扔"和"仍"两个字，其余的"人、仁、任（姓任）、忍、认、任（任务）、刃、韧、纫"等字都是 en 韵。

（5）普通话里，声母 n 与前鼻韵母 in 相拼的字，常用的只有一个"您"字，其余的"宁（宁静）、柠、拧（拧毛巾）、咛、狞、凝、拧（拧螺丝）、宁（宁可）、泞、佞"等字都是 ing 韵。

6. 绕口令练习（加"．"的是后鼻韵母）

练好前后鼻音字组成的绕口令，不仅能有助于读准带这两组韵母的单字，也有助于读准第二个测试项目"读多音节词语"中的由前后鼻音组成的词语，比如"聘请、拼命、病人、诚恳"等。

老彭拿着个盆，路过老陈的棚。盆碰棚，棚碰盆，棚倒盆碎棚压盆。老陈要赔老彭的盆，老彭不要老陈来赔盆。老陈陪老彭去补盆，老彭帮老陈来修棚。

人寻铃声去找铃，铃声紧跟人不停，到底是人寻铃，还是铃寻人？

正音时，还可以利用《前鼻音和后鼻音声旁代表字类推表》，根据自己实际读音的难点制作声旁类推记字卡片，或者组词记字。

附录

前鼻音和后鼻音声旁代表字类推表

一、an 韵母代表字

安—ān 安鞍氨 àn 案按

庵—ān 庵鹌 ǎn 俺

暗—àn 暗黯

般—bān 般搬瘢 pán 磐

扮—bàn 扮 bān 颁 pàn 盼

半—bàn 半伴拌绊 pàn 叛畔判

参—cān 参（参加）cǎn 惨 sān 叁

搀—chān 搀 chán 谗馋

单—dān 单（单据）郸殚 dǎn 掸 dàn 弹（子弹）惮 chán 单（单于）婵禅蝉 tán 弹（弹簧）shàn 单（姓单）

旦—dān 担（担心）dǎn 胆 dàn 旦但担（担子）tǎn 坦袒

淡—dàn 淡氮啖 tán 谈痰 tǎn 毯

番—fān 番翻蕃 pān 潘 pán 蟠

凡—fān 帆 fán 凡矾

反—bān 扳 bǎn 板坂版版 fǎn 反返 fàn 贩饭

甘—gān 甘柑泔疳绀 hān 酣 hán 邯

敢—gǎn 敢橄 hān 憨 kàn 瞰阚

干—gān 干（干净）肝竿杆（杆子）gǎn 赶杆（秤杆）gàn 干（干劲）àn 岸 hān 鼾 hán 邗汗（可汗）hǎn 罕 hàn 旱焊捍悍汗（汗水）kān 刊

感—gǎn 感 hǎn 喊 hàn 撼

函—hán 函涵 hàn 菡

砍—kǎn 砍坎

兰—lán 兰拦栏 làn 烂

蓝—lán 蓝褴篮 làn 滥

阑—lán 阑澜斓

览—lǎn 览揽榄缆

瞒—mán 瞒 mǎn 满

曼—mán 馒鳗 màn 漫蔓(蔓草) wàn 蔓(瓜蔓)

难—nán 难(困难) nàn 难(难民) tān 滩摊瘫

南—nán 南楠喃 nǎn 蝻腩

攀—pān 攀 pàn 襻

冉—rán 髯 rǎn 冉苒

然—rán 然燃

山—shān 山舢 shàn 汕讪疝

扇—shān 扇(扇动)煽 shàn 扇(扇子)

膻—shān 膻 shàn 擅 chàn 颤(颤抖) tán 檀 zhàn 颤(颤栗)

珊—shān 珊跚删姗

覃—tán 覃(覃思)潭谭

炭—tàn 炭碳

攒—zǎn 攒(积攒) zàn 赞瓒 cuán 攒(人头攒动)

占—zhān 占(占卜)沾粘(粘贴) zhàn 占(占领)站战 nián 粘(粘合剂)

詹—zhān 詹瞻 shàn 赡 dàn 澹(澹泊)

斩—zhǎn 斩崭 cán 惭 zàn 暂 jiàn 渐

展—zhǎn 展辗(辗转)

需要个别记住的字:àn 暗 bàn 办瓣 cān 餐 cán 蚕 chán 缠 chǎn 谄 chàn 忏 dān 耽 dàn 诞蛋 fàn 犯范泛 gān 尴 gàn 赣 hán 寒含韩 hàn 汉 kàn 看(看见) lán 婪岚 lǎn 懒 mán 蛮 nán 男 pán 盘 pàn 盼 rǎn 染 sān 三 sǎn 散(散文)伞 sàn 散(分散) shān 衫杉 shǎn 闪陕 tān 贪 tán 坛 tǎn 忐 tàn 叹探 zán 咱 zhàn 湛蘸栈绽

二、ang 韵母代表字

邦—bāng 邦帮梆 bǎng 绑

仓—cāng 仓沧苍舱

昌—chāng 昌菖猖鲳 chàng 唱倡

长—cháng 长(长短) chàng 怅 zhāng 张 zhǎng 长涨(高涨) zhàng 帐胀账涨(涨红了脸)

场—cháng 场(场院)肠 chǎng 场(会场) chàng 畅 dàng 荡 shāng 殇觞 tàng 汤烫

当—dāng 当裆 dǎng 挡(挡箭牌) dàng 档挡(摒挡)

方—fāng 方芳坊(牌坊) fáng 防妨房坊(磨坊) fǎng 仿访纺 fàng 放

冈—gāng 冈纲钢(钢材)刚 gǎng 岗(岗位)

缸—gāng 缸肛扛(扛鼎) gàng 杠(杠杆) káng 扛(扛活)

康—kāng 康慷糠

亢—kàng 亢炕抗伉 āng 肮 háng 杭吭(引吭高歌)航 hàng 沆

良—liáng 良粮 liàng 踉 lāng 啷(啷当) láng 狼郎(郎中)廊榔螂琅 lǎng 朗 làng 浪 niáng 娘

忙—máng 忙芒氓(流氓)盲茫

莽—mǎng 莽蟒

旁—pāng 膀(膀肿)滂 páng 旁磅(磅礴)螃膀(膀胱) bǎng 榜膀(臂膀) bàng 傍谤磅(磅秤)镑

桑—sāng 桑 sǎng 嗓搡

上—shàng 上 ràng 让

尚—shǎng 赏 shàng 尚 shang 裳 cháng 常嫦 chǎng 敞 dǎng 党 táng 堂膛螳 tǎng 淌倘躺 tàng 趟 zhǎng 掌

襄—xiāng 襄镶 rāng 嚷(嚷嚷) ráng 瓤 rǎng 嚷(叫嚷)壤攘

唐—táng 唐塘搪糖

庄—zhuāng 庄桩 zāng 赃脏(肮脏) zàng 脏(内脏)

章—zhāng 章彰樟漳蟑 zhàng 障瘴嶂幛

丈—zhàng 丈杖仗

需要个别记住的字：áng 昂 àng 盎 bàng 棒蚌(河蚌) chǎng 厂 gǎng 港 hāng 夯 háng 行(银行) xíng 行(行为) pāng 乓 páng 庞 pàng 胖 sāng 丧(丧事) sàng 丧(丧失) shāng 伤 xiàng 向 zàng 葬藏(西藏) cáng 藏(矿藏)

三、uan 韵母代表字

串—cuān 撺蹿 cuàn 窜 chuàn 串 huàn 患

湍—chuān 喘 duān 端 tuān 湍

段—duàn 段锻缎煅椴

官—guān 官倌棺 guǎn 馆管

贯—guàn 贯掼惯

灌—guàn 灌罐鹳 huān 獾

奂—huàn 奂涣换焕痪唤

算—cuàn 篡 suàn 算 zuǎn 纂 zuàn 攥

弯—wān 弯湾

丸—wán 丸纨

完—wán 完玩烷顽 wǎn 莞(莞尔)皖 guǎn 莞(东莞)

宛—wǎn 宛惋碗婉 wàn 腕

专—zhuān 专砖 zhuǎn 转(转让) zhuàn 转(转盘)传(传记)啭 chuán 传(传唤)

篆—zhuàn 篆 chuán 椽

需要个别记住的字：chuān 川穿 chuán 船 duǎn 短 duàn 断 guān 关冠(冠心病)观纶(纶巾) guàn 冠(冠军)盥 huān 欢 huán 还(还原)环 huàn 患幻 kuān 宽 kuǎn 款 luǎn 卵 luàn 乱 nuǎn 暖 ruǎn 阮软 shuān 闩 shuàn 涮 suān 酸 suàn 蒜 tuán 团 wǎn 晚挽 wàn 万 zhuàn 赚撰 zuān 钻(钻研) zuàn 钻(钻石)

四、uang 韵母代表字

疮—chuāng 疮创(创伤) chuàng 怆创(创造)

光—guāng 光咣胱 huǎng 恍晃(虚晃一刀)幌 huàng 晃(晃动)

广—guǎng 广犷 kuàng 矿旷圹

荒—huāng 荒慌 huǎng 谎

皇—huáng 皇惶煌蝗凰隍

黄—huáng 黄潢蟥簧磺

匡—kuāng 匡诓哐筐 kuàng 框眶

霜—shuāng 霜孀

亡—wáng 亡 wàng 忘妄 huāng 肓

王—wāng 汪 wáng 王 wǎng 枉 wàng 望旺 guàng 逛 huáng 皇凰惶煌隍 kuáng 狂诳

冈—wǎng 冈惘魍

壮—zhuāng 装妆 zhuàng 状壮

庄—zhuāng 庄桩

撞—zhuàng 幢(一幢)撞 chuáng 幢(人影幢幢)

需要个别记住的字：chuāng 窗 chuǎng 闯 kuàng 况 shuāng 双 shuǎng 爽 wǎng 网往

五、en 韵母代表字

本—bēn 奔(奔走) běn 本苯 bèn 奔(投奔)笨

辰—chén 辰晨 shēn 娠 zhèn 震振赈

恩—ēn 恩 èn 摁

分—fēn 分(分开)纷芬吩氛酚 fén 汾 fěn 粉 fèn 分(水分)忿份 pén 盆

沈—shěn 沈 chén 忱 zhěn 枕 zhèn 鸩

甚—shèn 甚 zhēn 斟

艮—gēn 根跟 gěn 艮 hén 痕 hěn 狠很 hèn 恨 kěn 恳垦

肯—kěn 肯啃

真—zhēn 真 zhěn 缜 zhèn 镇 chēn 嗔 shèn 慎

门—mēn 闷(闷热) mén 门扪 mèn 闷(闷闷不乐)焖(焖饭) men 们(我们)

贲—bēn 贲(虎贲) pēn 喷(喷泉) pèn 喷(喷香) fèn 愤

人—rén 人 rèn 认

刃—rěn 忍 rèn 刃仞纫韧

壬—rén 壬任(姓任) rèn 任(任务)妊

参—shēn 参(人参) shèn 渗

申—shēn 申绅伸呻砷 shén 神 shěn 审婶 chēn 抻

珍—zhēn 珍 zhěn 疹诊 chèn 趁

贞—zhēn 贞侦桢祯

臻—zhēn 臻蓁榛

需要个别记住的字: chén 沉臣尘陈 chèn 衬称(相称) fén 坟焚 fèn 粪 gèn 亘 nèn 嫩 rén 仁 sēn 森 shēn 身 shén 什(什么) zěn 怎 zhèn 阵朕

六、eng 韵母代表字

曾—cēng 噌 céng 曾(曾经) cèng 蹭 sēng 僧 zēng 增憎 zèng 赠

成—chéng 成城诚盛(盛饭) shèng(盛大)

呈—chéng 呈程 chěng 逞 zèng 锃

丞—chéng 丞 zhēng 蒸 zhěng 拯

乘—chéng 乘 shèng 乘(千乘之国)剩

登—dēng 登蹬(蹬水车) dèng 瞪澄(把水澄清)凳蹬(蹭蹬) chéng 澄(澄清事实)橙

风—fēng 风枫疯 fěng 讽 fèng 凤

丰—fēng 丰 bèng 蚌(蚌埠)

奉—fèng 奉俸 pěng 捧(例外字:bàng 棒)

锋—fēng 锋烽蜂峰 féng 逢缝(缝纫) fèng 缝(缝隙) péng 蓬篷

更—gēng 更(更新) gěng 埂梗哽 gèng 更(更加)(yìng 硬)

庚—gēng 庚赓

亨—hēng 亨哼 pēng 烹

坑—kēng 坑吭(吭声)

楞—léng 塄楞(楞角) lèng 愣

蒙—mēng 蒙(蒙骗) méng 蒙(蒙蔽)檬朦 měng 蒙(蒙古族)

萌—méng 萌盟

孟—měng 猛锰勐 mèng 孟

朋—péng 朋硼棚鹏 bēng 绷(绷带)崩嘣 běng 绷(绷着脸) bèng 蹦绷(绷瓷)

砰—pēng 砰怦抨

彭—pēng 嘭 péng 彭澎膨

扔—rēng 扔 réng 仍

生—shēng 生笙牲甥 shèng 胜

誊—téng 誊腾滕藤

争—zhēng 争挣(挣扎)峥筝睁狰 zhèng 挣(挣钱)

正—zhēng 正(正月)征怔(怔忡)症(症结) zhěng 整 zhèng 正(正确)政证怔(怔住)症(症状) chéng 惩

需要个别记住的字：béng 甭　bèng 迸泵　céng 层　chēng 撑瞠称(称赞)　chéng 承　chěng 骋　chèng 秤　dēng 灯　děng 等　dèng 邓　fēng 封　féng 冯　gēng 羹耕　gěng 耿　héng 恒横衡　kēng 铿　léng 棱　lěng 冷　néng 能　pèng 碰　shēng 声升　shéng 绳　shěng 省　shèng 圣　téng 疼　zhèng 郑

七、in 韵母代表字

宾—bīn 宾滨缤傧槟(槟子)bìn 殡鬓髌摈 pín 嫔(bīng 槟(槟榔))

今—jīn 今矜 qín 琴 yín 吟

斤—jīn 斤 jìn 靳近 qín 芹 xīn 欣新昕(tīng 听)

堇—jǐn 堇谨馑瑾 jìn 觐 qín 勤

尽—jǐn 尽(尽快) jìn 尽(尽力)烬

禁—jīn 禁(不禁)襟 jìn 禁(禁止)

磷—lín 磷麟嶙鳞粼

林—lín 林淋(淋雨)霖琳 bīn 彬

凛—lǐn 凛廪檩(bǐng 禀)

民—mín 民岷珉 mǐn 泯抿

频—pín 频颦 bīn 濒

侵—qīn 侵 qǐn 寝 jìn 浸

禽—qín 禽擒噙

心—xīn 心芯 qìn 沁(ruǐ 蕊)

辛—xīn 辛莘(莘庄)锌新薪(shēn 莘(莘莘学子))

因—yīn 因茵姻洇

引—yǐn 引蚓

阴—yīn 阴荫(树荫) yìn 荫(荫庇)

银—yín 银垠龈

隐—yǐn 隐瘾

需要个别记住的字：bīn 斌　jīn 津巾金筋　jǐn 锦仅　jìn 晋进　lín 临　lìn 吝　mǐn 皿敏闽　nín 您　pín 贫　pǐn 品　pìn 聘　qīn 亲钦　qín 秦　xīn 馨　xìn 信衅　yīn 音殷(股)　yín 寅　yǐn 饮(饮食)尹　yìn 印饮(饮马)

八、ing 韵母代表字

兵—bīng 兵槟(槟榔) pīng 乒

丙—bǐng 丙柄炳 bìng 病

并—bìng 饼屏(屏气) bìng 并摒 píng 屏(屏风)瓶(pīn 拼姘)

丁—dīng 丁叮盯仃钉(钉子)疔 dǐng 顶酊 dìng 订钉(钉扣子) tīng 厅汀 tíng 亭

宁—níng 宁(宁静)狞咛拧(拧毛巾) nǐng 拧(拧螺丝) nìng 宁(宁可)泞拧(脾气拧)

定—dìng 定锭腚(zhàn 绽)

京—jīng 京鲸惊 jǐng 景憬 yǐng 影(qióng 琼)

经—jīng 经(经过)茎 jǐng 颈(颈项) jìng 劲(刚劲)径胫 qīng 轻氢(jìn 劲(使劲))

井—jǐng 井阱

竟—jìng 竟镜境竞

敬—jìng 警 jìng 敬 qíng 擎

令—líng 令(令狐)玲铃伶苓零羚龄囹聆翎 lǐng 令(一令纸)领岭 lìng 令(命令)(līn 拎 lín 邻)

陵—líng 陵菱凌绫

名—míng 名茗铭 mǐng 酩

冥—míng 冥溟螟暝瞑

平—píng 平苹评坪

青—qīng 青清蜻 qíng 晴情 qǐng 请 jīng 睛精菁腈 jìng 靖婧

罄—qìng 罄磬

顷—qīng 倾 qǐng 顷

亭—tíng 亭停婷葶

廷—tíng 廷庭蜓霆 tǐng 挺铤艇

星—xīng 星腥猩惺 xǐng 醒

形—xíng 形刑型邢 jīng 荆

性—xìng 性姓

幸—xìng 幸悻

英—yīng 英瑛

婴—yīng 婴樱缨鹦

萤—yīng 莺 yíng 萤莹荧营萦荥

盈—yíng 盈楹

需要个别记住的字:bīng 冰 bǐng 禀秉 dǐng 鼎 jīng 旌兢晶 líng 灵 lìng 另 míng 明鸣 mìng 命 níng 凝 píng 凭 qīng 卿 qìng 庆 tīng 听 xīng 兴(兴奋) xíng 行(行动) xǐng 省(不省人事) xìng 杏兴(高兴) shěng 省(省会) yīng 应(应该)鹰 yíng 赢蝇迎 yǐng 颖 yìng 应(应考)硬映

七、读准 i 和 ü

发音要领:

1. i 和 ü 发音的共同点:发音时舌位相同,都要使舌头前伸,舌面前部抬高接近硬腭前部。

2. i 和 ü 发音的不同点:i 是不圆唇音,发音时嘴角明显向两边展开;而 ü 是圆唇音,发音时嘴唇撮成一个小圆孔。

练习方法:

1. 对比练习

(1)字的对比练习

i—ü	jī—jū	jí—jú	jǐ—jǔ	lí—lú
	击—居	级—局	挤—举	离—驴
	lì—lǜ	nǐ—nǚ		
	立—律	你—女		
ü—i	yú—yí	xǔ—xǐ	lǜ—lì	jù—jì
	鱼—姨	许—喜	绿—丽	剧—纪

qù— qì   yǔ— yǐ
去—气   雨—蚁

（2）词的对比练习

i—ü
kèjī—kèjū   qiánqī—qiánqū
客机—客居   前期—前驱

fēngqì—fēngqù   lǐchéng—lǚchéng
风气—风趣   里程—旅程

ü—i
nǔrén—nǐrén   xùqǔ—xìqǔ
女人—拟人   序曲—戏曲

yúmín—yímín   bǐyù—bǐyì
渔民—移民   比喻—比翼

（3）组词练习

i—ü
jìjū   qīlǜ   jīxù   xīyù
寄居   七律   积蓄   西域

qìjù   jìyú   qíyù   xǐjù
器具   鲫鱼   奇遇   喜剧

ü—i
lǚlì   xūxī   yūní   yúlì
履历   嘘唏   淤泥   渔利

yǔyì   yùqì   yúdì   jùjí
羽翼   玉器   余地   聚集

2. 声旁类推练习

利用声旁类推的方法，联系自己的方言实际，选取声旁为 ü 或 i 作韵母的字，制成类推记字卡片，随身携带，随时练读记忆。

[示例]

声旁类推 ü

具—俱惧

于—迂竽盂宇芋吁(呼吁)

居—裾据踞剧锯倨

吕—侣铝

俞—愉榆愈逾喻

句—拘驹

---

3. 绕口令练习（加"．"的是 ü 或 ü 开头的韵母）

这天天下雨，体育运动委员会穿绿雨衣的女小吕，去找计划生育委员会不穿绿雨衣的女老李。体育运动委员会的穿绿雨衣的女小吕，没找到计划生育委员会不穿绿雨衣的女老李，计划生育委员会的不穿绿雨衣的女老李，也没有见到体育运动委员会穿绿雨衣的女小吕。

下面是《i 和 ü 韵母声旁代表字类推表》，可以根据自己实际的读音问题，参考它制作声旁类推记字卡片或组词记字进行正音练习。

附录

i 和 ü 韵母声旁代表字类推表

一、i 韵母代表字类推表

几—jī 几(几率)机肌饥讥叽玑矶 jǐ 几(几何)

及—jī 圾芨 jí 及级极汲岌

疾—jí 疾蒺嫉

即—jī 唧 jí 即 jì 暨鲫既

己—jǐ 己 jì 记纪忌 qǐ 岂起杞

技—jī 屐 jì 技伎妓 qí 歧岐

冀—jì 冀骥 yì 翼

离—lí 离篱漓璃蓠

里—lǐ 厘狸 lǐ 里哩理鲤俚娌

立—lì 立粒苙笠 qì 泣 yì 翊

丽—lí 鹂鲡 lì 丽俪郦

厉—lì 厉励砺蛎

利—lí 梨犁黎 lì 利莉俐痢猁蜊

力—lì 力历沥枥雳

尼—nī 妮 ní 尼泥(泥土)呢(呢喃)怩 nǐ 旎 nì 昵伲泥(拘泥)

倪—ní 倪霓猊 nì 睨

妻—qī 妻凄萋

沏—qī 沏 qì 砌

齐—qí 齐脐蛴 jī 跻 jǐ 济(人才济济)挤 jì 剂荠济(救济)

其—qī 期欺 qí 其棋旗萁骐琪祺綦麒 jī 箕

奇—qí 奇骑崎 qǐ 绮 jī 畸犄 jì 寄 yī 漪 yǐ 椅倚猗

乞—qǐ 乞 qì 迄讫 yì 屹

西—xī 西牺茜恓

膝—xī 膝 qī 漆

析—xī 析晰淅蜥 yí 沂

奚—xī 奚溪蹊(蹊径)

息—xī 息熄螅 xí 媳 qì 憩

希—xī 希稀晞唏

喜—xī 嘻嬉僖熹 xǐ 喜

昔—xī 昔惜

衣—yī 衣依 yì 裔

夷—yí 夷姨胰咦痍荑

怡—yí 怡贻

乙—yǐ 乙 yì 亿艺忆吃 qì 气汽

以—yǐ 以苡

役—yì 役疫

意—yì 意臆薏噫癔

益—yì 益溢缢(shì 谥(谥号))

义—yí 仪 yǐ 蚁 yì 义议

易—yì 易蜴 tī 踢剔 tì 惕

揖—yī 揖 jī 缉 jí 辑楫

译—yì 译绎驿(zé 择泽 duó 铎)

亦—yì 亦弈奕

需要个别记住的字: jī 激积鸡击羁姬 jí 吉棘集急亟籍 jǐ 给(给予) jì 寂计季祭际继绩 qī 七 qí 祁畦芪 qǐ 启企 qì 弃契器 xī 熙兮夕犀 xí 席檄袭习 xǐ 洗徙玺 xì 戏系(联系)细隙 yī 医伊 yí 疑沂宜颐移遗彝 yǐ 矣 yì 弋抑诣逸肄熠异

二、ü韵母代表字类推表

居—jū 居裾据(拮据) jù 锯剧据(根据) 踞倨

且—jū 且(古助词)狙疽 jǔ 沮(沮丧)龃咀(咀嚼) qū 蛆

菊—jū 鞠掬 jú 菊

句—jū 拘驹 jù 句 xù 煦

具—jù 具惧俱飓

巨—jǔ 矩 jù 巨距拒炬苣 qú 渠

屡—lǚ 屡缕褛偻(伛偻)

吕—lǚ 吕铝侣

虑—lǜ 虑滤

区—qū 区驱躯岖

曲—qū 曲(弯曲)蛐 qǔ 曲(歌曲)

瞿—qú 瞿衢癯

取—qǔ 取娶 qù 趣 jù 聚

虚—xū 虚嘘墟 qù 觑

胥—xū 胥 xù 婿

畜—xù 畜(畜牧)蓄

于—yū 迂吁(象声词) yú 于盂竽 yǔ 宇 yù 芋 xū 吁(长吁短叹)

禺—yú 禺愚隅 yù 遇寓

於—yū 於(姓)淤瘀

余—yú 余 xú 徐 xù 叙

俞—yú 俞榆愉瑜揄逾渝 yù 愈喻谕

欲—yù 欲峪浴裕

予—yǔ 予(授予) yù 预 xù 序

臾—yú 臾谀腴萸 yǔ 庾瘐

鱼—yú 鱼渔

与—yú 欤 yǔ 与(与其)屿 yù 与(参与)

语—yǔ 语(语言)圄

雨—yǔ 雨(雨水) xū 需

羽—yǔ 羽 xǔ 诩栩

禹—yǔ 禹 qù 龉

昱—yù 昱煜

玉—yù 玉钰

聿—yù 聿 lǜ律

域—yù 域阈

需要个别记住的字：jū车(象棋棋子之一) jú桔橘 jǔ举 jù遽 qū屈 qù去 xū须 xǔ许浒(浒墅关) xù 旭恤绪续絮 xu 蓿(苜蓿)

八、读准带韵头"u"的韵母

在复韵母和鼻韵母中，元音"u"常常充当韵头，比如"队 duì""退 tuì""吨 dūn""吞 tūn"等等。可是有的方言却经常丢失这些音节中的韵头"u"，比如：

村、寸、存 cun—cen

对、队、堆、兑 dui—dei

论、轮、抡、伦、沦、仑、纶、囵 lun—len

腿、推、退、褪、颓、蜕 tui—tei

吞、臀、豚、饨 tun—ten

还有一种情况是把原本没有韵头"u"的音节加上韵头"u"。比如：

类、累、泪、垒、蕾、磊、儡 lei—lui

内 nei—nui

嫩 nen—nun

在测试中，这两种情况都属于读音错误，必须避免这两种错误读法。

九、读准形近字

形近字就是字形相近的字。在普通话水平测试这种现场口试的状态下，由于各种因素的综合影响，许多应试人往往会把甲字读成字形与之相近的乙字。例如：

bō—bá	dǒu—tú	qiā—xiàn	xuǎn—xiǎn	èr—nì
拨—拔	陡—徒	掐—陷	癣—鲜	贰—腻

chuài—duān—tuān	chà—pén—pán	zhuō—chù—duō
踹 — 端 — 湍	岔 — 盆 — 盘	拙 — 绌 — 咄

出现这种读音错误的原因是对形体相近的字的字义、字音把握得不太准确，临场来不及细想就脱口而出，读错了自己也毫无察觉。有两种办法能够有效避免读错形近字：

1. 在平时的练习中对形近字多留心一点，把碰到和想到的容易读错的形近字记在卡片上，对比练读。

2. 测试时保持头脑清醒，不要读得过快，尽量为自己争取判断和思考的时间，同时反应要灵敏，一旦发现读错，立即纠正。

同时，也可以参考《普通话正音掌中宝》(上海辞书出版社 2002 年 12 月第 1 版，彭红著)中"容易读错的形近字"部分。

测试中错误频率较高的形近字举例：

diào—gōu	kēng—kàng	niè—chǐ	bèng—bìng
钓—钩	坑—炕	啮—齿	迸—并

duì—yuè	huà—huá	sú—yù	cuàn—chuàn
兑—悦	桦—铧	俗—裕	窜—串
yuán—huǎn	réng—rēng	shǐ—shī	yà—yǎ
援—缓	仍—扔	矢—失	亚—哑
guǎng—kuàng	huì—wěi	duó—dù	nǐ—yǐ
犷—圹	讳—伟	踱—渡	拟—以
shù—sù	shù—nù	shǔn—yǔn	bì—pì
束—速	恕—怒	吮—允	庇—屁
jí—jì	pī—pēi	níng—yí	xiàn—sàn
即—既	坯—胚	凝—疑	霰—散
pǐ—pì	lì—liè	cáo—zāo	quàn—juàn
癖—僻	例—列	槽—糟	券—卷
kuà—kuǎ	xié—xiá	shòu—shǒu	zhuó—zhú
挎—垮	挟—侠	狩—守	浊—烛
chì—zhì	kuàng—kuāng	fú—fù	wéi—wěi
炽—帜	框—筐	幅—副	韦—伟
jī—jí	zhòu—Zōu	jǔ—zǔ	zhǎo—zhāo
缉—辑	皱—邹	沮—阻	沼—招
nì—èr	zhá—cè	kǎi—gài	qiè—què—qū
腻—贰	铡—侧	慨—概	怯—却—祛

yì—zhǐ—zhī	xián—xuán—xuàn	náo—ráo—rào
诣—指—脂	弦—玄—眩	挠—饶—绕
xuàn—xùn—xún	ōu—ǒu—shū	tián—guā—kuò
绚—殉—询	讴—呕—枢	恬—刮—括

十、读准多音字和异读词

多音字是字形相同而在不同语言环境中有不同读音的字。异读词是在北京语音中有不同的读法的字词。虽然国家在 1985 年 12 月公布了《普通话异读词审音表》，但由于长期的读音习惯和误读音的代代传承，许多人对一些异读词的正确读法还是似是而非。在读单音节字词和读多音节词语试题中，都不可避免地会出现多音字和异读词，如果对这一类字词的读音不熟悉或对其在某种语境中的读音判断失误，也会出现读音错误。比如：

应测者经常读错的多音字举例：

挨	āi 挨近	ái 挨打
钉	dìng 钉扣子	dīng 钉子
佛	fó 佛教	fú 仿佛
说	shuō 说服	shuì 游说
角	jué 角色	jiǎo 角度
露	lòu 露馅	lù 露骨

纤　　　　　　　xiān 纤维　　　　　qiàn 纤夫
似　　　　　　　sì 似乎　　　　　　shì 似的
处　　　　　　　chǔlǐ 处理　　　　　chùsuǒ 处所
卡　　　　　　　kǎchǐ 卡尺　　　　　shàoqiǎ 哨卡

测试中错误频率较高的异读词举例：

bīn	bǔ	chéng	chì	dàng	dī	fàn	guǎng
濒	哺	惩	炽	档	堤	梵	犷

jiā	lú	něi	pāng	pài	pōu	qī	qǔ
浃	桐	馁	滂	湃	剖	期	龋

qiè	xiáo	xiè	jì	wéi	xué	xiào	zhì
怯	淆	械	迹	违	穴	哮	炙

对于误读频率较高的统读异读词（即已统一为一种读法的异读词），最好经常进行组词造句练习；对于多音字在不同语境中的读音，必须耐心地查词典并进行造句练习，这样才能牢牢记住它们在不同语言环境中的正确读音。同时，也可以参考《普通话正音掌中宝》（上海辞书出版社 2002 年 12 月第 1 版，彭红著）中"容易读错的多音字"部分，它比较全面地归纳出了普通话常用的多音字在不同语境中的正确读音。

请对下面两组多音字和异读词进行重点记忆。

(1) 误读频率较高的多音字正音练习

为　　为首(wéi)　因为(wèi)

卡　　卡片(kǎ)　边卡(qiǎ)

处　　处理(chǔ)　处长(chù)

压　　压力(yā)　压根儿(yà)

吐　　谈吐(tǔ)　吐血(tù)

创　　创伤(chuāng)　创建(chuàng)

色　　色彩(sè)　掉色(shǎi)

冲　　冲突(chōng)　酒味很冲(chòng)

兴　　兴奋　兴风作浪(xīng)　高兴　兴高采烈(xìng)

尽　　尽管　尽快(jǐn)　尽力　尽头(jìn)

间　　房间　时间(jiān)　间断　间隔(jiàn)

冠　　冠心病(guān)　冠军(guàn)

呛　　烟味呛(qiàng)人　慢点喝，别呛(qiāng)着了

苔　　舌苔(tāi)　青苔(tái)

伺　　伺(cì)候　伺(sì)机

薄　　绵薄(bó)　薄(báo)片　薄(bò)荷

逮　　逮(dài)捕　逮(dǎi)住了

血　　血(xiě)流了出来　血(xuè)迹

着　　着(zhāo)数　着(zháo)急　着(zhuó)想　听着(zhe)

校　　学校(xiào)　校(jiào)对

卷　卷(juàn)宗　卷(juǎn)起来

翘　翘(qiáo)首　翘(qiào)尾巴

作　作(zuō)坊　作(zuò)用

（2）误读频率较高的异读词正音练习

bāo	bǐ	bì	biàn	bō	biān	cāo	cáo	chī
胞	鄙	痹	遍	波	蝙	糙	嘈	痴

chǐ	chù	chù	cī	cóng	dāi	duó	dào	dì
侈	黜	触	疵	从	呆	踱	悼	蒂

fú	duō	huái	jí	jí	jí	jǐ	jì	jiān
拂	多	徊	疾	汲	嫉	脊	绩	奸

jiào	jiào	kuàng	jùn	jīng	lāo	liè	lüè	máng
较	酵	框	俊	粳	捞	劣	掠	芒

niān	pàn	pī	pǐ	pì	pì	piāo	pōu	qīn
拈	畔	披	匹	僻	譬	剽	剖	侵

qīng	rào	shù	sù	tuò	wēi	wēi	wú	wéi
倾	绕	漱	塑	唾	微	危	梧	韦

xián	xián	xuè	xìn	xún	xùn	yán	yì	yú
弦	涎	谑	衅	寻	驯	沿	谊	娱

yú	yuè	zàn	záo	zēng	zhào	zhǐ	zhì	zhì
愉	跃	暂	凿	憎	召	指	质	秩

zhì	zhōu	zhuō	zhòu	zhuó	zhuàng	zuǒ		
栉	诌	拙	骤	卓	撞	佐		

十一、读准新大纲中比较陌生的字

《普通话水平测试用普通话词语表》是普通话水平测试出题的依据。尽管该表里的字词都选自《通用规范汉字表》和《现代汉语常用词表》，但对应试人来说，仍然有一些是不常用的。测试中如果恰巧碰到这些字而读不准，就比较麻烦。所以，这里列出《普通话水平测试用普通话词语表》中比较陌生的字词，供应试人练习巩固。

附录

《普通话水平测试用普通话词语表》中比较陌生的字词举例

【A】

ài 隘　　　ān 庵　　　àn 黯　　　àng 盎　　　āo 凹

áo 遨鳌翱　　　ào 坳拗(拗口)

【B】

bāi 掰　　　bāo 孢褒　　　bào 鲍　　　bì 婢　　　biě 瘪

bō 钵　　　bó 膊　　　bù 埠簿

【C】

cèng 蹭　　　chán 潺蟾　　　chàng 怅　　　chè 澈掣　　　chī 嗤

chōng 舂 | chóu 畴踌 | chú 蹰刍蜍 | chù 矗 | chuài 踹
chuò 啜绰 | cù 簇 | cuān 蹿 | cuì 淬 | cūn 皴
cǔn 忖 | cuō 磋 | cuò 锉挫

【D】

dā 耷 | dǎn 疸 | dǎo 祷 | dí 涤 | dǐ 诋
diān 滇 | diāo 貂 | dòu 窦 | duó 踱 | duò 垛舵

【E】

è 尊愕遏

【F】

fàn 梵 | fēi 绯妃 | fěi 翡 | fèi 沸 | fū 敷
fú 氟 | fù 缚

【G】

gān 坩 | gǎn 撖 | gàn 赣 | gāo 篙 | gǎo 镐
gé 膈 | gèn 亘 | gēng 庚羹 | gōu 篝 | gòu 垢
gū 辜 | gù 梏 | guà 褂 | guǎng 犷 | guī 瑰皈
guō 埚

【H】

hài 骇 | hān 蚶憨鼾 | hǎo 郝 | hé 劾 | hè 壑
huàn 宦豢 | huǎng 幌 | huì 贿喙诲秽

【J】

jī 畸姬稽羁 | jí 棘嫉瘠 | jǐ 戟麂 | jì 暨髻 | jiá 荚颊
jiān 缄 | jiàn 涧谏 | jiàng 绛 | jiào 窖酵 | jiàng 犟
jiāo 椒 | jiǎo 缴 | jiē 秸 | jìn 靳 | jìng 胫
jiǒng 窘炯 | jiǔ 灸 | jiù 臼厩 | jū 鞠 | jù 遽
juē 撅 | jué 蕨攫

【K】

kān 勘 | kàn 瞰 | kāi 揩 | kē 苛稞 | kēng 铿
kōu 抠 | kū 窟 | kuī 盔 | kuǐ 傀 | kuì 馈
kuò 廓

【L】

lèng 愣 | lì 栗砾 | liǎn 敛 | liàng 踉 | liāo 撩(撩起)
liào 撂廖瞭 | liè 劣 | liǔ 绺 | lǔ 卤虏掳 | lù 赂戮
lú 栌 | lǚ 缕捋(捋胡子) | lù 氯 | luō 捋(捋袖子) | luò 摞

【M】

mái 霾 | mán 鳗 | mǎo 卯 | mì 幂谧 | miǎo 藐
miè 篾 | mǐn 抿 | míng 冥 | miù 谬 | mò 蓦
móu 眸

【N】

nǎi 氖 | nì 昵 | niān 拈蔫 | nián 黏 | niàn 廿
niè 涅镍蘖孽 | niù 拗(拗不过)

【O】

ōu 讴 | ǒu 藕

【P】

| pàn 畔 | páo 狍 | péi 裴 | pī 坯 | pí 毗 |
| pǐ 痞癖 | pì 僻媲 | piē 瞥 | pǔ 圃 | pù 瀑 |

【Q】

| qǐn 寝 | qìn 沁 | qíng 擎 | qìng 磬 | qū 祛蛆 |
| quán 蜷 | quē 阙(阙疑) | qué 瘸 | què 榷阙(宫阙) | |

【R】

| rèn 饪 | rǒng 冗 | ruǐ 蕊 | | |

【S】

sà 卅	sāi 鳃	sāo 缫	sè 瑟	shà 霎
shàn 赡	shē 奢	shè 赦	shēn 砷	shèn 蜃
shī 虱	shǐ 矢	shì 氏嗜噬螯	shū 枢倏	shù 庶
shuàn 涮	sì 祀俟饲嗣	sǒng 耸怂悚	sòng 讼	sǒu 擞
sòu 嗽	sū 稣	sù 粟溯	suǐ 髓	suì 邃
suō 蓑				

【T】

tǎ 獭	tà 榻	tān 坍	tāo 绦	tī 剔
tì 嚏	tiǎo 窕	tuān 湍	tuí 颓	tuì 蜕
tún 豚臀	tuó 陀	tuǒ 妥		

【W】

| wān 剜 | wǎn 宛 | wàn 腕 | wěn 紊 | wèng 瓮 |
| wō 涡 | wú 毋 | | | |

【X】

xī 兮曦	xǐ 铣	xiá 遐辖	xián 涎舷	xiàn 腺霰
xiāo 嚣	xiào 啸	xiē 楔	xié 偕携	xiè 屑械亵
xīn 馨	xìn 衅	xū 戌	xù 絮	xuǎn 癣
xuàn 眩炫绚渲	xué 穴			

【Y】

yī 漪	yì 屹邑翌熠裔	yán 檐	yǎn 俨	yàn 堰
yàng 漾	yāo 夭吆	yáo 肴	yǎo 窈	yē 噎
yè 曳	yín 垠	yīng 膺	yǒu 卣	yòu 釉
yū 迂淤	yú 臾虞	yǔ 禹	yuán 垣	yuàn 苑
yǔn 陨				

【Z】

zā 咂	zǎo 藻	zè 仄	zhā 楂	zhāi 斋
zhàn 蘸	zhào 肇	zhé 辄蜇(海蜇)	zhě 褶	zhè 蔗浙
zhēn 斟臻	zhèn 朕	zhì 炙峙滞掷	zhǒng 冢	zhòu 骤
zhù 贮	zhuì 赘缀	zhuó 灼啄	zì 渍	zuǎn 纂
zuàn 攥				

第二节　怎样避免读音缺陷

读音缺陷是指声母、韵母、声调的发音不够准确而使音色不够纯正。出现读音缺陷的主要原因是方言的影响。不要小看每个读音缺陷只扣 0.05 分,缺陷多了就会大大影响测试成绩。况且有许多读音缺陷跟标准读音差异极小,应试人很可能意识不到,纠正起来必然很有难度。下面就测试实践中比较常见的几种类型的读音缺陷进行分析,提供正音方法。

一、避免 z、c、s 和 zh、ch、sh 的读音缺陷

把平舌音读成翘舌音或把翘舌音读成平舌音,属于读音错误;发平舌音时舌位过前或靠后、发翘舌音时舌位靠前或过于靠后,就属于读音缺陷。

z、c、s 和 zh、ch、sh 在发音部位和发音方法上的区别在第一节中已有分析。在这里,用几幅示意图来对比一下这两组声母读音正确、缺陷、错误时的舌位情况:

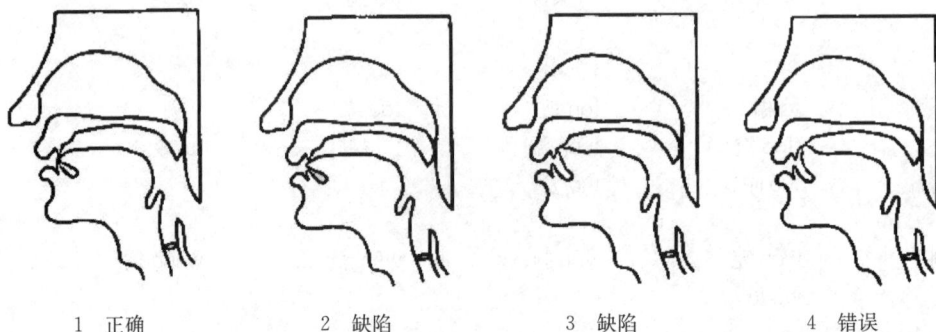

|　1　正确　　　　2　缺陷　　　　3　缺陷　　　　4　错误|

图四　平舌音的发音分析

我们从图四中可以看到:
1. 发音正确。舌尖前伸,抵住或接近上齿背。
2. 发音缺陷。舌尖前伸过多,发成了齿尖音,也就是俗话所说的"大舌头"。
3. 发音缺陷。舌尖略后缩,抵住或接近上齿龈,发音介于平舌音、翘舌音之间。
4. 发音错误。舌身后缩,舌尖翘起,抵住或接近硬腭前部,发成了翘舌音。

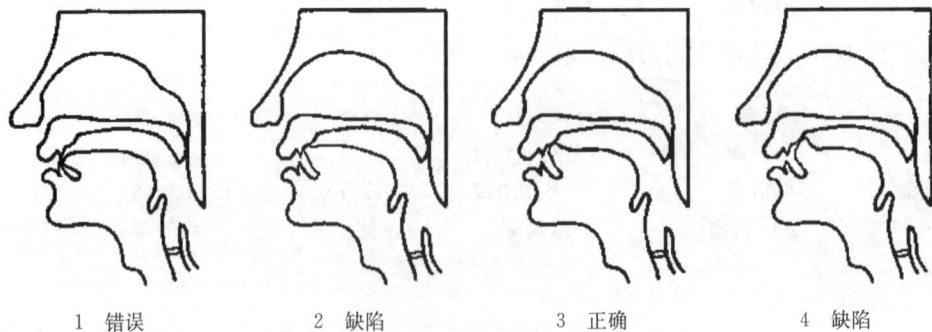

|　1　错误　　　　2　缺陷　　　　3　正确　　　　4　缺陷|

图五　翘舌音的发音分析

我们从图五中可以看到:
1. 发音错误。舌尖前伸,抵住或接近上齿背,发成了平舌音。

2. 发音缺陷。舌尖略后缩,抵住或接近上齿龈,发音介于平舌音、翘舌音之间。

3. 发音正确。舌身后缩,舌尖翘起,抵住或接近硬腭前部。

4. 发音缺陷。舌身后缩过多,舌尖明显卷起,发成了卷舌音。

从图四、图五中可以看出,读音正确的舌位与读音错误的舌位相去甚远,因为听感上和发音位置上差别太大,纠正起来也相对比较容易;而读音正确的舌位与读音缺陷的舌位非常接近,由于差别不易察觉,纠正起来难度也就加大了。

要纠正平舌音和翘舌音的读音缺陷,就一定要找准这两类声母发音部位造成阻碍的接触或接近点,平舌音的"点"在齿背,翘舌音的"点"在硬腭前部,同时要掌握好舌尖运动的"度",欠缺一点或超过一点都会导致读音缺陷。

现在请根据前面的平舌音发音部位示意图1和翘舌音发音部位示意图3来练读这几组声母:

z——zh	c——ch	s——sh
zh——z	ch——c	sh——s

同时,还可以利用字词对比等练习来纠正平舌音和翘舌音的读音缺陷。具体字词可参照本书第1页"读准 z、c、s 和 zh、ch、sh"中的例字例词练读。

二、避免 j、q、x 的读音缺陷

有些地区的方言把一部分 j、q、x 作声母的字读成了 z、c、s 作声母的字,即通常所说的"尖音",这就属于读音错误。更多的情况是读 j、q、x 时舌尖起了过多的作用,读得类似于尖音,这就属于读音缺陷。

j、q、x 是舌面音,发音时舌尖下垂,抵住下齿背,舌面前部抬高与硬腭前部造成阻碍,舌面起着主要作用;z、c、s 是舌尖前音,发音时舌尖平伸,抵住或接近上门齿背,这两组声母的发音部位完全不同。因此,读 j、q、x 时舌尖千万不要浮起来,否则气流在舌尖与上齿背部位造成阻碍,就会发出近似于 z、c、s 的音,造成读音缺陷。

练习方法:

1. 词语练习

jíxìng 即兴	jīngjiǎn 精简	jiāojì 交际	xiàoxīng 笑星	qiūjì 秋季
jiàjiē 嫁接	xìnxīn 信心	jiànxiào 见笑	qíngxing 情形	xìngqù 兴趣
jiējì 接济	qiānxiàn 牵线	qìngxìng 庆幸	xiāngxī 湘西	xiāoxi 消息

2. 利用声韵母拼合规律练习

在普通话里,舌尖前音 z、c、s 不能与韵母 i、ü 或 i、ü 开头的韵母相拼,凡遇到方言里此类音节,应将声母改读为 j、q、x。

3. 绕口令练习（注意加"．"字的读音）

小金到北京看风景，小京到天津买纱巾。看风景，用眼睛，还带一个望远镜；买纱巾，带现金，到了天津把商店进。买纱巾，用现金，看风景，用眼睛，巾、金、京、津、睛、景都要读标准。

小芹手脚灵，轻手擒蜻蜓。小青人精明，天天学钢琴。擒蜻蜓，趁天晴，小芹晴天擒住大蜻蜓。学钢琴，趁年轻，小青精益求精练本领。你想学小青，还是学小芹？

三、避免单韵母读音缺陷

单韵母发音时要正确掌握舌位的高低、前后和唇形的圆展，它们都是由一个元音构成的，所以发音时舌位、唇形始终不变。请练读下面这些包含单韵母的词语：

a	dàshà 大厦	shāfā 沙发	lǎba 喇叭	dàmā 大妈	lāzá 拉杂
o	bómó 薄膜	mópò 磨破	bóbo 伯伯	pópo 婆婆	pōmò 泼墨
e	kēkè 苛刻	tèsè 特色	hégé 合格	sèzé 色泽	gēshě 割舍
i	qìdí 汽笛	lìxī 利息	qíjì 奇迹	bǐjì 笔记	tíyì 提议
u	zhùfú 祝福	chūzū 出租	shūfu 舒服	wúgū 无辜	chūbù 初步
ü	xūyú 须臾	qūyù 区域	nǚxu 女婿	yǔlǚ 伛偻	xùyǔ 絮语
-i[前]	zìsī 自私	cǐcì 此次	zìsì 恣肆	zìcí 字词	sìcì 四次
-i[后]	zhìzhǐ 制止	zhīchí 支持	shǐshī 史诗	shīshì 失事	rìshí 日食
er	rán'ér 然而	ǒu'ěr 偶尔	shí'èr 十二	ěrjī 耳机	érgē 儿歌

常见的单韵母读音缺陷有以下五种：

1. 发 a、o 时开口度太小。

2. 发 o、u、ü 时不圆唇。

3. 发 e 时舌根太紧张或太松弛。

4. 发 i、ü 时舌尖与上齿背距离太近而产生摩擦。

5. 发 er 时舌头僵硬，不能自然卷起，或虽能卷舌但口张得太大。

四、避免复韵母读音缺陷

复韵母由两个或三个元音构成，发音时舌位、唇形要随着从一个音到另一个音的移动而变化（这就叫动程）。读复韵母时动程要明显，主要元音（就是开口度较大、舌位较低的那

个元音)要拉开立起,读得准确响亮,读带韵尾的复韵母时归音应该准确到位。请练读下面包含复韵母的词语:

ai	bǎikāi	shàitái	mǎimai	hǎidài	zāihài
	摆开	晒台	买卖	海带	灾害
ei	běifēi	féiměi	bèilěi	pèibèi	hēiméi
	北非	肥美	蓓蕾	配备	黑煤
ao	bàodào	zāogāo	láokào	cāoláo	gāocháo
	报到	糟糕	牢靠	操劳	高潮
ou	shǒuhòu	zǒulòu	lòudǒu	shōugòu	dǒusǒu
	守候	走漏	漏斗	收购	抖擞
ia	qiàqià	jiǎyá	jiājià	yājià	xiàjiā
	恰恰	假牙	加价	压价	下家
ie	miēxie	tiěxié	tiēqiè	jiéyè	jiějie
	乜斜	铁鞋	贴切	结业	姐姐
ua	shuǎhuá	guàhuà	huāwà	wáwa	huàhuà
	耍滑	挂画	花袜	娃娃	画画
uo	cuōtuó	guòcuò	luóguō	luòtuo	cuòluò
	磋砣	过错	罗锅	骆驼	错落
üe	xuěyuè	yuēlüè	quèyuè	juéjué	quēlüè
	雪月	约略	雀跃	决绝	缺略
iao	qiǎomiào	miàoyào	jiàotiáo	diàoqiáo	xiāoyáo
	巧妙	妙药	教条	吊桥	逍遥
iou	yōujiǔ	xiùqiú	jiǔliú	qiújiù	yōuxiù
	悠久	绣球	久留	求救	优秀
uei	huīduī	tuìhuí	cuīhuǐ	guīduì	zhuīsuí
	灰堆	退回	摧毁	归队	追随

常见的复韵母读音缺陷有以下三种:

1. 口形不准。比如 ie、üe 的后一个元音实际上是 ê,不是 e,发音时嘴角应该明显地向两边展开,否则就会读出缺陷音。

2. 舌位不准。比如 ou、iou 的主要元音舌位是靠后、半高的,如果舌位太高就会读出缺陷音;另如上述 ie、üe 发音时若降低了舌位也会出现读音缺陷。

3. 动程不明显。比如 ai、ao、uo 及所有复韵母发音时口形、舌位都有从一个音滑向另一个音的变化过程,如果发音时这个过程不明显,就会把复韵母读得近似于单韵母,产生读音缺陷。

五、避免鼻韵母读音缺陷

鼻韵母由一个或两个元音再加一个鼻韵尾构成,鼻韵母的发音要领主要有以下两点:

1. 应该有明显的动程,即舌位、口形由元音向鼻韵尾滑动的过程。

2. 韵尾造成阻碍的部位应该准确。

请读一读下面这些包含鼻韵母的词语，听听自己的发音是不是符合这两个要领：

an	màntán 漫谈	fánnán 繁难	dànlán 淡蓝	tǎnrán 坦然	gǎnlǎn 橄榄
ian	biànqiān 变迁	piānjiàn 偏见	diànxiàn 电线	liánmián 连绵	yánxiàn 沿线
uan	guànchuān 贯穿	kuānhuǎn 宽缓	zhuānduàn 专断	wànguàn 万贯	wǎnzhuǎn 婉转
üan	yuānyuán 渊源	quánquán 全权	yuánquān 圆圈	yuánquán 源泉	quánxuǎn 全选
ang	gāngchǎng 钢厂	fāngtáng 方糖	tángláng 螳螂	shàngdàng 上当	mángcháng 盲肠
iang	jiàngxiàng 将相	xiǎngxiàng 想象	xiàngyáng 向阳	xiāngjiāng 湘江	jiǎngxiàng 奖项
uang	kuángwàng 狂妄	wǎngzhuàng 网状	zhuānghuáng 装潢	zhuàngkuàng 状况	
	shuānghuáng 双簧				
en	rénshēn 人参	běnfèn 本分	shēnzhèn 深圳	fènhèn 愤恨	chénmèn 沉闷
uen	wēnshùn 温顺	wēncún 温存	kūnlún 昆仑	lùnwén 论文	fēncun 分寸
in	qīnjìn 亲近	jìnxīn 尽心	yīnqín 殷勤	jīnyín 金银	qínyīn 琴音
ün	jūnyún 均匀	jūnxùn 军训	xùnfú 驯服	qúnzi 裙子	jùngōng 竣工

常见的鼻韵母读音缺陷有以下三种：

1. 动程不明显或主要元音的开口度不够。最容易产生这种缺陷的是 ian、uan、üan、uen、iang、uang、ueng 这几个鼻韵母。

2. 元音鼻化。发鼻韵尾时应该由舌尖与门齿背或舌根与软腭构成阻碍，堵住口腔通道，气流从鼻腔透出。如果发鼻韵尾时两个发音部位没有构成阻碍，就会形成口鼻同时出气的发音状态，使元音鼻化而产生读音缺陷。

3. 韵尾归音不准。比如前后鼻韵母正确的归音位置是：前鼻韵尾——舌尖和门齿背造成阻碍；后鼻韵尾——舌根和软腭造成阻碍。如果把这两组鼻韵母的归音位置搞颠倒，就会产生读音错误；如果只是韵尾归音的位置不准，就会产生读音缺陷。

现在，请再读一读上面的例词，揣摩一下自己发鼻韵母时有没有这些读音缺陷。

六、避免声调的读音缺陷

普通话有阴平、阳平、上声、去声四个声调，就是平常所说的第一声、第二声、第三声、第四声。这四个声调的调值和调型如下：

调类名称	调 值	调 型	声调符号	例 字
阴 平	55	高平	ˉ	妈 扑
阳 平	35	中升	ˊ	麻 葡
上 声	214	降升	ˇ	马 普
去 声	51	全降	ˋ	骂 瀑

要读好每个字的声调,必须掌握普通话四个调类的实际读法,根据不同调值的要求读出不同音节的高低升降,做到同一类声调的音高协调统一。请练读下面词语,体会不同声调的高低升降的变化:

	shānqū	chōngjī	fēnzhī	gēngxīn
阴+阴	山区	冲击	分支	更新
	kāfēi	piānpiān	qījiān	Xī Ōu
	咖啡	偏偏	期间	西欧
	chéngnián	néngyuán	wúxíng	xuétú
阳+阳	成年	能源	无形	学徒
	yánshí	yíchuán	xúnqiú	cánshí
	岩石	遗传	寻求	蚕食
	cǎifǎng	ǒu'ěr	miǎnqiǎng	shuǐguǒ
上+上	采访	偶尔	勉强	水果
	wǎngwǎng	wǔdǎo	bǎbǐng	gǔpǔ
	往往	舞蹈	把柄	古朴
	bùzhòu	cèzhòng	dòngmài	quèdìng
去+去	步骤	侧重	动脉	确定
	xiànxiàng	xìndài	wèibì	xuèyè
	现象	信贷	未必	血液

在测试中,如果把普通话里的一种声调读成普通话里的另一种声调,就属于读音错误;如果只是把一种声调读得调值不全或调值不准,也属于读音缺陷。

常见的声调读音缺陷有以下四种:

1. 声调的相对音高不稳定。在100个单音节字词中,同一种声调的字相对音高应该是一致的,比如阴平,它的调值是55。但如果在前面读的调值是55,到后面读成44了,这就形成读音缺陷。

2. 阳平的调值不准。阳平的调值应该是35,即从自己适宜音域的"中"升到"高"。但是假如把它的调值读成24、23或45,也会形成读音缺陷。

3. 上声调值不全。上声的调值是214,调型是先降后升。如果读的时候只降不升,丢失了上声调值的后半部分,同样会产生读音缺陷。

4. 保留入声痕迹。古代汉语的声调中有一类叫入声,是一种短促急收的声调。在普通话中入声早就归到阴平、阳平、上声、去声中了,所以普通话是没有入声的。可是在我国许多方言里还保留着入声,比如"直""一""极""学""达""独""立""习""滴"等字,以致这些方言区的人在说普通话遇到上述字时也带有短促的入声痕迹。

入声字改读并不难，必须放弃那种短促急收的声调形式，读准与之相对应的普通话调值。

下面这几组字每一组的声调相同，加"."的是古入声字，请把后一个古入声字读得与前一个非入声字的调值相同。

zhī—zhī	dī—dī	shā—shā	chá—chá	fú—fú	xié—xié
知—汁	低—滴	沙—杀	查—察	扶—福	斜—胁

bǐ—bǐ	gǔ—gǔ	suǒ—suǒ	yì—yì	yù—yù	wù—wù
比—笔	古—谷	锁—索	义—亿	寓—育	务—物

另外，也可以利用绕口令练习纠正入声字。下面两个绕口令中加"."的字是古入声字，请用普通话读准它们的调值，不要读成短促急收的入声。

葛立在屋外扫积雪，白雪在屋里做作业。白雪见葛立在屋外扫积雪，急忙放下手里的作业，去到屋外帮助葛立扫积雪，白雪扫完了积雪，立即进屋再做作业。

岳伯伯特有德，读书千百册，摘要写心得，博学阅历多，跟谁也谐和。岳伯伯不在家中坐，要上街去买笔和墨，遇见好友祝玉国，玉国拉着伯伯进宅把水喝，二人谈得很随和，话就格外多。岳伯伯和祝玉国一谈谈到鸡上窝，伯伯也没买成笔和墨。

下面这个表，把古代的入声字（也就是方言里常读入声的那些字）与和它们相对应的普通话声调列出来。请进行组词练习，一定要把表中的字读成相应的普通话声调。

附录

常用中古入声字普通话声调归类简表

阴平 55	只一～织汁吃虱湿失逼劈～开滴剔踢激缉通～击积唧七柒漆沏缉～鞋口吸夕熄惜息蟋蜥晰析膝锡一壹扑督秃突凸窟哭忽出叔屋鞠屈曲弯～八捌发出～搭答～应塌拉垃哈～腰扎包～插杀扎～辫子呷擦撒～手夹～子掐瞎押鸭压刮刷挖拨剥～削泼摸托脱捋郭桌捉拙戳说作～坊撮勒～索搁胳疙割鸽嗑喝蜇～人鳖憋撇～开跌贴捏揭结～果子接疖切～开歇蝎楔噎缺薛削剥～约拍摘拆塞瓶～儿勒～紧黑剥～皮儿着～急雀～子削切～粥。
阳平 35	执职识的～确级吉急疾即棘脊～梁媳拂幅～员蝠辐竹烛足卒菊桔答～复轧～钢扎挣～札察砸夹～裤荚博搏驳伯膜掇国酌灼琢啄得～到德格阁蛤～蝌革隔葛纠～咳壳果～貉折～断哲辙蜇海～则责洁劫睫节结诘诘胁决诀厥爵脚～色镢攫觉感～角～逐没～有
上声 214	尺笔匹劈～柴给供～脊～梁乙朴骨～肉谷嘱辱曲歌～法塔哈姓眨撒～种甲抹索葛姓渴恶～心撒一～铁帖血出～雪百柏窄色～儿北得～去给～你郝脚手～角三～骨～头
去声 51	质窒蛭拆赤叱式室释适饰必壁璧毕碧辟复～僻辟开～秘泌惕鲫绩寂迹泣讫戚隙益邑忆亿抑臆不腹复酷祝筑触畜家～束促簇肃速宿粟畜～牧蓄恤发理～踏栅诧煞萨卅恰洽吓～唬轧～棉迫魄阔括扩廓霍绰硕作～工～错握沃各克客刻赫吓威～浙撒彻设摄则测册策侧塞闭～涩色～彩瑟啬拃鄂恶～劣怯切一～窍泄谒却确雀麻～鹊血～压率～领蟀觉睡～壳地～日密蜜匿弱逆力立粒笠栗沥厉历亦役疫逸翼译轶幂木目睦苜鹿辘碌陆戮褥入物勿率～律绿氯育域浴欲吁呼～玉狱纳捺呐辣瘌蜡腊划计～袜末沫茉莫漠默墨没沉～寞诺洛络骆落或惑获弱若乐快～热灭蔑镊列烈裂劣叶页业虐疟略惊悦阅越粤跃月乐音～岳麦脉肋烙酷药钥肉六

第三节 读单音节字词综合练习

要读好单音节字词，最重要的是熟练掌握普通话声母、韵母、声调的准确读音和轻声词、儿化词的读法；同时，利用模拟试题进行实境练读也是不可忽视的环节。通过练读，可以对测试时面对的试题有一个感性的认识。

一、读单音节字词的基本要求

1. 声母、韵母的发音要准确，韵尾归音要到位。
2. 声调调值要正确。
3. 语速要适中，保证在 3.5 分钟以内读完。
4. 请横向朗读。

二、读单音节字词练习（1—7）

下面提供七份读单音节字词练习试题，其中三份注音，四份不注音（可于练习后对照附录六中的参考答案），请按要求进行练习。练读（1）、（2）、（3）号练习试题时，除达到上述基本要求外，最好计时练读，随时调整语速。

读单音节字词练习试题（1）

sī	bèi	mái	niē	dǎ	tōu
撕	倍	埋	捏	打	偷
liǎng	náng	kuà	máng	qīng	xùn
两	囊	跨	忙	卿	训
chuāng	zú	yǎo	pò	míng	fǔ
疮	卒	舀	迫	鸣	甫
nèi	lǐ	jú	quǎn	zhī	lüè
内	里	菊	犬	脂	略
zūn	yǔ	péi	shùn	diū	nán
遵	禹	陪	顺	丢	南
xuē	chǔn	zī	kàng	bīn	fèng
靴	蠢	姿	抗	宾	奉
diē	yún	lè	píng	bō	tài
爹	云	乐	平	波	太
miǎn	gào	guǒ	liú	guà	bǎo
免	告	裹	留	挂	宝
hé	tǔ	jiā	chǒu	xí	jǐn
盒	土	家	丑	袭	锦

shuān	cí	wān	cuì	jué	tā
拴	祠	弯	脆	绝	它
hōng	zhuó	qì	xiōng	zhuàn	fá
轰	浊	泣	凶	撰	罚
pěng	wēng	cù	fěn	hàn	huái
捧	翁	醋	粉	旱	怀
jiǒng	rèn	xù	zhuāng	xiè	pán
窘	韧	绪	装	械	盘
yuǎn	piāo	róng	sǒng	kēng	hòu
远	飘	融	耸	坑	后
dé	lùn	niáng	guǎi	zhuō	kuò
德	论	娘	拐	拙	阔
chī	rǔ	bìn	cuān	mí	tiān
吃	汝	鬓	蹿	迷	天
nǚ	dāi	ěr	juē		
女	呆	耳	撅		

读单音节字词练习试题（2）

diū	biǎn	rùn	xuǎn	sāo	yòng
丢	匾	润	癣	缲	用
shuì	yí	niǔ	yē	fǎng	péng
税	仪	扭	噎	仿	棚
duì	zhí	cí	kěn	zéi	fěng
兑	值	辞	啃	贼	讽
báo	fān	bì	fá	sōu	dài
雹	帆	痹	伐	艘	袋
qián	lěng	qiā	zì	róng	tài
潜	冷	掐	自	熔	态
bō	ěr	zòu	cāng	mào	pō
拨	尔	奏	仓	帽	坡
tǒng	rén	tǎ	duó	jù	gǔn
统	仁	塔	踱	剧	滚
píng	zhuā	luó	nuǎn	fú	quē
平	抓	罗	暖	氟	缺
jué	guāng	nín	zhù	shuǎ	cū
诀	光	您	贮	耍	粗
kuàng	bǐng	duān	zú	xiōng	kuà
矿	禀	端	族	胸	跨
tuán	qù	zhě	biē	huáng	guǎi
团	趣	褶	憋	黄	拐
huái	kǔn	huó	tiē	xiá	wèng
怀	捆	活	贴	辖	瓮

luǎn	yuān	yuè	jūn	biāo	yǔ
卵	冤	悦	钧	膘	禹
qún	miǎo	pī	zhè	pàn	dé
裙	渺	坯	浙	判	德
fēi	sǐ	mí	chōng	jiá	chī
妃	死	弥	充	荚	吃
què	mǐn	sù	shuǎi	zhuī	xiǎng
雀	闽	素	甩	追	响
chuí	niàn	zuǐ	lín		
锤	念	嘴	磷		

读单音节字词练习试题(3)

qún	kuò	piǎo	shuì	gǔn	què
群	阔	瞟	睡	滚	雀
guā	jiǒng	píng	piān	cè	fēn
刮	窘	评	篇	测	酚
ěr	liàng	gōu	fǎn	pō	chóng
尔	辆	钩	反	颇	虫
qíng	niǔ	quán	lǜ	huǎng	fú
擎	扭	全	虑	谎	拂
dàng	huái	fěng	niáng	yān	miǎo
档	怀	讽	娘	烟	秒
cā	zhě	chī	zuàn	chái	zào
擦	者	吃	攥	柴	燥
táng	sēng	mí	tǎ	zì	mǐn
堂	僧	弥	塔	自	皿
bèng	fú	shuǐ	kòu	zhēn	bài
蹦	符	水	扣	真	败
sòng	nǔ	yùn	xuē	kuài	gān
送	女	孕	薛	快	竿
rùn	qiāo	kuà	xióng	shù	dié
闰	锹	跨	雄	束	迭
pí	cuò	sī	dài	ráo	niè
脾	错	思	带	饶	啮
rèn	yū	xùn	chuáng	bǐ	miù
韧	迂	驯	床	比	谬
jùn	tūn	zhuī	tuō	zú	jiǎng
俊	吞	追	托	足	桨
xīn	biǎo	bō	jué	shì	měi
锌	表	波	攫	室	美
qiāo	mǎo	nì	tǒng	yáo	niē
橇	卯	溺	统	窑	捏

xuǎn	qū	suàn	duó	huī	wū
癣	屈	蒜	夺	挥	呜
liàng	pǐn	zhuāng	mián		
晾	品	妆	棉		

练读(4)、(5)、(6)没有注音的练习试题时,必须注意以下几个问题:

1. 声母、韵母的发音要准确,韵尾归音要到位。

2. 看准字形,辨别形近字的正确读音。

3. 注意为多音字提供的语言环境,读准多音字。

4. 声调调值要正确。

5. 语速要适中。最好看表练读,随时调整语速,保证在 3.5 分钟以内读完。

读单音节字词练习试题(4)

洒	致	刀	娘	逆	绺	家	化
晚	屈	克	等	浙	艘	连	憋
琼	桌	炙	玄	捺	工	投	貂
下	添	窘	顺	犬	货	爬	吕
鳍	愤	丛	贬	鸣	鬼	俏	慈
禀	嘻	炒	炕	茬	休	凉	刷
困	辱	执	概	翡	恒	啃	宾
胸	槐	爽	俊	责	睬	旱	工
苗	配	臻	眸	崔	循	灶	荦
恃	赏	洽	团	面	享	摞	唇
八	廖	履	姿	雇	熔	平	挂
队	翁	贫	吹	里	蛊	镇	滴
牛	伞	具					

读单音节字词练习试题(5)

时	日	尔	猜	招	走	氯	燃
陈	森	鄙	亚	双	幻	鸭	俗
肘	渊	哐	追	窘	丢	银	屑
桨	违	先	有	桥	日	扔	则
俩	鳗	兄	旗	渺	瘌	辫	柳
兔	聘	层	拈	饼	娘	突	挎
多	同	澈	名	愤	胆	埋	减
仿	糠	冯	笤	返	剖	沫	畦
泰	兜	陪	鹤	老	腹	秆	杂
海	弓	水	窦	雌	光	快	隆
舌	黑	疲	剃	郡	裸	诛	选
学	锯	四	赎	赤	女	资	掠

普通话水平测试教程

棍　　姬　　乏　　志

读单音节字词练习试题（6）

疤	特	牌	匪	抛	彼	春	别
宾	妙	谱	吹	怯	波	掘	框
损	措	双	镍	丢	据	妆	幂
宽	驯	硅	允	收	蕊	铂	蛆
达	道	瞒	愤	访	第	来	靴
修	碾	病	艘	酿	窘	槐	挂
琼	粗	跨	活	拐	租	弱	沏
所	滑	惹	衰	瀑	鸟	挥	品
雷	犯	躺	题	捏	融	请	歌
搂	尝	宠	裘	添	恰	撩	扭
缕	字	开	旨	牢	铡	跟	猛
厅	筐	瓷	拭	饵	猜	肯	授
凹	冷	家	瓮				

在测试中，很可能遇到一些比较陌生的或平时不太在意读音的字，这些字也许会成为应测者测试中的障碍。下面是用一些比较有难度的、应测者常常读错的字组成一份试卷（请放心，实际测试中是不会有难字这么集中的试卷的），可以先查字典再练读，也可以跟着配套录音练读。

读单音节字词练习试题（7）

篡	纂	孽	馁	谏	蔫	婿	铿
簸	涤	侩	俨	皴	殡	冢	谬
栗	挠	湍	镍	频	濒	瞟	梵
挪	扼	筛	噬	浊	绯	眷	戍
矢	釉	瞥	霎	甫	框	毗	皈
坯	胚	陨	揩	擎	蓑	潺	撅
拟	颊	撞	瘠	耸	绢	仄	缀
痴	绕	霰	沏	禀	凛	蓦	藐
拈	摈	潜	戮	啮	撒	恕	桐
庇	髓	绽	獭	嚣	栈	癖	捞
察	擦	舵	癣	糙	陌	鄙	漱
亵	辄	钩	钓	褒	桦	慨	洽
晦	瘌	涮	蕊				

读好单音节字词是顺利通过所有测试项目的重要基础，因此，本书用大量篇幅介绍这项测试的应试技巧。很多正音方法不仅适用于该项测试内容，也适用于其他三项测试内容。

第二章　读多音节词语

这项测试除了测查普通话声母、韵母、声调发音的准确度以外,还测查应试人对于普通话变调、轻声和儿化韵的掌握和运用情况。一共 100 个音节,总分为 20 分。

这项测试的评分标准是:

▲ 读错一个声母、韵母或声调扣 0.2 分。

▲ 语音有缺陷每字扣 0.1 分。

▲ 限时 2.5 分钟。超时 1 分钟以内,扣 0.5 分;超时 1 分钟以上(含 1 分钟),扣 1 分。

一个词语允许读两遍,即应试人若发觉第一次读音有口误时,允许改读,按第二次读音评判。

这项测试的应测难点除了读单音节字词包含的所有难点之外还有五个,一是读准上声音节,二是读准"一"和"不"的变调,三是找出并读准轻声音节,四是读准儿化韵,五是读准同形词。

第一节　读准上声和"一""不"的变调

普通话有四个声调,即阴平(第一声)、阳平(第二声)、上声(第三声)、去声(第四声)。它们的调值分别是:阴平 55,阳平 35,上声 214,去声 51。这里分析上声的变调。

一、上声的变调

上声在普通话的四个声调中比较特殊。它的调值是 214,音程最长,需要先降后升。但是在连续发出的一串音节中,它有时会丢掉尾,变得只降不升,调值变为 21;有时会丢掉头,变得只升不降,调值近似于 35。这就是上声的变调。在测试中如果不能正确运用上声变调的规律,就很可能在不知不觉中出现很多读音缺陷。一般说来,上声有这样几条变调规律:

第一,上声音节在非上声音节(阴平、阳平、去声)之前调值变为 21,调型是低降的,又叫"半上"。例如:

kǒuyīn	xiǎoshēng	zhěngxíng	fǎnchú	yěxìng	dǎnliàng
口音	小生	整形	反刍	野性	胆量

第二,上声音节在上声之前调值变为 35,类似于阳平,调型是中升的,又叫"直上"。

zǔdǎng	shuǐjǐng	quǎnchǐ	shǒuwěi	nǎohuǒ	kǒuwěn
阻挡	水井	犬齿	首尾	恼火	口吻

第三,三个上声音节相连,如果前两个音节修饰、限制后一个音节,那么前两个音节变成直上,后一个不变。例如:

zhǎnlǎnguǎn	xǐliǎnshuǐ	yǒnggǎnzhě	xuǎnjǔfǎ
展览馆	洗脸水	勇敢者	选举法

如果前一个音节修饰、限制后两个音节,那么前一个变成半上,第二个变成直上,后一个不变。例如:

zhǐyǔsǎn	hǎolǐngdǎo	lěngchǔlǐ	lǎobǎoshǒu
纸雨伞	好领导	冷处理	老保守

第四,上声音节在各类声调的音节之后不变调,调值仍为214。例如:

kōngxiǎng	gōuhuǒ	xuánzhuǎn	jiéwěi
空想	篝火	旋转	结尾

jǐngquǎn	mǎpǐ	shòukǔ	xìnshǐ
警犬	马匹	受苦	信使

现在,请按照上述变调规律练读以下带有上声的双音节词语:

1. 上声与非上声音节组词练习

上＋阴	dǎotā	zhǎnxiāo	zǔzhī	dǎoshī
	倒塌	展销	组织	导师
	kǒuqiāng	běifāng	wǔjīn	pǔtōng
	口腔	北方	五金	普通
上＋阳	zhǐzé	chěpí	yǔróng	kǒucái
	指责	扯皮	羽绒	口才
	zǔguó	mǐnjié	kǎochá	yǔliú
	祖国	敏捷	考查	语流
上＋去	bǐhuà	chǒu'è	mǎnyì	hǎoxiàng
	笔画	丑恶	满意	好像
	nǔlì	tǐyù	kǎoshì	měilì
	努力	体育	考试	美丽

2. 上声与上声音节组词练习

上＋上	yǐnshuǐ	shǒugǎo	miǎoxiǎo	lǎozǒng
	引水	手稿	渺小	老总
	kǎochǎng	fǎdiǎn	dǐngzuǐ	qǐdiǎn
	考场	法典	顶嘴	起点

3. 上声音节在后的词语练习

阴＋上	shūfǎ	shāngǔ	chuīpěng	jiānkǔ
	书法	山谷	吹捧	艰苦

	bāoguǒ 包裹	zhōngdiǎn 终点	sīxiǎng 思想	zhōngwǔ 中午
阳＋上	méiyǔ 梅雨	jíshǐ 即使	bíkǒng 鼻孔	mínzhǔ 民主
	hóngwěi 宏伟	yóulǎn 游览	yányǔ 言语	chángyuǎn 长远
上＋上	gǎnkǎi 感慨	měihǎo 美好	shǒubiǎo 手表	suǒyǒu 所有
	yǐnqǐ 引起	yěxǔ 也许	pǐnzhǒng 品种	kěyǐ 可以
去＋上	chègǔ 彻骨	hànyǔ 汉语	zànměi 赞美	zuòpǐn 作品
	fùmǔ 父母	màoxiǎn 冒险	dàikuǎn 贷款	kùshǔ 酷暑

特别需要注意的是，第二组词语中的后一个音节调值为214，不发生变调现象，一定要读成先降后升的调型。读它们时如果只降不升，就会出现声调读音缺陷。两个相连的上声，第一个变得近似于阳平，第二个不变。

二、"一"和"不"的变调

在这项测试中，如果有带"一"和"不"的词语，就应该特别注意它们，因为它们在不同声调的音节前面会产生不同的变调现象。

"一"的原调是阴平，"不"的原调是去声。它们的变调规律是：

1. "一"表示序数时读原调；"一"和"不"在单用或词句末尾时读原调。例如：

第一　初一　统一　一楼　一九八六年　三七二十一　一、二、三

不，偏不　我不

2. "一"和"不"在非去声字之前读去声。比如：

"一"＋阴平　一般　一边　一端　一心　一瞥　一只　一生　一丝不苟

"不"＋阴平　不安　不光　不禁　不堪　不休　不依　不甘　不约而同

"一"＋阳平　一连　一旁　一齐　一时　一同　一直　一流　一筹莫展

"不"＋阳平　不曾　不妨　不服　不符　不良　不然　不宜　不由得

"一"＋上声　一起　一体　一早　一举　一点儿　一准　一览　一鼓作气

"不"＋上声　不等　不管　不仅　不久　不可　不满　不想　不敢当

3. "一"和"不"在去声字之前读阳平。例如：

"一"＋去声　一半　一带　一旦　一定　一贯　一律　一瞬　一会儿

"不"＋去声　不必　不便　不错　不但　不当　不定　不够　不胫而走

4. "一"嵌在重叠式的动词之间，"不"夹在动词或形容词之间、动词和补语之间一般轻读，也就是读作"重·次轻"格式。例如：

看一看　想一想　试一试　尝一尝　听一听　说一说　写一写　谈一谈

对不起　来不及　了不起　舍不得　大不了　禁不住　了不得　吃不消

（注：在本教程的词语注音中，上声变调仍标注原调，例如"走访 zǒufǎng"；"一"和"不"的变调标注变调，例如"一起 yìqǐ"、"不利 búlì"。后同。）

第二节 读准轻声词

普通话里除了阴平、阳平、上声、去声之外，还有一种特殊的声调形式，叫作轻声。说它特殊，第一是因为它具有独特的音高形式，听起来又轻又短；第二是因为它属于一种音变现象，只体现在词语和句子里，一般不会独立存在。

一、轻声词的读法

轻声到底应该怎么读呢？到底读多轻？这也许又是一直困惑着应测者的一个问题。其实，必读轻声词，应该读作"重·最轻"的轻重音格式，它的调值形式往往是与它前面的一个音节的声调有关的。轻声要读得又短又轻，但是不能轻到"吃字"（即几乎听不到它的音节构成）的程度，声母韵母要能够听得出来。一般说来，轻声有这样两条读音规律：

1. 当前一个音节是阴平、阳平、去声时，后面一个轻声的调值就是短促的低降调，调值为 31。例如：

阴平·轻声　巴掌　帮手　杯子　窗户　提防　钉子　窟窿　膏药
阳平·轻声　脖子　锄头　笛子　福气　活泼　篱笆　朋友　胡萝卜
去声·轻声　豹子　簸箕　部分　刺猬　动弹　队伍　后头　架势

2. 当前一个音节是上声时，后面一个轻声的调值就是短促的半高平调，调值为 44。比如：

上声·轻声　稳当　使唤　爽快　眨巴　枕头　早上　首饰　小伙子

二、必读轻声词

普通话中有一类必读轻声词，它们属于"重·最轻"的轻重音格式，在这本书中的注音格式是"馒头 mántou"。在读多音节词语、朗读短文和命题说话这三项测试中，如果重读这类词语，就会产生读音错误；轻声的音高形式读得不准确，就会产生读音缺陷。

在普通话里，一部分轻声是有规律的，但还有很大一部分只是习惯上要读轻声，并没有什么规律可循。有规律的轻声词可以分为这样几类（以《普通话水平测试用必读轻声词表》和《普通话水平测试用普通话词语表》[表一][表二]作为分析范围）：

1. 名词和代词的后缀读轻声
名词的后缀"子""头"：

qízi	dàozi	shěnzi	liǎngkǒuzi	gēntou
旗子	稻子	婶子	两口子	跟头

lǐtou	shétou	qiántou	xiǎngtou	
里头	舌头	前头	想头	

在运用这一条规律时,应该特别注意区别该读轻声的"子、头"和不该读轻声的"子、头"。作名词的后缀的"子、头"没有实际的意义,读轻声。还有一些"子、头"也处在词语的末尾,但它们都有实际的意义,这些"子""头"都不能读轻声,而应该读它们的原调。例如:

qízǐ	jūnzǐ	qīnzǐ	tàizǐ	tiānzǐ	wángzǐ	xiàozǐ	yóuzǐ
棋子	君子	亲子	太子	天子	王子	孝子	游子

qiángtóu	tàntóu	yíngtóu	yuántóu	zuàntóu	zhēntóu	qiáotóu
墙头	探头	迎头	源头	钻头	针头	桥头

代词的后缀"们""么":

tāmen	wǒmen	nǐmen	tāmen	rénmen
他们	我们	你们	它们	人们

zánmen	zhème	nàme	zěnme
咱们	这么	那么	怎么

2. 表示人称的或一部分表示物的叠音名词的第二个音节读轻声。例如:

nǎinai	jiějie	dìdi	gēge	jiùjiu
奶奶	姐姐	弟弟	哥哥	舅舅

pópo	wáwa	xīngxing	xīngxing
婆婆	娃娃	星星	猩猩

对于没有规律可循的必读轻声词,就需要特别记忆。例如:

báijing	bǐfang	bòhe	bùfen	dǎliang	dīfang	dōngxi	hétong
白净	比方	薄荷	部分	打量	提防	东西	合同

jiāngjiu	kuàihuo	máfan	mífeng	míngbai	mógu	piàoliang	xǐhuan
将就	快活	麻烦	眯缝	明白	蘑菇	漂亮	喜欢

附录

普通话水平测试用必读轻声词表[①]

【A】

爱人　案子

【B】

巴结	巴掌	把子(bǎzi)	把子(bàzi)	爸爸	白净	班子	板子	帮手	梆子	膀子
棒槌	棒子	包袱	包子	刨子	豹子	杯子	被子	本事	本子	鼻子	比方	鞭子
扁担	辫子	别扭	饼子	脖子	薄荷	簸箕	补丁	不由得		步子	部分

【C】

财主	裁缝	苍蝇	差事(chāishi)	柴火	肠子	厂子	场子	车子	称呼	池子	尺子
虫子	绸子	出息	除了	锄头	畜生	窗户	窗子	锤子	伺候	刺猬	凑合	村子

【D】

| 耷拉 | 答应 | 打扮 | 打点 | 打发 | 打量 | 打算 | 打听 | 打招呼 | | 大方 | 大爷 | 大意 |

---

① 因本表内均为轻声词,故轻声音节下不再加"。"。

普通话水平测试教程

大夫(dàifu)　带子　袋子　单子　耽搁　耽误　胆子　担子　刀子　道士　稻子　灯笼
凳子　提防(dīfang)　滴水(名词)　笛子　嘀咕　底子　地道　地方　弟弟　弟兄　点心
点子　调子　碟子　钉子　东家　东西　动静　动弹　豆腐　豆子　嘟囔　肚子(dùzi)
肚子(dùzi)　端详　缎子　队伍　对付　对头　对子　多么　哆嗦

【E】

蛾子　儿子　耳朵

【F】

贩子　房子　废物　份子　风筝　疯子　福气　斧子　富余

【G】

盖子　甘蔗　杆子(gānzi)　杆子(gǎnzi)　干事　杠子　高粱　膏药　稿子　告诉　疙瘩
哥哥　胳膊　鸽子　格子　个子　根子　跟头　工夫　弓子　公公　功夫　钩子　姑姑
姑娘　谷子　骨头(gǔtou)　故事　寡妇　褂子　怪不得　　怪物　关系　官司　棺材
罐头　罐子　规矩　闺女　鬼子　柜子　棍子　果子

【H】

哈欠　蛤蟆　孩子　含糊　汉子　行当(hángdang)　　合同　和尚　核桃　盒子　恨不得
红火　猴子　后头　厚道　狐狸　胡萝卜　　胡琴　胡子　葫芦　糊涂　护士　皇上
幌子　活泼　火候　伙计

【J】

机灵　记号　记性　夹子　家伙　架势　架子　嫁妆　尖子　茧子　剪子　见识　毽子
将就　交情　饺子　叫唤　轿子　结实(jiēshi)　街坊　姐夫　姐姐　戒指　芥末　金子
精神　镜子　舅舅　橘子　句子　卷子(juànzi)

【K】

开通　靠得住　　咳嗽　客气　空子(kòngzi)　口袋　口子　扣子　窟窿　裤子　快活
筷子　框子　阔气

【L】

拉扯　喇叭　喇嘛　来得及　　篮子　懒得　榔头　浪头　唠叨　老婆　老实　老太太
老头子　　老爷　老爷子(lǎoyézi)　　老子　姥姥　累赘　篱笆　里头　力气　厉害
利落　利索　例子　栗子　痢疾　连累　帘子　凉快　粮食　两口子　　料子　林子
铃铛　翎子　领子　溜达(liūda)　聋子　笼子　炉子　路子　轮子　啰嗦　萝卜　骡子
骆驼

【M】

妈妈　麻烦　麻利　麻子　马虎　码头　买卖　麦子　馒头　忙活　冒失　帽子　眉毛
媒人　妹妹　门道　眯缝　迷糊　面子　苗条　苗头　苗子　名堂　名字　明白　模糊
蘑菇　木匠　木头

【N】

那么　奶奶　难为　脑袋　脑子　能耐　你们　念叨　念头　娘家　镊子　奴才　女婿
暖和(nuǎnhuo)　疟疾

【P】

拍子　牌楼　牌子　盘算　盘子　胖子　疱子　袍子　盆子　朋友　棚子　皮子　脾气
痞子　屁股　片子(piānzi)　便宜　骗子　票子　漂亮　瓶子　婆家　婆婆　铺盖

【Q】

欺负　旗子　前头　钳子　茄子　亲戚　勤快　清楚　亲家(qìngjia)　　曲子(qǔzi)
圈子　拳头　裙子

【R】

热闹	人家	人们	认识	日子	褥子

【S】

塞子（sāizi）	嗓子	嫂子	扫帚	沙子	傻子	扇子	商量	晌午	上司	上头	烧饼
勺子	少爷	哨子	舌头	舍不得	舍得	身子	什么	婶子	生意	牲口	绳子
师父	师傅	虱子	狮子	石匠	石榴	石头	时辰	时候	实在	拾掇	使唤	世故
似的（shìde）	事情	试探	柿子	收成	收拾	首饰	叔叔	梳子	舒服	舒坦	疏忽
爽快	思量	俗气	算计	岁数	孙子						

【T】

他们	它们	她们	踏实	台子	太太	摊子	坛子	毯子	桃子	特务	梯子	蹄子
甜头	挑剔	挑子（tiāozi）	条子	跳蚤	铁匠	亭子	头发	头子	兔子	妥当	唾沫

【W】

挖苦	娃娃	袜子	外甥	外头	晚上	尾巴	委屈	为了	位置	位子	温和（wēnhuo）
蚊子	稳当	窝囊	我们	屋子							

【X】

稀罕	席子	媳妇	喜欢	瞎子	匣子	下巴	吓唬	先生	乡下	箱子	相声	消息
小伙子	小气	小子	笑话	歇息	蝎子	鞋子	谢谢	心思	星星	猩猩	行李	行头
性子	兄弟	休息	秀才	秀气	袖子	靴子	学生	学问				

【Y】

丫头	鸭子	衙门	哑巴	胭脂	烟筒	眼睛	燕子	秧歌	养活	样子	吆喝	妖精
钥匙	椰子	爷爷	叶子	一辈子	一揽子	衣服	衣裳	椅子	意思	银子	影子	应酬
柚子（yòuzi）	芋头	冤家	冤枉	园子	院子	月饼	月亮	云彩	运气			

【Z】

在乎	咱们	早上	怎么	扎实	眨巴	栅栏（zhàlan）	宅子	寨子	张罗	丈夫	丈人
帐篷	帐子	招呼	招牌	折腾	这个	这么	枕头	芝麻	知识	侄子	
指甲（zhǐjia 或 zhíjia）		指头（zhǐtou 或 zhítou）		种子	珠子	竹子	主意（zhǔyi 或 zhúyi）		主子	
柱子	爪子	转悠	庄稼	庄子	壮实	状元	锥子	桌子	自在	字号	粽子	祖宗
嘴巴	作坊（zuōfang）	做作	琢磨（zuómo）								

三、一般轻声词

　　普通话中还有一类一般轻声词，它们属于"重·次轻"的轻重音格式，在这本书中的注音格式是"地上 dì·shàng"。这一类轻声词语在测试中一般来说没有过于强硬的要求，但是较高的普通话水平等级对词语轻重格式的要求也更高，若想得到一级甲等或一级乙等，掌握这些"重·次轻"格式的一般轻声词，是非常必要的，因为它们可以使应试者的普通话说得更自然、更纯粹一点儿。

　　部分一般轻声词也是有规律可循的。比如：

1. 方位词的第二个音节和代词后面的方位词一般读轻声。

qián·miàn	hòu·miàn	shàng·miàn	xià·miàn
前面	后面	上面	下面

nǎ·lǐ	nà·lǐ		
哪里	那里		

2. 趋向动词的第二个音节一般读轻声。

chū·lái	jìn·qù	shàng·lái	shàng·qù
出来	进去	上来	上去

xià·lái	xià·qù	qǐ·lái
下来	下去	起来

还有一些没有规律可循的"重·次轻"格式的一般轻声词，也应该尽量记住它们。

附录

普通话水平测试用一般轻声词表

【B】
白天　报应　抱怨　不见得(bújiàn·dé)　包涵　拨弄

【C】
成分　吃不消　　出来　出去　聪明　尺寸

【D】
答复　当铺　道理　得罪　底细　搭讪　点缀　惦记

【F】
反正　分量(fèn·liàng)　翻腾　风水　夫人　斧头　父亲

【G】
工人　公平　干粮　工钱　恭维　勾当　估量　过来　过去

【H】
回来　回去　活动　滑稽　荷包　喉咙　后面　荒唐　黄瓜　恍惚　晦气　伙食

【J】
机会　机器　机器人　脊梁　家具　价钱　进来　进去　忌讳　缰绳

【K】
看见　客人　会计　魁梧　苦头　困难

【L】
拉拢　牢骚　伶俐　里面　力量

【M】
毛病　没有　摸索　母亲　埋伏

【N】
南瓜　南面　泥鳅　哪里　那里

【P】
佩服　菩萨　葡萄　葡萄糖　葡萄酒　排场　牌坊　碰见　琵琶　撇开

【Q】
起来　敲打　亲事　轻巧

【S】
上来　上去　熟悉　说法　神气　神仙　生日　势头　手巾　算盘　孙女

【T】
听见　痛快　提拔　体面　通融　徒弟

【W】

外面　味道

【X】

西瓜　　下面　　下来　　下去　　想法　　小姐　　小心　　喜鹊　　修行（xiū·xíng）　　　　新鲜

【Y】

摇晃（yáo·huàng）　　　夜里　　意见　　意识　　因为　　樱桃　　遇见　　愿意　　右面　　鸳鸯　　匀称

【Z】

糟蹋　　渣滓　　照顾　　这里　　阵势　　值得　　主人　　嘱咐　　知道　　侄女　　志气　　住处　　左面
坐位

在读多音节词语测试项目中，轻声词应该是一个难点，因为它没有任何标记。所以，只有大量记忆普通话必读轻声词，才有可能临场作出准确的判断。

第三节　读准儿化词

普通话里有一种特殊的现象，叫儿化，就是在音节之后加一个卷舌动作，改变这个韵母的读音，使它变成儿化韵。带有儿化韵的词，叫儿化词，比如"瓶儿""盖儿""点儿"等。

儿化发音的要领：

1. "儿"表示卷舌动作。卷舌时，舌尖迅速卷起靠近硬腭前部，嘴唇不圆。

2. "化"是说卷舌动作应该柔软地融化在前一个音节上，把它和前面的音节读得浑然一体。

3. 儿化韵听觉上应该是一个音节，如果把其中的"儿"读成另外一个音节，就会产生读音错误。

读儿化音节时一定要注意不同韵母的儿化音变具有不同的规律。如果简单地理解为儿化音节就是在音节后面加一个卷舌动作，那么有一部分儿化音节就会读脱节，从而产生读音错误；如果读儿化音节时舌头僵硬，无法卷舌，也会出现读音错误；卷舌卷得不自然，就属于读音缺陷。

读好儿化音节，关键是要弄清楚这个儿化音节是不是便于卷舌。下面就是便于卷舌和不便于卷舌儿化音节的读音规律。

一、便于卷舌的儿化词

一般来说，韵母末尾的音素如果是舌位比较低或发音位置比较靠后的元音，这个音节就便于卷舌，只要在读完音节末尾的这个元音后快速加一个卷舌动作就行了。例如：

1. 末尾音素为 a 的儿化词

hàomǎr	zhǎochár	zàinǎr	dāobàr
号码儿	找茬儿	在哪儿	刀把儿
bǎncār	xìfǎr	diàojiàr	yíxiàr
板擦儿	戏法儿	掉价儿	一下儿

普通话水平测试教程

dòuyár	nǎoguār	dàguàr	máhuār
豆芽儿	脑瓜儿	大褂儿	麻花儿
xiàohuar	yáshuār		
笑话儿	牙刷儿		

2. 末尾音素为 o 的儿化词

hóngbāor	dēngpàor	bàndàor	shǒutàor
红包儿	灯泡儿	半道儿	手套儿
tiàogāor	jiàohǎor	kǒuzhàor	juézhāor
跳高儿	叫好儿	口罩儿	绝招儿
kǒushàor	mìzǎor	yúpiāor	huǒmiáor
口哨儿	蜜枣儿	鱼漂儿	火苗儿
pǎodiàor	miàntiáor	dòujiǎor	kāiqiàor
跑调儿	面条儿	豆角儿	开窍儿
huǒguōr	zuòhuór	dàhuǒr	yóuchuōr
火锅儿	做活儿	大伙儿	邮戳儿
xiǎoshuōr	bèiwōr	ěrmór	fěnmòr
小说儿	被窝儿	耳膜儿	粉末儿

3. 末尾音素为 e 的儿化词

chànggēr	mótèr	āigèr	dòulèr
唱歌儿	模特儿	挨个儿	逗乐儿
dǎgér	fànhér	zàizhèr	
打嗝儿	饭盒儿	在这儿	

4. 末尾音素为 ê 的儿化词

xiǎoxiér	bànjiér	dànjuér	zhǔjuér
小鞋儿	半截儿	旦角儿	主角儿

5. 末尾音素为 u 的儿化词

suìbùr	méipǔr	érxífur	líhúr
碎步儿	没谱儿	儿媳妇儿	梨核儿
lèizhūr	yǒushùr	yīdōur	lǎotóur
泪珠儿	有数儿	衣兜儿	老头儿
niántóur	xiǎotōur	ménkǒur	niǔkòur
年头儿	小偷儿	门口儿	纽扣儿
xiànzhóur	xiǎochǒur	jiāyóur	dǐngniúr
线轴儿	小丑儿	加油儿	顶牛儿
zhuājiūr	miánqiúr		
抓阄儿	棉球儿		

二、不便于卷舌的儿化词

韵母末尾的音素如果是 i、ü、-i[前]、-i[后]（舌尖元音）或鼻韵尾-n、-ng，这个音节就不便于卷舌，它们的发音要领是：

1. 单韵母 i、ü、-i[前]、-i[后]（舌尖元音）儿化时，读完元音后加 er。 例如：

zhēnbír	diàndǐr	dùqír	wányìr
针鼻儿	垫底儿	肚脐儿	玩意儿
máolǘr	xiǎoqǔr	tányúr	guāzǐr
毛驴儿	小曲儿	痰盂儿	瓜子儿
shízǐr	méicír	tiāocìr	mòzhīr
石子儿	没词儿	挑刺儿	墨汁儿
jùchǐr	jìshìr		
锯齿儿	记事儿		

2. in、ün 儿化时，要丢掉韵尾，再加 er；ing 儿化时，要丢掉韵尾，元音鼻化，再加 er。 例如：

yǒujìnr	sòngxìnr	jiǎoyìnr	héqúnr
有劲儿	送信儿	脚印儿	合群儿
huāpíngr	dǎmíngr	túdīngr	ménlíngr
花瓶儿	打鸣儿	图钉儿	门铃儿
yǎnjìngr	dànqīngr	huǒxīngr	rényǐngr
眼镜儿	蛋清儿	火星儿	人影儿

3. 其他韵尾为 i 和 -n 的音节儿化时，要丢掉韵尾，再加卷舌动作。 例如：

（1）以 i 为韵尾的儿化词

míngpáir	xiédàir	húgàir	xiǎoháir
名牌儿	鞋带儿	壶盖儿	小孩儿
jiāsāir	yíkuàir	dāobèir	mōhēir
加塞儿	一块儿	刀背儿	摸黑儿
pǎotuǐr	yíhuìr	ěrchuír	mòshuǐr
跑腿儿	一会儿	耳垂儿	墨水儿
wéizuǐr	zǒuwèir		
围嘴儿	走味儿		

（2）以 -n 为韵尾的儿化词

kuàibǎnr	lǎobànr	suànbànr	liǎnpánr
快板儿	老伴儿	蒜瓣儿	脸盘儿
shōutānr	zhàlanr	bāogānr	bǐgǎnr
收摊儿	栅栏儿	包干儿	笔杆儿
ménkǎnr	xiǎobiànr	zhàopiānr	shànmiànr
门槛儿	小辫儿	照片儿	扇面儿

普通话水平测试教程

chàdiǎnr	yìdiǎnr	yǔdiǎnr	liáotiānr
差点儿	一点儿	雨点儿	聊天儿
lāliànr	màojiānr	kǎnjiānr	yáqiānr
拉链儿	冒尖儿	坎肩儿	牙签儿
lòuxiànr	xīnyǎnr	cháguǎnr	fànguǎnr
露馅儿	心眼儿	茶馆儿	饭馆儿
huǒguànr	luòkuǎnr	dǎzhuànr	guǎiwānr
火罐儿	落款儿	打转儿	拐弯儿
hǎowánr	dàwànr	yānjuǎnr	shǒujuànr
好玩儿	大腕儿	烟卷儿	手绢儿
chūquānr	rényuánr	ràoyuǎnr	záyuànr
出圈儿	人缘儿	绕远儿	杂院儿
lǎoběnr	huāpénr	sǎngménr	bǎménr
老本儿	花盆儿	嗓门儿	把门儿
gēmenr	nàmènr	hòugēnr	biézhēnr
哥们儿	纳闷儿	后跟儿	别针儿
gāogēnrxié	yízhènr	zǒushénr	dàshěnr
高跟儿鞋	一阵儿	走神儿	大婶儿
xìngrénr	xiǎorénrshū	dāorènr	dǎdǔnr
杏仁儿	小人儿书	刀刃儿	打盹儿
pàngdūnr	shālúnr	bīnggùnr	méizhǔnr
胖墩儿	砂轮儿	冰棍儿	没准儿
kāichūnr			
开春儿			

4. 除后鼻音 ing 外，韵尾为-ng 的音节儿化时，要丢掉韵尾，元音鼻化，再加卷舌动作。
例如：

yàofāngr	gǎntàngr	xiāngchángr	guārángr
药方儿	赶趟儿	香肠儿	瓜瓤儿
bíliángr	tòuliàngr	huāyàngr	dànhuángr
鼻梁儿	透亮儿	花样儿	蛋黄儿
dǎhuàngr	tiānchuāngr	gāngbèngr	jiāfèngr
打晃儿	天窗儿	钢镚儿	夹缝儿
bógěngr	tíchéngr	xiǎowèngr	guǒdòngr
脖颈儿	提成儿	小瓮儿	果冻儿
méndòngr	hútòngr	chōukòngr	jiǔzhōngr
门洞儿	胡同儿	抽空儿	酒盅儿
xiǎocōngr	xiǎoxióngr		
小葱儿	小熊儿		

另外，儿化词中还有一些既轻声又儿化的音节，在练习和测试中一定要细心分辨。
例如：

zhàlanr	xiàohuar	gēmenr	érxífur
栅栏儿	笑话儿	哥们儿	儿媳妇儿

有一些单音节的儿化词和双音节的儿尾词词形很相似,练读时应该特别留心辨别它们。例如:

单音节的儿化词:

xìngr	xiànr	fènr	zhèr
杏儿	馅儿	份儿	这儿
nǎr	nàr	húr	bàr
哪儿	那儿	核儿	把儿

双音节的儿尾词:

jiàn'ér	nǚ'ér	tāi'ér	yòu'ér
健儿	女儿	胎儿	幼儿
xiǎo'ér	shào'ér	gū'ér	
小儿	少儿	孤儿	

第四节　读准同形词

同形词就是词形相同而在不同语言环境中读音不同的词语。同形词有以下两种情况:

一、以不同声母、声调区别意义的同形词

这种同形词词形相同,但声调或声母不同,意义也不同。例如:

结果 jiēguǒ —(动)长出果实。

结果 jiéguǒ —(名)事物发展所达到的最后状态。

同行 tóngháng —(名)同行业的人。

同行 tóngxíng —(动)一起行路。

二、以是否读轻声区别意义的同形词

这种同形词词形相同,但读轻声和不读轻声时具有不同的词义和用法。例如:

地道 dìdào —(名)在地下修砌的通道或交通坑道。

地道 dìdao —(形)①真正是有名产地出产的。②真正的。③实在;够标准。

兄弟 xiōngdì —(名)哥哥和弟弟。

兄弟 xiōngdi —(名)①弟弟。②称呼年纪比自己小的男子。

同形词独立存在时可读它们两种读音中的任何一种,一旦规定了语言环境,就要根据词义来判断它们的读音。同形词的数量不算很多,但是如果不了解这些词在不同语言环境中的不同读音,就会因判断失误而产生读音错误。下面是《普通话水平测试用普通话词语表》中涉及的同形词,请仔细辨别这类词语读音和意义之间的关系,以便测试时准确判断。

普通话水平测试用同形词表

一、不同声母、声调区别意义的同形词

把子 bǎzi——①(名)把东西扎在一起的捆子。②(名)戏曲中使用的武器的总称。③(量)a)人一群、一帮叫一把子。b)一手抓起的数量,经常用于长条形的东西。

把子 bàzi——(名)器具上便于用手拿的部分。

播种 bōzhǒng——(动)撒播种子。

播种 bōzhòng——(动)用播种(zhǒng)的方式种植。

当年 dāngnián——(名)①往年;那一年。②指身强力壮的时期。

当年 dàngnián——(名)就在本年;同一年。

当日 dāngrì——(名)当时,当初,过去的时日。

当日 dàngrì——(名)当(dàng)天,就在这一天。

倒数 dàoshǔ——(动)逆着次序数(shǔ);从后向前数。

倒数 dàoshù——(名)两个数的积是1,其中一个数就叫另一个数的倒数。

倒转 dàozhuǎn——(动)倒过来;反过来。

倒转 dàozhuàn——(动)倒着转动。

登场 dēngcháng——(动)(谷物)收割后运到场(cháng)上。

登场 dēngchǎng——(动)(剧中人)出现在舞台上。

调配 diàopèi——(动)调动分配。

调配 tiáopèi——(动)调和、配合。

肚子 dǔzi——(名)可熟食的动物胃。

肚子 dùzi——(名)①腹部的通称。②物体圆而突起像肚子的部分。

分子 fēnzǐ——(名)①一个分数中写在横线上面的数。②能够独立存在并保持本身一切化学性质的最小物质微粒。

分子 fènzǐ——(名)属于一定阶级、阶层、集团或具有某种特性的人。

教学 jiāoxué——(动)教书。

教学 jiàoxué——(动)教师把知识、技能传授给学生的过程。

结果 jiēguǒ——(动)长出果实。

结果 jiéguǒ——(名)事物发展所达到的最后状态。

好事 hǎoshì——(名)①有益处的事。②僧道拜忏、打醮之事。③慈善之事。④喜庆之事。

好事 hàoshì——(动)好管闲事;喜欢多事。

倾倒 qīngdǎo——(动)①由歪斜而倒下。②十分敬佩和爱慕。

倾倒 qīngdào——(动)将东西或心里话全部倒出来。

受累 shòulěi——(动)受到拖累或连累。

受累 shòulèi——(动)受到劳累;消耗精神气力(有时也是一种客气的说法)。

同行 tóngháng——(名)同行业的人。

同行 tóngxíng——(动)一起行路。

朝阳 zhāoyáng——(名)初升的太阳。

朝阳 cháoyáng——(动)向着太阳,一般指朝南。

正当 zhèngdāng——(介)正处在。

正当 zhèngdàng——(形)①合理合法的。②(人品)端正。

二、以是否读轻声区别意义的同形词（带点的字读轻声）

本事 běnshì—（名）文学作品主题所根据的故事情节。

本事 běnshi—（名）本领。

大方 dàfāng—（名）指专家学者，内行人。

大方 dàfang—（形）①不吝啬。②不拘束。③不俗气。

地道 dìdào—（名）在地下修砌的通道或交通坑道。

地道 dìdao—（形）①真正是有名产地出产的。②真正的。③实在；够标准。

地方 dìfāng—（名）①各级行政区划的统称。②本地，当地。

地方 dìfang—（名）①某一区域、部位。②某一部分。

地下 dìxià—①（名）地面之下；地层内部。②（形容词）秘密活动的；不公开的。

地下 dìxia—（名）地面上。

东西 dōngxī—（名）①东边和西边。②从东到西的距离。

东西 dōngxi—（名）①泛指各种事物。②特指人或动物。

精神 jīngshén—（名词）①人的意识、思维活动和一般心理状态。②宗旨；主要的意义。

精神 jīngshen—①（名）表现出来的活力。②（形）活跃；有生气。

人家 rénjiā—（名）①住户。②家庭。③指女子未来的丈夫家。

人家 rénjia—（代）①指自己或某人以外的人。②指某个人或某些人，意思与"他"或"他们"接近。③指"我"。

实在 shízài—①（形）诚实；不虚假。②（副）的确。③（副）其实。

实在 shízai—（工作）扎实；地道。

兄弟 xiōngdì—（名）哥哥和弟弟。

兄弟 xiōngdi—（名）①弟弟。②称呼年纪比自己小的男子。

自在 zìzài—（形）自由；不受拘束。

自在 zìzai—（形）安闲舒适。

　　在测试中，试卷里若出现同形词，一般都要在词语后面提供具体的语言环境，您一定要看清楚、看准确，不同情况不同对待，才能够准确判断它们的正确读音。如果您想更多地了解和掌握同形词，可以参考《普通话正音掌中宝》（上海辞书出版社 2002 年 12 月第 1 版，彭红著）中"容易读错的同形词"部分。

第五节　读多音节词语综合练习

一、读多音节词语的基本要求

进行读多音节词语综合练习时，必须注意以下几个问题：

1. 声母、韵母的发音要准确，韵尾归音要到位。

2. 声调调值要正确。特别注意读准词语末尾音节的上声。

3. 读准轻声词和儿化词。

4. 几个音节一气呵成，不能一字一顿；词与词之间要注意停顿。

5. 语速要适中。最好计时练读，随时调整语速，保证在 2.5 分钟以内读完。

6. 请横向朗读。

二、读多音节词语练习（1—6）

下面是三份注音的模拟试题，请按照上述基本要求进行练读。

读多音节词语练习试题（1）

niúdùn 牛顿	róngliàng 容量	késou 咳嗽	pànjué 判决
réngrán 仍然	kuīsǔn 亏损	xùnsù 迅速	cānguān 参观
kuàilè 快乐	dàguàr 大褂儿	zhìyuē 制约	róuruǎn 柔软
zuìchū 最初	jiětǐ 解体	fǎngwèn 访问	xiōngpú 胸脯
qiǎnhǎi 浅海	ěrguāng 耳光	shàoye 少爷	niántóur 年头儿
chūnqiū 春秋	chuánbō 传播	báijing 白净	jiǎbǎn 甲板
jírì 即日	chángjǐnglù 长颈鹿	fēngchí-diànchè 风驰电掣	yáqiānr 牙签儿
nüèdài 虐待	qiángdào 强盗	huǒchē 火车	tiānqì 天气
fēicháng 非常	xiāosuān 硝酸	jūnfá 军阀	huàirén 坏人
suǒsuì 琐碎	shǒujuànr 手绢儿	cáiliào 材料	zhuāngbèi 装备
dòngtan 动弹	zòngduì 纵队	xuǎnqǔ 选取	xīnlíng 心灵
kuāzhāng 夸张	yáchǐ 牙齿	yòngpǐn 用品	zhuājiūr 抓阄儿

读多音节词语练习试题（2）

kuāzhāng 夸张	cuòzhé 挫折	shuàilǐng 率领	qūtǐ 躯体
zhìhuì 智慧	huāngtáng 荒唐	xūntáo 熏陶	tiáozhěng 调整
jìnkǒu 进口	dēngpàor 灯泡儿	běifāng 北方	gǔndòng 滚动
zhàokāi 召开	qiàhǎo 恰好	ěrduo 耳朵	nǚgōng 女工
sīwéi 思维	niǔzhuǎn 扭转	zhuìluò 坠落	jiāsāir 加塞儿

guànshū 灌输	qúnzi 裙子	kùnkǔ 困苦	quǎnchǐ 犬齿
nóngcūn 农村	yòngpǐn 用品	zìrán 自然	wǎngdiǎn 网点
qiánghuà 强化	rényǐngr 人影儿	pòhài 迫害	fēifǎ 非法
zàihu 在乎	mǎchē 马车	pāishè 拍摄	huǎnjiě 缓解
juézé 抉择	tòngkuai 痛快	chīfàn 吃饭	liáotiānr 聊天儿
jiǎbǎn 甲板	xuèròu 血肉	cuīcán 摧残	biǎocéng 表层
xiǎngshēng 响声	pīngpāngqiú 乒乓球	wéishēngsù 维生素	hǎishì-shènlóu 海市蜃楼

读多音节词语练习试题(3)

cuīmián 催眠	yīliáo 医疗	huàirén 坏人	quèqiè 确切
xiāngdāng 相当	piàoliang 漂亮	xiàlìng 下令	qióngkùn 穷困
shǒuzhǐ 手指	bógěngr 脖颈儿	tiějiang 铁匠	jiěpōu 解剖
niǔzhuǎn 扭转	zhàogù 照顾	chuàngzào 创造	huāfěn 花粉
jūnyún 均匀	cūnzhuāng 村庄	píngmù 屏幕	dànjuér 旦角儿
nàshuì 纳税	juànliàn 眷恋	cǎigòu 采购	fánróng 繁荣
lǐchéngbēi 里程碑	chuánrǎnbìng 传染病	mángrán 茫然	dàijià 代价
bāogānr 包干儿	qǔshě 取舍	kǎchē 卡车	nèizài 内在
xīnyuè 新月	quánsuō 蜷缩	huánghūn 黄昏	kuàisù 快速
liúxué 留学	biāoyǔ 标语	dòuyár 豆芽儿	értóng 儿童
fēifǎ 非法	suìshu 岁数	pīnmìng 拼命	kuāzhāng 夸张
xiōngpú 胸脯	quántóu 拳头	hànliújiābèi 汗流浃背	miánqiúr 棉球儿

注1:以上词语的注音完全以《普通话水平测试用普通话词语表》中的注音为准。书后参考答案亦同。

注 2:模拟试卷中加"．"的字应该读作轻声。后同。

下面是三份没有注音的模拟试卷,练读时除了注意注音模拟试题前的那几个问题以外,还必须注意:

1. 准确判断多音字在具体语言环境中的正确读音。
2. 注意为同形词提供的语言环境,读同形词。
3. 准确判断并读准试卷中的轻声词。
4. 读好上声在后的词语。

读多音节词语练习试题(4)

发烧	条约	扩张	化肥	热闹	怎样
口诀	累赘	外宾	照片儿	取暖	婴儿
寻常	流派	歌颂	贫穷	脱落	家庭
犬齿	提成儿	推测	采用	表达	敏感
主人公	思量	损坏	特殊	昆虫	没准儿
马虎	狂欢	搏斗	儿女	稳当	年轻
下降	许久	雪山	玩意儿	破裂	广义
未遂	溶解	板凳	神经质	情不自禁	名牌儿

读多音节词语练习试题(5)

困境	全球	心思	乞讨	奖状	战略
吞吐	抽穗	佛教	脸盘儿	少女	沙发
摧毁	音乐	差事	血液	老者	拍摄
民众	落款儿	迅速	充满	衰变	簇拥
况且	撒开	分泌	理睬	流域	一点儿
驰骋	口袋	悬挂	睡眠	美德	永恒
长年	制造	学堂	拐弯儿	抢救	草本
沸腾	倘若	花朵	农作物	两口子	方兴未艾

读多音节词语练习试题(6)

举止	循环	选取	答应	渺小	工夫
穷人	黄色	困境	大伙儿	门口	面孔
封闭	花粉	存在	差别	创造	赔款
普遍	打嗝儿	群体	轨道	远方	纯粹
两极	全民	决策	抓紧	补贴	泪珠儿
削价	雄壮	衰败	浅海	张罗	下跌
快艇	强硬	婶子	送信儿	扭转	耕作
散射	模范	薄弱	金丝猴	手榴弹	背道而驰

想要考好读多音节词语这一项测试内容,声母、韵母、声调的准确性无疑是最重要的。

第三章 朗读短文

这项测试除了测查声母、韵母、声调的准确度以外，重点测查应试人连读音变、语气、语调以及停顿、断句、全篇朗读语速和流畅程度。朗读 1 篇短文，400 个音节。总分为 30 分。

这项测试的评分标准是：

▲ 每错 1 个音节，扣 0.1 分；漏读或增读 1 个音节，扣 0.1 分。

▲ 声母或韵母的系统性语音缺陷，视程度扣 0.5 分、1 分。

▲ 语调偏误，视程度扣 0.5 分、1 分、2 分。

▲ 停连不当，视程度扣 0.5 分、1 分、2 分。

▲ 朗读不流畅（包括回读），视程度扣 0.5 分、1 分、2 分。

▲ 限时 4 分钟，超时扣 1 分。

这项测试的应考难点除语音准确度以外，还有三个，一是语流音变知识在朗读中的正确运用，二是读得熟练、流畅，三是音译外来词的准确读法。

第一节 正确运用语流音变知识

声母、韵母、声调发音准确只是说好普通话的基本条件，而要把普通话说得纯正、自然，还必须了解和掌握在一串音节相连时普通话所发生的语流音变现象。本项测试就要求应试人对短文中涉及的变调、轻声、儿化及语气词"啊"的音变等一系列语流音变现象进行准确的表达。

一、读准短文中的上声变调

第二章"读多音节词语"已经介绍了上声变调的规律。其实，上声变调问题在朗读短文中同样存在。请看下面几段话中点的这些上声字，在语流中都发生了一定的变化，不读原来的 214 调值了。

1. 上声在非上声（阴平、阳平、去声）音节前变成半上，调值为 21。比如下面例文中的这些加点的上声字：

立春过后，大地渐渐从沉睡中苏醒过来。冰雪融化，草木萌发，各种花次第开放。

作品 6 号《大自然的语言》

这个平静的海面陡然动荡起来了，它上面卷起了一阵暴风雨；观众像触了电似的迅即对这位女英雄报以雷鸣般的掌声。她开始唱了。她圆润的歌喉在夜空中颤动，听起来辽远而又切近，柔和而又铿锵。

作品 20 号《看戏》

中国没有人不爱荷花的。可我们楼前池塘中独独缺少荷花。每次看到或想到，总觉得是一块心病。有人从湖北来，带来了洪湖的几颗莲子，外壳呈黑色，极硬。

作品 25 号《清塘荷韵》

正因为如此，我觉得宇宙的广袤真实地摆在我的眼前，即便作为中华民族第一个飞天的人我已经跑到离地球表面四百公里的空间，可以称为太空人了，但是实际上在浩瀚的宇宙面前，我仅像一粒尘埃。

作品 33 号《天地九重》

在工作人员眼中，袁隆平其实就是一位身板硬朗的"人民农学家"。

作品 40 号《一粒种子造福世界》

2. 上声在上声音节前面，前一个上声变成直上，近似于阳平，调值为 35。比如下面例文中的这些加点的上声字：

所谓"千里眼"，即高铁沿线的摄像头，几毫米见方的石子儿也逃不过它的法眼。

作品 7 号《当今"千里眼"》

我们俩摆好棋，父亲让我先走三步，可不到三分钟，三下五除二，我的兵将损失大半……

作品 28 号《人生如下棋》

我和几个孩子站在一片园子里，感受秋天的风。园子里长着几棵高大的梧桐树，我们的脚底下，铺了一层厚厚的梧桐叶。叶枯黄，脚踩在上面，嘎吱嘎吱脆响。

作品 12 号《孩子和秋风》

可是，在自然看来，人类上下翻飞的这片巨大空间，不过是咫尺之间而已……

作品 19 号《敬畏自然》

最大的有九层楼那么高，最小的还不如一个手掌大。这些彩塑个性鲜明，神态各异。有慈眉善目的菩萨，有威风凛凛的天王，还有强壮勇猛的力士……

作品 23 号《莫高窟》

"……我今天穿的衣服就五十块钱，但我喜欢的还是昨天穿的那件十五块钱的衬衫，穿着很精神。"袁隆平认为，"一个人的时间和精力是有限的，如果老想着享受，哪有心思搞科研？"

作品 40 号《一粒种子造福世界》

二、读准短文中"一"的变调

根据普通话的读音习惯，"一"在语流中由于受到它后面一个音节声调的影响而产生变调现象，它的变调规律是：

1. "一"在单用、表示序数或在词句末尾时读原调阴平。如下面例文中加点的"一"：

孩子们准备过年，第一件大事就是买杂拌儿。

作品 1 号《北京的春节》

其中之一，就是近几年从中国移植来的"友谊之莲"。

……

在这些日子里，我看到了不少多年不见的老朋友，又结识了一些新朋友。大家喜欢涉及的话题之一，就是古长安和古奈良。

作品21号《莲花和樱花》

其实，成功的作品和论文只不过是作家、学者们整个创作和研究中的极小部分，甚至数量上还不及失败作品的十分之一。

作品4号《聪明在于学习，天才在于积累》

另一方面，又能分析外界事物及其变化，形成无数的"意念"，一一配以语音，然后综合运用，表达各种复杂的意思。

作品27号《人类的语言》

土楼围成圆形的房屋均按八卦布局排列，卦与卦之间设有防火墙，整齐划一。

作品30号《世界民居奇葩》

2. "一"在非去声（阴平、阳平、上声）音节前变为去声。如下面例文中加点的"一"：

它的树皮上的纹理一齐向左边拧去，一圈一圈，丝纹不乱，像地下旋起了一股烟，又似天上垂下了一根绳。

作品18号《晋祠》

山是一层比一层深，一叠比一叠奇，层层叠叠，不知还会有多深多奇。

作品32号《泰山极顶》

打破生活的平静便是另一番景致，一种属于年轻的景致。

作品35号《我喜欢出发》

他们的屋后倘若有一条小河，那么在石桥旁边，在绿树荫下，你会见到一群鸭子游戏水中，不时地把头扎到水下去觅食。

作品36号《乡下人家》

3. "一"在去声音节前面变阳平。如下面例文中加点的"一"：

进山一看，草丛石缝，到处都涌流着清亮的泉水。草丰林茂，一路上泉水时隐时现，泉声不绝于耳。

作品8号《鼎湖山听泉》

最后，当这一切红光都消失了的时候，那突然显得高而远了的天空，则呈现出一片肃穆的神色。

作品13号《海滨仲夏夜》

戏词像珠子似的从她的一笑一颦中，从她优雅的"水袖"中，从她婀娜的身段中，一粒一粒地滚下来，滴在地上，溅到空中，落进每一个人的心里，引起一片深远的回音。这回音听不见，却淹没了刚才涌起的那一阵热烈的掌声。

作品20号《看戏》

可是仔细想想，实在是一件了不起的大事。正是因为说话跟吃饭、走路一样的平常，人们才不去想它究竟是怎么回事儿。

作品27号《人类的语言》

在大地上，在晨光或烈日下，它拖着沉重的犁，低头一步又一步，拖出了身后一列又一列松土，好让人们下种。

作品46号《中国的牛》

4. "一"夹在重叠动词中间一般轻读，属于"重·次轻"的轻重音格式。比如：

看一看　听一听　试一试　尝一尝

三、读准短文中"不"的变调

在练习读短文时,还要特别注意"不"在语流中的变调。"不"的变调规律如下。

1. "不"单用或在词句末尾读原调去声。比如:

不! 我不! 敢于说"不"。

2. "不"在非去声(阴平、阳平、上声)音节前面也读原调去声。如下面例文中加点的"不":

其实这三件事儿都是极不平常的,都是使人类不同于别的动物的特征。

作品 27 号《人类的语言》

"我知道,输在棋艺上。我技术上不如你,没经验。"

"这只是次要因素,不是最重要的。"

"那最重要的是什么?"我奇怪地问。

"最重要的是你的心态不对。你不珍惜你的棋子。"

"怎么不珍惜呀? 我每走一步,都想半天。"我不服气地说。

作品 28 号《人生如下棋》

一路上泉水时隐时现,泉声不绝于耳。

作品 8 号《鼎湖山听泉》

还有水边殿外的松柏槐柳,无不显出苍劲的风骨。以造型奇特见长的,有的偃如老妪负水,有的挺如壮士托天,不一而足。

作品 18 号《晋祠》

像这样的教师,我们怎么会不喜欢她,怎么会不愿意和她亲近呢? 我们见了她不由得就围上去。

作品 34 号《我的老师》

3. "不"在去声音节前面变阳平。如下面例文中加点的"不":

虽然这个水滴也能映照大海,但毕竟不是大海,可是,人们竟然不自量力地宣称要用这滴水来代替大海。

作品 19 号《敬畏自然》

十年,在历史上不过是一瞬间。

作品 21 号《莲花和樱花》

我去爬山那天,正赶上个难得的好天,万里长空,云彩丝儿都不见。

作品 32 号《泰山极顶》

画面上的这些人,有的不到一寸,有的甚至只有黄豆那么大。

作品 39 号《一幅名扬中外的画》

但麻纸比较粗糙,不便书写。

作品 44 号《纸的发明》

4. "不"夹在词语中间一般轻读,属于"重·次轻"的轻重音格式。如下面例文中加点的"不":

腊月二十三过小年,差不多就是过春节的"彩排"

作品 1 号《北京的春节》

当肉眼看到前面有障碍时,已经来不及反应。

作品 7 号《当今"千里眼"》

我们踮着脚往东望去,江面还是风平浪静,看不出有什么变化。

作品 11 号《观潮》

昆明湖围着长长的堤岸,堤上有好几座式样不同的石桥,两岸栽着数不清的垂柳。

作品 41 号《颐和园》

它们还没有走近,我们已经预计斗不过畜牲,恐怕难免踩到田地泥水里,弄得鞋袜又泥又湿了。

作品 46 号《中国的牛》

如果自己的方言里本身就有入声(一种听起来又短又促的声调),比如吴方言、闽方言、客家方言、粤方言等等,读短文时一定要避免把"一""不"读成入声,也不要把它们都读成阴平。

四、读准短文中"啊"的音变

"啊"是用在句尾的语气助词。由于受到前一个音节末尾音素的影响,"啊"常常会与它前面一个音节末尾的音素发生合音变化,其变化规律是:

1. "啊"之前的末尾音素是舌面元音 a、o、e、ê、i、ü(除 u 外)时,"啊"音变为 ya。比如下面词语中加点的"啊":

好大啊　真美啊　是你哥啊　奇怪啊　我不回啊　还有节余啊　怎么这么破啊

2. "啊"之前的末尾音素是 u(包括 ao、iao、ou)时,"啊"音变为 wa。如下面例文中加点的"啊":

太阳他有脚啊……

作品 3 号《匆匆》

在它看来,狗该是多么庞大的怪物啊!

作品 22 号《麻雀》

再如:好大的树啊　钱塘潮啊　摇啊摇　飘啊飘　快瞧啊　真臭啊

3. "啊"之前的末尾音素是前鼻韵尾-n 时,"啊"音变为 na。如下面例文中加点的"啊":

我用儿童的狡猾的眼光察觉,她爱我们,并没有存心要打的意思。孩子们是多么善于观察这一点啊。

作品 34 号《我的老师》

再如:当心啊　好近啊　亲人啊　不笨啊　不懂就问啊

4. "啊"之前的末尾音素是后鼻韵尾-ng 时,"啊"音变为 nga。如下面例文中加点的"啊":

抬头看树,那上面,果真的,爬满阳光啊,每根枝条上都是。

作品 12 号《孩子和秋风》

再如:路很长啊　快来帮啊　冲啊　多险的山峰啊　去游泳啊

5. "啊"之前的末尾音素是-i[前]、-i[后]时,把-i[前]或-i[后]作为"啊"的韵头,连读成音。如下面例文中加点的"啊":

是啊,请不要见笑。我崇敬那只小小的、英勇的鸟儿,我崇敬它那种爱的冲动和力量。

作品 22 号《麻雀》

再如:第一次啊　什么词啊　老师啊　好事啊　快点吃啊

6. "啊"作叹词时不发生音变,仍然读作 a。如下面例句中加点的"啊":

普通话水平测试教程

啊！海滨的夜色多么美好、多么宁静！

啊！壮丽的长江三峡，你是我魂牵梦绕的地方！

五、读准短文中的轻声音节

朗读短文时还要注意读准轻声音节。轻声音节的读音规律和具体读法，在前文中已有介绍，这里就不再赘述了。但朗读短文时为了读好轻声词还需注意以下几点：

1. 复习轻声音节的读音规律，特别是有规律可循的那些轻声词，在作品中出现的频率很高，要引起足够的重视。比如：

（1）短文中的这些助词和名词、代词的后缀读轻声：

助词：乌蓝的　它的　欣喜地　慢慢地　涌动着　悬挂着　没见过　发生过　显得　摇摇欲坠呢　这一点啊　能看清路吗　又怎样的匆匆呢

名词的后缀：日子　孩子　样子　园子　燕子　钉子　步子　珠子　叶子　竹子　亭子　绳子　轿子　石头　马笼头

在运用这一条规律时，必须学会区别该读轻声的"子、头"和不该读轻声的"子、头"。作名词的后缀的"子、头"没有实际的意义，读轻声。还有一些"子、头"也处在词语的末尾，但它们都有实际的词义，比如"分子""质子"中的"子"有"派生""附属"之意，不能读轻声；"枝头"的"头"是指"顶端"，"尽头"的"头"是指"末端"，这些"头"都不能读轻声，而应该读它们的原调。

代词、名词后面表示复数的后缀：他们　我们　它们　人们　学生们　队员们　教练们　姑娘们　孩子们　匠师们

代词、副词的后缀"么"：

这么　那么　怎么　多么

（2）短文中下面这些 AA 式重叠动词的第二个音节读轻声：

看看　想想　转转　摇摇　摆摆

（3）短文中下面这些表示人称的叠音词的第二个音节读轻声：

奶奶　妈妈

以上这三类属于必读轻声词，读作"重·最轻"的轻重音格式。必读轻声词在朗读作品里的注音形式是轻声音节不注声调符号，比如：

深红的(shēnhóng de)　孩子(háizi)　我们(wǒmen)　看看(kànkan)　奶奶(nǎinai)

（4）短文中下面这些名词、代词后的方位词一般读轻声：

天上　海上　崖壁上　庭院里　沙漠里　哪里　那里　这里　东边　左边　右边　前边　上面　下面

（5）短文中下面这些动词、形容词之后的趋向动词一般读轻声：

加上　赶上　看见　望去　走去　起来　下来　涌了过来　沸腾起来　颤动起来　对立起来　涌了过来　爬上山去　冲上岸去　扑下身来

（6）短文中下面这些"不"夹在词语中间时一般读轻声：

数不清　看不见　禁不住　差不多　了不起　忍不住　说不定　来不及　逃不过　对不起　听不见

以上这三类属于一般轻声词,它们一般情况下轻读,读作"重·次轻"的轻重音格式。一般轻声词在朗读作品里的注音形式是轻声音节标注声调符号,但在其前面加"·",比如:

加上(jiā·shàng) 那里(nà·lǐ) 起来(qǐ·lái) 赶上(gǎn·shàng) 扑下身来(pū·xiàshēn·lái) 对不起(duì·bùqǐ)

2. 按照作品中的注音,把无规律可循的必读轻声词在作品中做好标记,眼熟能详。例如短文中的这些必读轻声词:

时候 风筝 部分 木匠 护士 东西 意思 蘑菇 篱笆 朋友 云彩 喜欢 芍药 尾巴 铃铛 清楚 道士 热闹 功夫 招牌 买卖 生意 作坊 精神 踏实 硬朗 先生 学生 故事 笸箩 地方 模糊 告诉 喜欢 在乎 便宜 苍蝇 名字 事情 认识 畜牲 眼睛 耳朵 宽敞 比方 早晨 收成 庄稼

还有一些没有规律可循的一般轻声词,也应该尽量记住它们,以便使自己的普通话说得更自然、更纯粹一些。例如短文中出现的这些一般轻声词:

觉得 聪明 知道 分量 价钱 葡萄 琵琶 讲究

3. 复习轻声音节的读音方法,掌握轻声音节在不同声调的音节之后的音高形式,力求读得准确、自然。

4. 正确判断容易混淆的轻声词。

容易混淆的轻声词有三种类型,以短文中的句子为例:

(1) 以"子"为词尾的词语

▲ "子"为词缀,没有实际意义的读轻声。例如:

洗手的时候,日子(rìzi)从水盆里过去;吃饭的时候,日子(rìzi)从饭碗里过去。

作品 3 号《匆匆》

再过两个月,燕子(yànzi)翩然归来。不久,布谷鸟也来了。于是转入炎热的夏季,这是植物孕育果实的时期。到了秋天,果实成熟,植物的叶子(yèzi)渐渐发黄,在秋风中簌簌地落下来。

作品 6 号《大自然的语言》

当女主角穆桂英以轻盈而矫健的步子(bùzi)出场的时候,这个平静的海面陡然动荡起来了。

作品 20 号《看戏》

我仿佛听见几只鸟扑翅的声音,但是等到我的眼睛注意地看那里时,我却看不见一只鸟的影子(yǐngzi),只有无数的树根立在地上,像许多根木桩。

作品 37 号《鸟的天堂》

▲ "子"为合成词中的有实际意义的语素,不读轻声。例如:

莲子(liánzǐ)的颜色正在由青转紫,看来已经成熟了。

作品 21 号《莲花和樱花》

忽然,从附近一棵树上飞下一只黑胸脯的老麻雀,像一颗石子(shízǐ)似的落到狗的跟前。

作品 22 号《麻雀》

最重要的是你的心态不对。你不珍惜你的棋子(qízǐ)。

作品 28 号《人生如下棋》

还有"孔子""男子""游子""才子""铜子""电子""原子"等词都属于这种情况。

（2）以"头"为词尾的词语

▲ "头"为词缀，没有实际意义的读轻声。例如：

我也是抱着这种想头（xiǎngtou），爬上山去。

作品 32 号《泰山极顶》

即使附近的石头（shítou）上有妇女在捣衣，它们也从不吃惊。

作品 36 号《乡下人家》

就在这个紧急时刻，那个牧马人一下子拽住了马笼头（mǎlóngtou），这才没碰上那乘轿子。

作品 39 号《一幅名扬中外的画》

▲ "头"为合成词中的有实际意义的语素，不读轻声。例如：

素常烟雾腾腾的山头（shāntóu），显得眉目分明。

作品 32 号《泰山极顶》

他把树皮、麻头（mátóu）、稻草、破布等原料剪碎或切断，浸在水里捣烂成浆；再把浆捞出来晒干，就成了一种既轻便又好用的纸。

作品 44 号《纸的发明》

我们都呆了，回过头来，看着深褐色的牛队，在路的尽头（jìntóu）消失，忽然觉得自己受了很大恩惠。

作品 46 号《中国的牛》

（3）AA 式重叠词语

▲ 动词 AA 式重叠，第二个音节读轻声。例如：

可是仔细想想（xiǎngxiang），实在是一件了不起的大事。

作品 27 号《人类的语言》

我看看（kànkan）父亲，不好意思地低下头。

作品 28 号《人生如下棋》

偶尔摇摇（yáoyao）尾巴，摆摆（bǎibai）耳朵，赶走飞附在它身上的苍蝇，已经算是它最闲适的生活了。

作品 46 号《中国的牛》

▲ 称呼人的名词或少数非人称名词 AA 式重叠，第二个音节读轻声。例如：

奶奶（nǎinai）给我讲过这样一件事……那位阿姨轻轻地说："我的妈妈（māma）和您的年龄差不多，我希望她遇到这种时候，也有人为她开门。"

作品 17 号《将心比心》

那时候我正在读一些天文学的书，也认得一些星星（xīngxing）……

作品 10 号《繁星》

鹦鹉能言，不离于禽；猩猩（xīngxing）能言，不离于兽。

作品 27 号《人类的语言》

▲ 形容词 AA 式重叠，第二个音节不读轻声。例如：

小草偷偷地从土里钻出来，嫩嫩（nènnèn）的，绿绿（lùlù）的。

作品 2 号《春》

去的尽管去了，来的尽管来着；去来的中间，又怎样地匆匆（cōngcōng）呢？早上我起来的时候，小屋里射进两三方斜斜（xiéxié）的太阳。

作品 3 号《匆匆》

过了寒翠桥,就听到淙淙(cóngcóng)的泉声……一路上听到的各种泉声,这时候躺在床上,可以用心细细(xìxì)地聆听、辨识、品味。

作品 8 号《鼎湖山听泉》

这里的山,巍巍(wēiwēi)的,有如一道屏障;长长(chángcháng)的,又如伸开的两臂,将晋祠拥在怀中……石间细流脉脉(mòmò),如线如缕;林中碧波闪闪(shǎnshǎn),如锦如缎。

作品 18 号《晋祠》

▲ 副词 AA 式重叠,第二个音节不读轻声。例如:

人们常常(chángcháng)把人与自然对立起来,宣称要征服自然。

作品 19 号《敬畏自然》

水面假如成河道模样,往往(wǎngwǎng)安排桥梁。

作品 31 号《苏州园林》

▲ 名词 AA 式重叠,表示"每一""所有"等附加意义的,第二个音节不读轻声。例如:

在腊八这天,家家(jiājiā)都熬腊八粥。

作品 1 号《北京的春节》

家家(jiājiā)户户(hùhù),老老(lǎolǎo)小小(xiǎoxiǎo),//也赶趟儿似的,一个个都出来了。

作品 2 号《春》

在地球上温带和亚热带区域里,年年(niánnián)如是,周而复始。

作品 6 号《大自然的语言》

这么多的水长流不息,日日(rìrì)夜夜(yèyè)发出叮叮咚咚的响声。

作品 18 号《晋祠》

六、读准短文中的儿化词

对短文中的儿化词,要力求读得准确、自然。要做到这一点,就必须了解不同儿化词的不同读法(参照第二章第三节"读准儿化词"内容)。例如朗读作品中的这些儿化词:

1. 在音节后直接加卷舌动作 r 的:

那儿　这儿　鸟儿　枣儿　踢儿脚球儿　树叶儿　小草儿

2. 在音节后加 er 的:

云彩丝儿　石子儿　玩意儿　事儿　小鱼儿

3. 去掉末尾音节的韵尾,再加卷舌动作 r 的:

味儿　有点儿　一会儿　一点儿　那点儿　山根儿　好玩儿　蒜瓣儿　辣味儿
杂拌儿　擦黑儿　打滚儿　踢球儿　一个劲儿　嗓门儿　小摊儿　茶馆儿

4. 去掉末尾音节的韵尾,主要元音鼻化,再加卷舌动作 r 的:

缝儿

另外,有些词语中的"儿"并不是儿化韵,不产生"儿化"这种音变,朗读中要格外注意短文中的这几个非儿化词:

我掩着面叹息,但是新来的日子的影儿(yǐng'ér)又开始在叹息里闪过了。

作品 3 号《匆匆》

这是我的女儿(nǚ'ér)，和你差不多大小，正在医科大学读书，她也将面对自己的第一个患者。

作品 17 号《将心比心》

它用身体掩护着自己的幼儿(yòu'ér)……

作品 22 号《麻雀》

当花儿(huā'ér)落了的时候，藤上便结出了青的、红的瓜，它们一个个挂在房前，衬着那长长的藤，绿绿的叶。

作品 36 号《乡下人家》

第二节　读短文时应该注意的其他问题

一、读好短文中的长句

有的短文中存在一些拗口难读的长句，如果处理不好，就会犯停顿、断句不当的错误，影响测试成绩。这就需要注意以下两点：

第一，朗读前要根据表情达意的需要合理安排顿连的位置。

第二，生理上需要的顿歇(如换气)必须服从内容表达的需要，不能因句子过长而随意停顿，造成"停顿、断句不当"的失误，破坏语意的完整性。

下面是朗读作品中典型的长句，在无标点符号而需要作短暂停顿地方加了"|"进行提示，请按照提示练读这些长句。

去过故宫大修现场的人，就会发现|这里和外面工地的劳作景象|有个明显的区别。

作品 5 号《大匠无名》

"工"字|早在殷墟甲骨卜辞中|就已经出现过。《周官》与《春秋左传》|记载周王朝与诸侯都设有|掌管营造的机构。

作品 5 号《大匠无名》

其工作流程为，由铁路专用的|全球数字移动通信系统|来实现数据传输，控制中心|实时接收无线电波信号，由计算机|自动排列出每趟列车的|最佳运行速度和最小行车间隔距离，实现|实时追踪控制，确保高速列车|间隔合理地安全运行。

作品 7 号《当今"千里眼"》

它是那么大，那么亮，整个广漠的天幕上|只有它|在那里放射着|令人注目的光辉，活像一盏|悬挂在高空的明灯。

作品 13 号《海滨仲夏夜》

阳光|虽然为生命所必需，但是阳光中的紫外线|却有扼杀原始生命的危险。

作品 14 号《海洋与生命》

而关中盆地、洛阳盆地|是前朝历史的两个都城密集区，正是它们|构成了早期文明核心地带中|最重要的内容。

作品 15 号《华夏文明的发展与融合》

……黄河中下游的自然环境|为粟黍作物的种植和高产|提供了得天独厚的条件。

作品 15 号《华夏文明的发展与融合》

森林|维护地球生态环境的这种"能吞能吐"的特殊功能|是其他任何物体|都不能取代的。

作品 24 号《"能吞能吐"的森林》

拒马河|趁人们看不清它的容貌时|豁开了嗓门儿|韵味十足地唱呢！

作品 29 号《十渡游趣》

我觉得宇宙的广袤|真实地摆在我的眼前，即便作为中华民族第一个飞天的人|我已经跑到离地球表面四百公里的空间，可以称为太空人了……

作品 33 号《天地九重》

这棵榕树|好像在把它的全部生命力|展示给我们看。

作品 37 号《鸟的天堂》

二〇〇〇年，中国第一个以科学家名字命名的股票|"隆平高科"上市。八年后，名誉董事长袁隆平所持有的股份|以市值计算|已经过亿。

作品 40 号《一粒种子造福世界》

这时|我同时还看了母亲针线笸箩里常放着的|那几本《聊斋志异》。

作品 42 号《忆读书》

踢球跑、垫球跑、夹球跑……这些对普通人而言|和杂技差不多的项目|是女排队员们|必须熟练掌握的基本技能。

作品 49 号《走下奖台，一切从零开始》

二、朗读短文的其他要求

1. 自然流畅。
2. 不添字、漏字、改字。
3. 避免回读。
4. 语速要适中。

总的来说，朗读短文这个测试项目和普通话水平测试的总目标是一致的，它的主要目的不是评定应试人的朗读水平，也不是评定应试人对于朗读技巧掌握的熟练程度，而主要是测查朗读中声、韵、调准确不准确，连读音变掌握得好不好，语气、语调、停顿、断句是不是准确，语速是不是适中以及朗读自然流畅的程度。当然，如果能在此基础上运用纯熟的朗读技巧，读得声情并茂、生动感人，那就无异于锦上添花、如虎添翼了。

第三节 短文及语音难点提示

下面，列出普通话水平测试大纲规定的 50 篇作品，并对每一篇的读音难点以及应试人需要重点掌握的词语读音进行归类整理，希望应试人根据自己的语音实际进行分类正音，这对考好朗读短文这一项肯定有所帮助。

说明：

1. 读音难点只分析文中 400 字以内的部分。每篇短文在第 400 字后用"//"标注。
2. 一篇文章的同一个难点中重复的字词一般不再出现。

3. 双音节、多音节词或短语中,需要正音的字下加着重号"·"。

4. 必读轻声词和一般轻声词中的轻声音节下加"。"。

5. 对容易读错的字,在括号里单独注音;对读音难度较大、测试中误读频率较高的词语,进行整词注音。

作品1号

　　照北京的老规矩,春节差不多在腊月的初旬就开始了。"腊七腊八,冻死寒鸦",这是一年里最冷的时候。在腊八这天,家家都熬腊八粥。粥是用各种米,各种豆,与各种干果熬成的。这不是粥,而是小型的农业展览会。

　　除此之外,这一天还要泡腊八蒜。把蒜瓣放进醋里,封起来,为过年吃饺子用。到年底,蒜泡得色如翡翠,醋也有了些辣味,色味双美,使人忍不住要多吃几个饺子。在北京,过年时,家家吃饺子。

　　孩子们准备过年,第一件大事就是买杂拌儿。这是用花生、胶枣、榛子、栗子等干果与蜜饯掺和成的。孩子们喜欢吃这些零七八碎儿。第二件大事是买爆竹,特别是男孩子们。恐怕第三件事才是买各种玩意儿——风筝、空竹、口琴等。

　　孩子们欢喜,大人们也忙乱。他们必须预备过年吃的、喝的、穿的、用的,好在新年时显出万象更新的气象。

　　腊月二十三过小年,差不多就是过春节的"彩排"。天一擦黑儿,鞭炮响起来,便有了过年的味道。这一天,是要吃糖的,街上早有好多卖麦芽糖与江米糖的,糖形或为长方块或为瓜形,又甜又黏,小孩子们最喜欢。

　　过了二十三,大家更忙。必须大扫除一次,还要把肉、鸡、鱼、青菜、年糕什么的都预备充足——店//铺多数正月初一到初五关门,到正月初六才开张。

(节选自老舍《北京的春节》)

1. 读平舌音的字词

冻死 在 此 蒜 醋 饺子 色 翡翠 杂拌儿 胶枣 碎 二十三 彩排 擦黑儿 早 最 扫除 一次 青菜 充足

2. 读翘舌音的字词

照 春节 差不多 初旬 开始 是 时候 这 腊八粥 各种 成 展览会 除此之外 吃 如 使人 忍不住 准备 大事 花生 榛子 掺和 空竹 风筝 穿的 显出 长方块 肉 充足

3. 读 n 声母的字词

一年 农业 男孩子 黏(nián)

4. 读 l 声母的字词

老规矩 腊月 了 一年里 冷 展览 辣味 零七八碎儿 忙乱 起来

5. 读前鼻音的字词

春节 初旬 寒鸦 一年 这天 干(gān)果 展览 蒜瓣 进 人 忍不住 孩子们 准备 掺和 欢喜 男孩子 三件 口琴 忙乱 穿的 新年 显出 万象 鞭炮 便 又甜又黏 什么

6. 读后鼻音的字词

北京 冻 冷 用 各种 熬成 小型 农业 放 封 花生 等 零七八碎儿 恐怕 风筝 空竹 气象 更(gēng)新 响 江米糖 糖形 长方 青菜 充足

7. 读阴平的"一"

第一

8. 读阳平的"一"和"不"

一次 不是

9. 读去声的"一"

一年 一天 天一擦黑儿

10. 必读轻声词(注音举例:guīju 结构助词、动态助词和语气助词均为必读轻声,不再举例。下同。)

规矩 时候 饺子 孩子们 榛子(zhēnzi) 栗子(lìzi) 掺和(chānhuo) 喜欢 风筝 大人们 什么的

11. 一般轻声词(注音举例:wèi·dào)

醋里 差不多 忍不住 封起来 响起来 街上 味道

12. 儿化

蒜瓣(bànr) 辣味(wèir) 杂拌儿 零七八碎儿 玩意儿 擦黑儿

作品2号

盼望着,盼望着,东风来了,春天的脚步近了。

一切都像刚睡醒的样子,欣欣然张开了眼。山朗润起来了,水涨起来了,太阳的脸红起来了。

小草偷偷地从土里钻出来,嫩嫩的,绿绿的。园子里,田野里,瞧去,一大片一大片满是的。坐着,躺着,打两个滚,踢几脚球,赛几趟跑,捉几回迷藏。风轻悄悄的,草软绵绵的。

……

"吹面不寒杨柳风",不错的,像母亲的手抚摸着你。风里带来些新翻的泥土的气息,混着青草味儿,还有各种花的香,都在微微湿润的空气里酝酿。鸟儿将巢安在繁花绿叶当中,高兴起来了,呼朋引伴地卖弄清脆的喉咙,唱出宛转的曲子,跟轻风流水应和着。牛背上牧童的短笛,这时候也成天嘹亮地响着。

雨是最寻常的,一下就是三两天。可别恼。看,像牛毛,像花针,像细丝,密密地斜织着,人家屋顶上全笼着一层薄烟。树叶儿却绿得发亮,小草儿也青得逼你的眼。傍晚时候,上灯了,一点点黄晕的光,烘托出一片安静而和平的夜。在乡下,小路上,石桥边,有撑起伞慢慢走着的人,地里还有工作的农民,披着蓑戴着笠。他们的房屋,稀稀疏疏的,在雨里静默着。

天上风筝渐渐多了,地上孩子也多了。城里乡下,家家户户,老老小小,//也赶趟儿似的,一个个都出来了。

(节选自朱自清《春》)

1. 读平舌音的字词

样子 小草 从 钻(zuān)出来 坐着 赛 捉几回迷藏(cáng) 不错 在 清脆 曲子 三两天 最 细丝 一层 伞 走着 工作 蓑

2. 读翘舌音的字词

盼望着　睡醒　欣欣然　张开　山　朗润　水涨(zhǎng)起来了　满是　捉　软绵绵(ruǎnmiánmián)　吹手　各种　巢　当中　唱出　宛转(zhuǎn)　牛背上　这时候　成天　寻常　花针　斜织　树叶儿　石桥　撑起　人　稀稀疏疏　风筝　城里

3. 读 n 声母的字词

嫩嫩的　泥土　酝酿(yùnniàng)　鸟儿(niǎo'ér)　卖弄　牛背　恼　农民

4. 读 l 声母的字词

了　朗润　脸　绿绿的　园子里　杨柳　带来　喉咙　流水　嘹亮　三两天　笼着　笠　老老小小

5. 读前鼻音的字词

盼望　春天　近　欣欣然　眼　山　朗润　脸　钻出来　嫩嫩的　园子　田野　一大片　满是　软绵绵　面　寒　母亲　新翻的　混(hùn)着　酝酿　安　繁花　呼朋引伴　宛转　跟　短笛　寻常　三两天　看　花针　人家　全　薄(bó)烟　傍晚　黄晕(yùn)　安静　石桥边　慢慢(mànmàn)　农民　他们　渐渐

6. 读后鼻音的字词

盼望　东风　刚睡醒　样子　张开　朗润　涨(zhǎng)起来了　太阳　红起来了　从躺着　趟　捉几回迷藏(cáng)　轻悄悄　杨柳　像　青草　各种(zhǒng)　香　空气　酝酿　将　当中　高兴(xìng)　呼朋引伴　卖弄　清脆　喉咙　唱出　应和(yìnghè)　牧童　成天　嘹亮　寻常　三两天　屋顶上　笼着　一层　傍晚　上　灯　黄晕的光　安静　和平　乡下　撑起　工作　农民　房屋　风筝　城里

7. 读阳平的"一"和"不"

一切　一大片　一下　一片　不错

8. 读去声的"一"和"不"

一层　一点点　不寒

9. 必读轻声词

样子　曲子　时候　他们　风筝　孩子

10. 一般轻声词

起来了　太阳　土里　钻出来　园子里　田野里　瞧去　喉咙　母亲　风里　空气里　高兴起来了　牛背上　屋顶上　乡下　小路上　地里　雨里　天上　地上　城里

11. 儿化

打两个滚(gǔnr)　踢几脚球(qiúr)　青草味儿　树叶儿　小草儿

作品3号

燕子去了，有再来的时候；杨柳枯了，有再青的时候；桃花谢了，有再开的时候。但是，聪明的，你告诉我，我们的日子为什么一去不复返呢？——是有人偷了他们罢：那是谁？又藏在何处呢？是他们自己逃走了罢：现在又到了哪里呢？

去的尽管去了，来的尽管来着；去来的中间，又怎样地匆匆呢？早上我起来的时候，小屋里射进两三方斜斜的太阳。太阳他有脚啊，轻轻悄悄地挪移了；我也茫茫然跟着旋转。于是——洗手的时候，日子从水盆里过去；吃饭的时候，日子从饭碗里过去；默默时，便从凝然的双眼前过去。我觉察他去的匆匆了，伸出手遮挽时，他又从遮挽着的手边过去：天黑时,我躺在床上,他便伶伶俐俐地从我身上跨过,从我脚边飞去了。等我睁开眼和太阳再见,这算又溜走了一日。我掩着面叹息,但是新来的日子的影儿又开始在叹息里闪过了。

在逃去如飞的日子里,在千门万户的世界里的我能做些什么呢?只有徘徊罢了,只有匆匆罢了;在八千多日的匆匆里,除徘徊外,又剩些什么呢?过去的日子如轻烟,被微风吹散了,如薄雾,被初阳蒸融了;我留着些什么痕迹呢?我何曾留着像游丝样的痕迹呢?我赤裸裸//来到这世界,转眼间也将赤裸裸的回去罢?

(节选自朱自清《匆匆》)

1. 平舌音的字词

燕子 再来 聪明 告诉 藏 在 自己 逃走 怎样 匆匆 早上 从 算 吹散(sàn) 何曾 游丝

2. 读翘舌音的字词

时候 但是 为什么 谁(shuí) 何处 来着 中间 早上 射 旋转(zhuǎn) 日子 洗手 吃饭 觉察 伸出手 遮挽 床上 睁开 开始 闪过 世界 只有 除 剩 如 吹散 蒸融 赤裸裸

3. 读 n 声母的字词

你 那 呢 哪里 挪移 凝然 能

4. 读 l 声母的字词

了 再来 哪里 两 伶伶俐俐 溜走 留着 赤裸裸

5. 读前鼻音的字词

燕子 但是 我们 为什么 返 他们 现在 尽(jǐn)管 中间 怎样 射进 两三方 茫茫然 跟着 旋转 水盆 饭碗 便 双眼前 伸出 遮挽 手边 再见 掩着面 叹息 新来 闪过 千门万户 轻烟 痕迹(jì)

6. 读后鼻音的字词

杨柳 青 聪明 藏 中间 怎样 匆匆 早上 两三方 太阳 轻轻悄悄 茫茫然 凝然 双眼 躺 床上 伶伶俐俐 等 睁开 影儿(yǐng'ér) 能 剩 轻烟 微风 蒸融 何曾 像

7. 读阳平的"一"和"不"

一去 一日 不复返

8. 必读轻声词

燕子 时候 告诉 我们 日子 为什么(wèi shénme) 偷了他们罢 逃走了罢 罢了 什么

9. 一般轻声词

聪明 哪里 早上 起来 小屋里 太阳 过去 床上 身上 跨过 在叹息里闪过 日子里 世界里 匆匆里

10. 语气词"啊"的读法

太阳他有脚啊(wa)!

11. 容易读错的其他词语

薄(bó)雾

作品4号

有的人在工作、学习中缺乏耐性和韧性,他们一旦碰了钉子,走了弯路,就开始怀疑自己是否有研究才能。其实,我可以告诉大家,许多有名的科学家和作家,都是经过很多次失败,走过很多弯路才成功的。有人看见一个作家写出一本好小说,或者看见一个科学家发表几篇有分量的论文,便仰慕不已,很想自己能够信手拈来,妙手成章,一觉醒来,誉满天下。其实,成功的作品和论文只不过是作家、学者们整个创作和研究中的极小部分,甚至数量上还不及失败作品的十分之一。大家看到的只是他们成功的作品,而失败的作品是不会公开发表出来的。

要知道,一个科学家在攻克科学堡垒的长征中,失败的次数和经验,远比成功的经验要丰富、深刻得多。失败虽然不是什么令人快乐的事情,但也决不应该因此气馁。在进行研究时,研究方向不正确,走了些岔路,白费了许多精力,这也是常有的事。但不要紧,可以再调换方向进行研究。更重要的是要善于吸取失败的教训,总结已有的经验,再继续前进。

根据我自己的体会,所谓天才,就是坚持不断的努力。有些人也许觉得我在数学方面有什么天分,//其实从我身上是找不到这种天分的。

(节选自华罗庚《聪明在于学习,天才在于积累》)

1. 平舌音的字词
工作 自己 才能 告诉 作家 走 次数 虽然 因此 再 总结 所谓 天才
2. 读翘舌音的字词
人 中 韧性 开始 是否 其实 失败 写出 小说 或者 信手拈(niān)来 妙手成章 成功 学者 整个 创作 甚至 数量上 十分之一 只 出来 知道 长征 深刻 什么 事情 时 正确 岔路 这 常有 重要 善于 坚持
3. 读 n 声母的字词
耐性 才能 能够 信手拈来 气馁(něi) 努力
4. 读 l 声母的字词
了 分量 论文 数量 令人 快乐 精力 努力
5. 读前鼻音的字词
韧性 他们 一旦 弯路 研究 很多 看见 几篇 分量 论文 信手拈来 誉满天下 作品 部分 甚至 十分之一 看到 经验 远 深刻 虽然 什么 令人 但 因此 进行 要紧 调(diào)换 善于 教训 前进 根据 天才 不断 方面 天分(fèn) 坚持 一本
6. 读后鼻音的字词
中 韧性 碰 钉子 才能 有名 经过 成功 分量 仰慕 想 能够 妙手成章 醒来 整个 创作 公开 攻克 长征 经验 丰富 令人 事情 应(yīng)该 进行 方向 正确 精力 常有 更 重要 总结
7. 读阴平的"一"
十分之一
8. 读阳平的"一"和"不"
一旦 一个 一觉 不过 不会 不是 不正确 不要紧 不断

9. 读去声的"一"和"不"

一本 不已 不及 不应该

10. 必读轻声词

他们 钉子 告诉 学者们 部分 觉得 什么 事情

11. 一般轻声词

走过 看见 分量 数量上 发表出来 知道

作品5号

去过故宫大修现场的人，就会发现这里和外面工地的劳作景象有个明显的区别：这里没有起重机，建筑材料都是以手推车的形式送往工地，遇到人力无法运送的木料时，工人们会使用百年不变的工具——滑轮组。故宫修缮，尊重着"四原"原则，即原材料、原工艺、原结构、原型制。在不影响体现传统工艺技术手法特点的地方，工匠可以用电动工具，比如开荒料、截头。大多数时候工匠都用传统工具：木匠画线用的是墨斗、画签、毛笔、方尺、杖竿、五尺；加工制作木构件使用的工具有镑、凿、斧、锯、刨等等。

最能体现大修难度的便是瓦作中"苦背"的环节。"苦背"是指在房顶做灰背的过程，它相当于为木建筑添上防水层。有句口诀是三浆三压，也就是上三遍石灰浆，然后再压上三遍。但这是个虚数。今天是晴天，干得快，三浆三压硬度就能符合要求，要是赶上阴天，说不定就要六浆六压。任何一个环节的疏漏都可能导致漏雨，而这对建筑的损坏是致命的。

"工"字早在殷墟甲骨卜辞中就已经出现过。《周官》与《春秋左传》记载周王朝与诸侯都设有掌管营造的机构。无数的名工巧匠为我们留下了那么多宏伟的建筑，但却//很少被列入史籍，扬名于后世。

（节选自单霁翔《大匠无名》）

1. 平舌音的字词

劳作 材料 送 滑轮组 尊重 四 原则 制作 凿 最 做 防水层 三浆三压(yā) 再 损坏 字 早在 卜(bǔ)辞 左传 记载(zǎi) 营造

2. 读翘舌音的字词

现场 这里 起重机 建筑 是 手推车 形式 人力 使用 修缮 尊重 形制 传统 技术 比如 大多数 时候 方尺 杖竿(gān) 制作 苦背(shànbèi) 指 过程 添上 防水层 石灰浆 虚数 说不定 任何 疏漏 导致 中 出现 周官 春秋 周王朝 诸侯 设有 掌管

3. 读n声母的字词

百年 能 难度 那么

4. 读l声母的字词

这里 劳作 人力 滑轮 荒料 疏漏 留下了

5. 读前鼻音的字词

现场 人 发现 外面 明显 建筑 运送 工人们 百年不变 滑轮 修缮 尊重 原则 传统 画线 画签 杖竿 难度 便 苦背 环节 添 三浆三压 三遍 然后 但 今天 干(gān)得快 阴天 任何 掌管 损坏 殷墟 周官 春秋左传

6. 读后鼻音的字词

故宫　现场　工地　景象　明显　起重机　形式　运送　使用　尊重　形制　影响　传统　地方　工匠　电动　荒料　方尺　杖竿　中　房顶　过程　相当于　防水层　三浆三压　晴天　硬度　能　说不定　致命　已经　掌管　营造　名工巧匠　宏伟

7. 读阳平的"一"

一个

8. 读去声的"不"

不影响

9. 必读轻声词

工人们　地方　时候　木匠　那么　我们

10. 一般轻声词

去过　这里　外面　压上　说不定　已经　赶上　留下

11. 容易读错的其他词语

即(jí)　墨斗(dǒu)　锛(bēn)　凿(záo)　刨(bào)　为(wèi)木建筑　为(wèi)我们　符(fú)合

作品6号

立春过后,大地渐渐从沉睡中苏醒过来。冰雪融化,草木萌发,各种花次第开放。再过两个月,燕子翩然归来。不久,布谷鸟也来了。于是转入炎热的夏季,这是植物孕育果实的时期。到了秋天,果实成熟,植物的叶子渐渐变黄,在秋风中籁籁地落下来。北雁南飞,活跃在田间草际的昆虫也都销声匿迹。到处呈现一片衰草连天的景象,准备迎接风雪载途的寒冬。在地球上温带和亚热带区域里,年年如是,周而复始。

几千年来,劳动人民注意了草木枯荣、候鸟去来等自然现象同气候的关系,据以安排农事。杏花开了,就好像大自然在传语要赶快耕地;桃花开了,又好像在暗示要赶快种谷子。布谷鸟开始唱歌,劳动人民懂得它在唱什么:"阿公阿婆,割麦插禾。"这样看来,花香鸟语,草长莺飞,都是大自然的语言。

这些自然现象,我国古代劳动人民称它为物候。物候知识在我国起源很早。古代流传下来的许多农谚就包含了丰富的物候知识。到了近代,利用物候知识来研究农业生产,已经发展为一门科学,就是物候学。物候学记录植物的生长荣枯,动物的养育往来,如桃花开、燕子来等自然现象,从而了解随着时节//推移的气候变化和这种变化对动植物的影响。

(节选自竺可桢《大自然的语言》)

1. 平舌音的字词

从　苏醒　草木　次第　再　燕子　在　籁籁(sùsù)　风雪载(zài)途　自然　很早　随着

2. 读翘舌音的字词

立春　沉睡中　各种　翩然　于是　转(zhuǎn)入　炎热　植物　果实　时期　成熟中　昆虫　销声匿迹　到处　呈现　准备　上　周而复始　注意　荣枯　农事　传(chuán)语　暗示　种　开始　唱歌　什么　插禾　这样　草长(zhǎng)莺飞　这些　称(chēng)　知识　流传　生产　发展　生长　随着　时节

3. 读 n 声母的字词

布谷鸟　南飞　销声匿迹　年年　农事

4. 读 l 声母的字词

立春　过来　两　落　连天　劳动　流传　利用　了解

5. 读前鼻音的字词

立春　渐渐　沉睡　燕子　翩然　转入　炎热　孕育　秋天　北雁南飞　田间　昆虫　呈现　一片　准备　寒冬　温带　几千年来　人民　关系　传语　暗示　什么　看来　语言　很早　流传　包含　近代　研究　发展　一门

6. 读后鼻音的字词

中　苏醒　冰雪　融化　萌发　各种(zhǒng)　开放　两　成熟　黄　秋风　昆虫　销声匿迹(jì)　呈现　景象　迎接　荣枯　等　劳动　同　农事　杏花　好像　耕地　种(zhòng)谷子　唱歌　懂得　阿公　这样　花香鸟语　草长莺飞　称　丰富　生产　已经　养育　往来

7. 读阳平的"一"

一片

8. 读去声的"一"和"不"

一门　不久

9. 必读轻声词

燕子　叶子　关系　谷子　什么　知识

10. 一般轻声词

苏醒过来　落下来　地球上　区域里　流传下来　已经

11. 容易读错的其他词语

都(dōu)是　称它为(wéi)　发展为(wéi)

作品 7 号

当高速列车从眼前呼啸而过时,那种转瞬即逝的感觉让人们不得不发问:高速列车跑得那么快,司机能看清路吗?

高速列车的速度非常快,最低时速标准是二百公里。且不说能见度低的雾霾天,就是晴空万里的大白天,即使是视力好的司机,也不能保证正确识别地面的信号。当肉眼看到前面有障碍时,已经来不及反应。

专家告诉我,目前,我国时速三百公里以上的高铁线路不设置信号机,高速列车不用看信号行车,而是通过列控系统自动识别前进方向。其工作流程为,由铁路专用的全球数字移动通信系统来实现数据传输,控制中心实时接收无线电波信号,由计算机自动排列出每趟列车的最佳运行速度和最小行车间隔距离,实现实时追踪控制,确保高速列车间隔合理地安全运行。当然,时速二百至二百五十公里的高铁线路,仍然设置信号灯控制装置,由传统的轨道电路进行信号传输。

中国自古就有"千里眼"的传说,今日高铁让古人的传说成为现实。

所谓"千里眼",即高铁沿线的摄像头,几毫米见方的石子儿也逃不过它的法眼。通过摄像头实时采集沿线高速列车运行的信息,一旦//出现故障或者异物侵限,高铁调度指挥中心监控终端的界面上就会出现一个红色的框将目标锁定,同时,监控系统马上报警显示。

(节选自王雄《当今"千里眼"》)

1. 平舌音的字词

高速 从 司机 告诉 三百 自动 工作 数字 计算机 最佳 追踪 所谓 采集 石子儿

2. 读翘舌音的字词

列车 时 那种 转瞬即逝 让 人们 标准 是 不说 即使 视力 保证 正确 识别 肉眼 障碍 专家 以上 设置 流程 专用 实现 数据 传输 控制 中心 实时 接收 排列出 追踪 当然 二百五十公里 仍然 装置 今日 让 成为 摄像头 石子儿

3. 读 n 声母的字词

那种 能

4. 读 l 声母的字词

列车 路 万里 视力 来不及 流程

5. 读前鼻音的字词

眼前 转瞬即逝 感觉 人们 发问 看清 标准 能见度 雾霾天 万里 地面 信号 反应 专家 线路 前进 全球 传输 无线电波 运行 间(jiān)隔 中心 实现 安全 仍然 沿线 一旦

6. 读后鼻音的字词

当 那种 让 能 看清 非常 公里 晴空 保证 正确 障碍 已经 反应 不用 行车 通过 列控 系统 自动 方向 工作 流程 中心 趟 追踪 仍然 信号灯 摄像头

7. 读阳平的"一"和"不"

一旦 不设置 不用

8. 读去声的"一"和"不"

不得不发问 不说 不能

9. 必读轻声词

人们 那么 告诉

10. 一般轻声词

不得不 来不及 已经 前面 逃不过

11. 儿化音节

石子儿

12. 容易读错的其他词语

即(jí)

作品8号

从肇庆市驱车半小时左右,便到了东郊风景名胜鼎湖山。下了几天的小雨刚停,满山笼罩着轻纱似的薄雾。

过了寒翠桥,就听到淙淙的泉声。进山一看,草丛石缝,到处都涌流着清亮的泉水。草丰林茂,一路上泉水时隐时现,泉声不绝于耳。有时几股泉水交错流泻,遮断路面,我们得寻找着垫脚的石块跳跃着前进。愈往上走树愈密,绿阴愈浓。湿漉漉的绿叶,犹如大海的波浪,一层一层涌向山顶。泉水隐到了浓阴的深处,而泉声却更加清纯悦耳。忽然,云中传来钟声,顿时山鸣谷应,悠悠扬扬。安详厚重的钟声和欢快活泼的泉声,在雨后宁静的暮色中,汇成一片美妙的音响。

我们循着钟声,来到了半山腰的庆云寺。这是一座建于明代、规模宏大的岭南著名古刹。庭院里繁花似锦,古树参天。有一株与古刹同龄的茶花,还有两株从斯里兰卡引种的、有二百多年树龄的菩提树。我们决定就在这座寺院里借宿。

入夜,山中万籁俱寂,只有泉声一直传送到枕边。一路上听到的各种泉声,这时候躺在床上,可以用心细细地聆听、辨识、品味。那像小提琴一样轻柔的,是草丛中流淌的小溪的声音;那像琵琶一样清脆的,//是在石缝间跌落的涧水的声音……

(节选自谢大光《鼎湖山听泉》)

1. 平舌音的字词

从　左右　寒翠桥　淙淙(cóngcóng)　草丛　交错　走　一层　暮色　庆云寺　一座　繁花似锦　参天　斯里兰卡　在　借宿　传送　清脆

2. 读翘舌音的字词

肇庆市　驱车　小时　名胜　鼎湖山　笼罩着　似(shì)的　深处　石缝　泉水　上时隐时现　遮断　寻找　树　湿漉漉　清纯　忽然　云中　传来　钟声　厚重　汇成这是　著名　古刹(chà)　古树　一株　茶花　引种(zhòng)　入夜　只有　一直　枕边各种(zhǒng)　床上　辨识

3. 读n声母的字词

浓阴　宁静　岭南　年　那

4. 读l声母的字词

到了　笼罩　涌流　清亮　草丰林茂　路面　湿漉漉　绿叶　波浪　传来　岭南庭院里　同龄　两株　万籁俱寂　聆听

5. 读前鼻音的字词

半　便　满山　泉水　寒翠桥　时隐时现　路面　我们　寻找　草丰林茂　前进绿阴　深处　清纯　云中　传来　音响　循着　建　岭南　繁花似锦　参天　年　寺院万籁俱寂　枕边　心　品味　小提琴

6. 读后鼻音的字词

从　肇庆　东郊　风景　名胜　鼎湖山　刚停　笼罩　轻纱　淙淙　泉声　草丰林茂　一路上　往　浓　一层　涌　山顶　更加　清纯　云中　音响　钟声　宁静　汇成庆云寺　明代　宏大　岭南　庭院　同龄　两株　引种　决定　传送　躺　床上　用聆听　像　一样　轻柔　流淌

7. 读阳平的"一"

一看　一路上　一片　一座　一样

8. 读去声的"一"和"不"

一层　一株　一直　不绝于耳

9. 必读轻声词

似的　活泼　时候

10. 一般轻声词

一路上　传来　庭院里　寺院里　床上　琵琶

11. 容易读错的其他词语

薄(bó)雾　我们得(děi)寻找　跳跃(yuè)　借宿(sù)

作品9号

　　我常想读书人是世间幸福人,因为他除了拥有现实的世界之外,还拥有另一个更为浩瀚也更为丰富的世界。现实的世界是人人都有的,而后一个世界却为读书人所独有。由此我想,那些失去或不能阅读的人是多么的不幸,他们的丧失是不可补偿的。世间有诸多的不平等,财富的不平等,权力的不平等,而阅读能力的拥有或丧失却体现为精神的不平等。

　　一个人的一生,只能经历自己拥有的那一份欣悦,那一份苦难,也许再加上他亲自闻知的那一些关于自身以外的经历和经验。然而,人们通过阅读,却能进入不同时空的诸多他人的世界。这样,具有阅读能力的人,无形间获得了超越有限生命的无限可能性。阅读不仅使他多识了草木虫鱼之名,而且可以上溯远古下及未来,饱览存在的与非存在的奇风异俗。

　　更为重要的是,读书加惠于人们的不仅是知识的增广,而且还在于精神的感化与陶冶。人们从读书学做人,从那些往哲先贤以及当代才俊的著述中学得他们的人格。人们从《论语》中学得智慧的思考,从《史记》中学得严肃的历史精神,从《正气歌》中学得人格的刚烈,从马克思学得人世//的激情,从鲁迅学得批判精神,从托尔斯泰学得道德的执着。

(节选自谢冕《读书人是幸福人》)

　　1. 读平舌音的字词

　　所　由此　丧失　财富　自己　草　上溯(sù)　存在　奇风异俗　增广　做人　思考　从　严肃

　　2. 读翘舌音的字词

　　常　读书　是　人世　除了　现实　之外　失去　补偿　诸(zhū)多　虫　一生　精神(jīngshén)　加上　闻知　自身　然而　进入　时空　这样　超越　使　识　重要　知识　往哲　著述中　智慧　《史记》

　　3. 读 n 声母的字词

　　那些　不能　苦难

　　4. 读 l 声母的字词

　　经历　未来　饱览　《论语》(Lúnyǔ)　历史　刚烈

　　5. 读前鼻音的字词

　　人　因为　现实　浩瀚　他们　世间　权力　精神　一份　欣悦　苦难　亲自　闻知　然而　进入　无形间　有限　不仅　饱览　存在　感化　先贤　才俊　严肃　《论语》

　　6. 读后鼻音的字词

　　常　想　幸福　拥有　另　更　丰富　丧失　补偿　平等　精神　一生　经验　通过　不同　时空　这样　无形　生命　可能性　虫　名　奇风异俗　重要　增广　往哲　当代　中　《正气歌》　刚烈

7. 读阳平的"一"和"不"

一个　一份　不幸

8. 读去声的"一"和"不"

一生　一些　不能　不可　不平等　不仅

9. 必读轻声词

除了　多么(duōme)　他们　人们

10. 一般轻声词

因为　加上

11. 容易读错的其他词语

陶冶(táoyě)　学得(dé)

作品10号

我爱月夜,但我也爱星天。从前在家乡七八月的夜晚在庭院里纳凉的时候,我最爱看天上密密麻麻的繁星。望着星天,我就会忘记一切,仿佛回到了母亲的怀里似的。

三年前在南京我住的地方有一道后门,每晚我打开后门,便看见一个静寂的夜。下面是一片菜园,上面是星群密布的蓝天。星光在我们的肉眼里虽然微小,然而它使我们觉得光明无处不在。那时候我正在读一些天文学的书,也认得一些星星,好像它们就是我的朋友,它们常常在和我谈话一样。

如今在海上,每晚和繁星相对,我把它们认得很熟了。我躺在舱面上,仰望天空。深蓝色的天空里悬着无数半明半昧的星。船在动,星也在动,它们是这样低,真是摇摇欲坠呢!渐渐地我的眼睛模糊了,我好像看见无数萤火虫在我的周围飞舞。海上的夜是柔和的,是静寂的,是梦幻的。我望着许多认识的星,我仿佛看见它们在对我眨眼,我仿佛听见它们在小声说话。这时我忘记了一切。在星的怀抱中我微笑着,我沉睡着。我觉得自己是一个小孩子,现在睡在母亲的怀里了。

有一夜,那个在哥伦波上船的英国人指给我看天上的巨人。他用手指着://那四颗明亮的星是头,下面的几颗是身子……

(节选自巴金《繁星》)

1. 读平舌音的字词

从前　在　虽然　舱　蓝色　自己　小孩子

2. 读翘舌音的字词

时候　天上　望着　似的(shìde)　住　肉眼　然而　使　无处　正在　如今　熟　常常　深蓝色　无数　这样　真是　摇摇欲坠　柔和　认识　眨眼　说话　中　沉　书　睡　指

3. 读 n 声母的字词

纳凉　南京　呢　那个

4. 读 l 声母的字词

里　纳凉　回到了　哥伦波

5. 读前鼻音的字词

但　从前　夜晚　庭院　看　繁星　母亲　三年前　南京　后门　便　看见　下面

一片 菜园 星群 蓝天 虽然 我们 认得 谈话 如今 很 天空 深蓝色 梦幻 悬 船 认识 渐渐 眨眼 沉睡 现在 巨人

6. 读后鼻音的字词

家乡 庭院 繁星 忘记 南京 地方 静寂 光明 正在 好像 朋友 常常 一样 相对 躺 舱面上 仰望 天空 明 仿佛(fú) 动 萤火虫 梦幻 听见 小声 中 英国 用

7. 读阳平的"一"和"不"

一切 一道 一个 一片 一样 一夜 不在

8. 读去声的"一"

一些

9. 必读轻声词

时候 似的 地方 我们 星星 它们 朋友 认得 眼睛 模糊 觉得 认识 小孩子 身子

10. 一般轻声词

庭院里 天上 母亲 怀里 看见 下面 肉眼里 海上 舱面上 天空里 听见

作品11号

钱塘江大潮,自古以来被称为天下奇观。

农历八月十八是一年一度的观潮日。这一天早上,我们来到了海宁市的盐官镇,据说这里是观潮最好的地方。我们随着观潮的人群,登上了海塘大堤。宽阔的钱塘江横卧在眼前。江面很平静,越往东越宽,在雨后的阳光下,笼罩着一层蒙蒙的薄雾。镇海古塔、中山亭和观潮台屹立在江边。远处,几座小山在云雾中若隐若现。江潮还没有来,海塘大堤上早已人山人海。大家昂首东望,等着,盼着。

午后一点左右,从远处传来隆隆的响声,好像闷雷滚动。顿时人声鼎沸,有人告诉我们,潮来了!我们踮着脚往东望去,江面还是风平浪静,看不出有什么变化。过了一会儿,响声越来越大,只见东边水天相接的地方出现了一条白线,人群又沸腾起来。

那条白线很快地向我们移来,逐渐拉长,变粗,横贯江面。再近些,只见白浪翻滚,形成一堵两丈多高的水墙。浪潮越来越近,犹如千万匹白色战马齐头并进,浩浩荡荡地飞奔而来;那声音如同山崩地裂,好像大地都被震得颤动起来。

霎时,潮头奔腾西去,可是余波还在漫天卷地般涌来,江面上依旧风号浪吼。过了好久,钱塘江才恢复了//平静。

(节选自赵宗成、朱明元《观潮》)

1. 平舌音的字词

自古以来 早上 最好 随着 在 一层 几座 从 告诉 粗 白色 才

2. 读翘舌音的字词

大潮 称为 十八 是 观潮日 这 海宁市 盐官镇 据说 人群 登上 笼罩 着 镇海 中山亭 远处 若隐若现 昂首 传来 响声 顿时 人声鼎沸 看不出 什么 只见 形成 两丈 水墙 犹如 战马 震 颤动(chàn) 霎时

3. 读n声母的字词

农历　一年　海宁　那

4. 读l声母的字词

自古以来　这里　了　笼罩　屹立　隆隆　闷雷　拉长　白浪　两丈　山崩地裂

5. 读前鼻音的字词

钱塘江　奇观　一天　我们　盐官镇　人群　宽阔　眼前　很　中山亭　云雾　若隐若现　盼着　远处　传来　闷(mèn)雷　滚动　顿时　踮(diǎn)　江面　看不出　什么变化　只见　出现　白线　很　近　翻滚　千万　战马　齐头并进　飞奔　声音　震颤动　漫天卷地(dì)般

6. 读后鼻音的字词

钱塘江　称(chēng)为　农历　早上　海宁　地方　登上　海塘　横卧　平静　越往东　阳光　笼罩　一层　蒙蒙　中山亭　昂首　东望　等着　从　隆隆　响声　好像　滚动　人声鼎沸　往　风平浪静　沸腾　向　拉长　横贯　形成　两丈　水墙　齐头并进　浩浩荡荡　如同　山崩地裂　颤动　涌

7. 读阴平的"一"

一点左右

8. 读阳平的"一"

一度　一会儿(yíhuìr)

9. 读去声的"一"

一年　一天　一层　一条　一堵

10. 必读轻声词

早上　我们　地方　告诉

11. 一般轻声词

这里　阳光下　没有　大堤上　望去　看不出　东边　沸腾起来　颤动起来　移来涌来　江面上

12. 儿化音节

一会儿

13. 容易读错的其他词语

大堤(dī)　犹(yóu)如　风号(háo)浪吼

作品12号

我和几个孩子站在一片园子里,感受秋天的风。园子里长着几棵高大的梧桐树,我们的脚底下,铺了一层厚厚的梧桐叶。叶枯黄,脚踩在上面,嘎吱嘎吱脆响。风还在一个劲儿地刮,吹打着树上可怜的几片叶子,那上面,就快成光秃秃的了。

我给孩子们上写作课,让孩子们描摹这秋天的风。以为他们一定会说寒冷、残酷和荒凉之类的,结果却出乎我的意料。

一个孩子说,秋天的风,像把大剪刀,它剪呀剪的,就把树上的叶子全剪光了。

我赞许了这个比喻。有二月春风似剪刀之说,秋天的风,何尝不是一把剪刀呢?只不过,它剪出来的不是花红叶绿,而是败柳残荷。

剪完了,它让阳光来住,这个孩子突然接着说一句。他仰向我的小脸,被风吹着,像只通红的小苹果。我怔住，抬头看树，那上面，果真的，爬满阳光啊，每根枝条上都是。失与得，从来都是如此均衡，树在失去叶子的同时，却承接了满树的阳光。

一个孩子说，秋天的风，像个魔术师，它会变出好多好吃的，菱角呀，花生呀，苹果呀，葡萄呀。还有桂花，可以做桂花糕。我昨天吃了桂花糕，妈妈说，是风变出来的。

我笑了。小可爱，经你这么一说，秋天的风，还真是香的。我和孩//子们一起嗅，似乎就闻见了风的味道，像块蒸得热气腾腾的桂花糕。

（节选自丁立梅《孩子和秋风》）

1. 平舌音的字词

孩子　在　一层　踩　脆响　写作　残酷　赞许　似(sì)剪刀　从来　如此　昨天

2. 读翘舌音的字词

站　感受　长着　树上　嘎吱　吹打　成　让　这　说　之类　出乎　春风　何尝不是　只　突然　怔(zhèng)住　果真　枝条　失　如此　同时　承接　魔术师　好吃　花生　真是

3. 读 n 声母的字词

那

4. 读 l 声母的字词

园子里　铺了　可怜　荒凉　之类　意料　出来　叶绿　败柳　菱角

5. 读前鼻音的字词

站　园子　感受　秋天　我们　可怜　他们　寒冷　残酷　剪刀　全　赞许　残荷完　小脸　看　果真　爬满　均衡

6. 读后鼻音的字词

风　长(zhǎng)着　一层　枯黄　上面　脆响　成　光秃秃　一定　寒冷　荒凉　像何尝　只　让　阳光　仰　通红　苹果　怔住　从来　均衡　同时　承接　菱角　花生经

7. 读阳平的"一"和"不"

一片　一个劲儿　一定　一句　不是

8. 读去声的"一"

一层　一把　一说

9. 必读轻声词

孩子　我们　一个劲儿地　叶子　孩子们　这个　这么

10. 一般轻声词

园子里　脚底下　上面　树上　剪出来　枝条上　葡萄　变出来的

11. 儿化音节

一个劲儿(yí·gejìnr)

作品 13 号

夕阳落山不久，西方的天空，还燃烧着一片橘红色的晚霞。大海，也被这霞光染成了红色，而且比天空的景色更要壮观。因为它是活动的，每当一排排波浪涌起的时候，那映照在浪峰上的霞光，又红又亮，简直就像一片片霍霍燃烧着的火焰，闪烁着，消失了。而后面的一排,又闪烁着,滚动着,涌了过来。

天空的霞光渐渐地淡下去了,深红的颜色变成了绯红,绯红又变为浅红。最后,当这一切红光都消失了的时候,那突然显得高而远了的天空,则呈现出一片肃穆的神色。最早出现的启明星,在这蓝色的天幕上闪烁起来了。它是那么大,那么亮,整个广漠的天幕上只有它在那里放射着令人注目的光辉,活像一盏悬挂在高空的明灯。

夜色加浓,苍空中的"明灯"越来越多了。而城市各处的真的灯火也次第亮了起来,尤其是围绕在海港周围山坡上的那一片灯光,从半空倒映在乌蓝的海面上,随着波浪,晃动着,闪烁着,像一串流动着的珍珠,和那一片片密布在苍穹里的星斗互相辉映,煞是好看。

在这幽美的夜色中,我踏着软绵绵的沙滩,沿着海边,慢慢地向前走去。海水,轻轻地抚摸着细软的沙滩,发出温柔的//刷刷声。晚来的海风,清新而又凉爽。我的心里,有着说不出的兴奋和愉快。

(节选自峻青《海滨仲夏夜》)

1. 读平舌音的字词

红色 在 则 肃穆 最早 次第 从 随着

2. 读翘舌音的字词

燃烧着 这 染 成 是 时候 映照 简直 闪烁 消失 深红 突然 呈现出 只有 放射 注目 一盏(zhǎn) 各处 真的 围绕(rào) 周围 山坡上 珍珠 煞(shà) 沙滩 海水 细软 温柔

3. 读 n 声母的字词

那么 浓

4. 读 l 声母的字词

落 波浪 蓝色 亮了起来 心里

5. 读前鼻音的字词

山 燃烧 一片 晚霞 天空 壮观 因为(yīn·wèi) 简直 火焰 闪烁(shuò) 后面 滚动 渐渐 淡 颜色 深红 变成 浅红 突然 显得 远 呈现 神色 蓝色 令人 一盏 悬挂 真的 一串 珍珠 好看 软绵绵 沙滩 沿着 海边 慢慢 向前 温柔

6. 读后鼻音的字词

夕阳 西方 成 景色 更 壮观 每当 映照 浪峰上 亮 像 涌(yǒng) 红光 呈现 启明星 整个 广漠 放射 令人 明灯 苍空中 城市 海港 晃(huàng)动 互相 苍穹(qióng) 轻轻

7. 读阳平的"一"

一片

8. 读去声的"一"和"不"

一排 不久

9. 必读轻声词

时候 那么 显得

10. 一般轻声词

因为 那里 活动 浪峰上 涌了过来 后面 淡下去 天幕上 亮了起来 起来

山坡上　海面上　苍穹里　走去
11. 容易读错的其他词语
绯(fēi)红　星斗(dǒu)　抚摸(fǔmō)

作品14号

生命在海洋里诞生绝不是偶然的,海洋的物理和化学性质,使它成为孕育原始生命的摇篮。

我们知道,水是生物的重要组成部分,许多动物组织的含水量在百分之八十以上,而一些海洋生物的含水量高达百分之九十五。水是新陈代谢的重要媒介,没有它,体内的一系列生理和生物化学反应就无法进行,生命也就停止。因此,在短时期内动物缺水要比缺少食物更加危险。水对今天的生命是如此重要,它对脆弱的原始生命,更是举足轻重了。生命在海洋里诞生,就不会有缺水之忧。

水是一种良好的溶剂。海洋中含有许多生命所必需的无机盐,如氯化钠、氯化钾、碳酸盐、磷酸盐,还有溶解氧,原始生命可以毫不费力地从中吸取它所需要的元素。

水具有很高的热容量,加之海洋浩大,任凭夏季烈日曝晒,冬季寒风扫荡,它的温度变化却比较小。因此,巨大的海洋就像是天然的"温箱"。是孕育原始生命的温床。

阳光虽然为生命所必需,但是阳光中的紫外线却有扼杀原始生命的危险。水能有效地吸收紫外线,因而又为原始生命提供了天然的"屏障"。

这一切都是原始生命得以产生和发展的必要条件。//

（节选自童裳(cháng)亮《海洋与生命》）

1. 读平舌音的字词
在　组成　脆弱　举足轻重　所　从中　扫荡　因此　紫外线
2. 读翘舌音的字词
生命　不是　偶然　使　原始　知道　水　组成　八十　以上　食物　如此　脆弱
举足轻重　之　一种　溶剂　如　从中　热容量　曝(pù)晒　吸收　扼(è)杀　屏
(píng)障
3. 读 n 声母的字词
体内　氯化钠
4. 读 l 声母的字词
里　物理　含水量　摇篮　一系列　了　氯化钠　费力　烈日
5. 读前鼻音的字词
诞生　孕(yùn)育　偶然　原始　摇篮　我们　部分　新陈代谢　反应(yìng)　进行
天然　因此　短时期　危(wēi)险　今天　含有　碳酸盐　元素　很　任凭　寒风　温度
变化　但是　紫外线　产生　发展
6. 读后鼻音的字词
生命　海洋　性质　成为　重要　动物　反应　进行　停止　更加　举足轻重　溶
解氧　热容量　任凭　冬季　寒风　扫荡　像　温箱　温床　阳光　能　屏障　提供
（gōng）
7. 读阳平的"一"和"不"

一系列　不是　不会

8. 读去声的"一"

一些　一种

9. 必读轻声词

部分

10. 一般轻声词

海洋里　知道　没有

11. 容易读错的其他词语

氯(lǜ)化钠　氯(lǜ)化钾　比较(jiào)　为(wéi)生命所必需　为(wèi)原始生命

作品15号

在我国历史地理中,有三大都城密集区,它们是:关中盆地、洛阳盆地、北京小平原。其中每一个地区都曾诞生过四个以上大型王朝的都城。而关中盆地、洛阳盆地是前朝历史的两个都城密集区,正是它们构成了早期文明核心地带中最重要的内容。

为什么这个地带会成为华夏文明最先进的地区? 这主要是由两个方面的条件促成的,一个是自然环境方面的,一个是人文环境方面的。

在自然环境方面,这里是我国温带季风气候带的南部,降雨、气温、土壤等条件都可以满足旱作农业的需求。中国北方的古代农作物,主要是一年生的粟和黍。黄河中下游的自然环境为粟黍作物的种植和高产提供了得天独厚的条件。农业生产的发达,会促进整个社会经济的发展,从而推动社会的进步。

在人文环境方面,这里是南北方、东西方大交流的轴心地区。在最早的六大新石器文化分布形势图中可以看到,中原处于这些文化分布的中央地带。无论是考古发现还是历史传说,都有南北文化长距离交流、东西文化相互碰撞的证据。中原地区在空间上恰恰位居中心,成为信息最发达、眼界最宽广、活动最//繁忙、竞争最激烈的地方。

(节选自唐晓峰《华夏文明的发展与融合》)

1. 平舌音的字词

在　曾　四个　早期　最　促成　自然　满足　旱作　粟(sù)　从而

2. 读翘舌音的字词

历史　都城　是　关中　诞生　以上　王朝　正是　构成　重要　内容　什么(shénme)　这个　主要　自然　人文　土壤　生　黍(shǔ)　种植　高产　整个　社会　发展　轴心　新石器　形势　处于　传说　碰撞　证据

3. 读 n 声母的字词

南部　农业　一年

4. 读 l 声母的字词

历史　地理　洛阳　两个　这里　了　交流　六　无论

5. 读前鼻音的字词

三　它们　盆地　平原　诞生　关中　前朝　自然　环境　方面　人文　温带　南部　满足　旱作　一年　高产　促进　发展　进步　轴心　新石器　分布　无论　传说　信息　眼界　宽广

普通话水平测试教程

6. 读后鼻音的字词

中 都城 洛阳 北京 平原 曾 诞生 以上 大型 两个 正是 构成 文明 环境 方面 季风 降雨 土壤 等 农业 一年生 黄河 种植 提供(gōng) 整个 经济 从而 推动 东西方 形势 相互 碰撞 证据 长距离 空间 成为 宽广 活动

7. 读阳平的"一"

一个

8. 读去声的"一"

一年

9. 必读轻声词

它们 诞生过 为什么 这个

10. 一般轻声词

这里 空间上 活动

作品 16 号

于很多中国人而言,火车就是故乡。在中国人的心中,故乡的地位尤为重要,老家的意义非同寻常,所以,即便是坐过无数次火车,但印象最深刻的,或许还是返乡那一趟车。那一列列返乡的火车所停靠的站台边,熙攘的人流中,匆忙的脚步里,张望的目光下,涌动着的都是思乡的情绪。每一次看见返乡那趟火车,总觉得是那样可爱与亲切,仿佛看见了千里之外的故乡。上火车后,车启动的一刹那,在车轮与铁轨碰撞的"况且"声中,思乡的情绪便陡然在车厢里弥漫开来。你知道,它将驶向的,是你最熟悉也最温暖的故乡。再过几个或者十几个小时,你就会回到故乡的怀抱。这般感受,相信在很多人的身上都曾发生过。尤其在春节、中秋等传统节日到来之际,亲人团聚的时刻,更为强烈。

火车是故乡,火车也是远方。速度的提升,铁路的延伸,让人们通过火车实现了向远方自由流动的梦想。今天的中国老百姓,坐着火车,可以去往九百六十多万平方公里土地上的天南地北,来到祖国东部的平原,到达祖国南方的海边,走进祖国西部的沙漠,踏上祖国北方的草原,去观三山五岳,去看大江大河……

火车与空//间有着密切的联系,与时间的关系也让人觉得颇有意思。

(节选自舒翼《记忆像铁轨一样长》)

1. 平舌音的字词

所以 坐 匆忙 思乡 一次 在 总 最 再 曾 速度 三 自由 走进 祖国 草原

2. 读翘舌音的字词

中国人 火车 是 心中 重要 非同寻常 无数 深刻 站台 熙攘(rǎng) 张望 涌动着 之外 一刹(chà)那 碰撞 声 陡然 知道 驶向 熟悉 或者 十几个 小时 这般 身上 发生 春节 传统 提升 延伸 实现 六十 土地上 沙漠

3. 读 n 声母的字词

一刹那 温暖 天南地北

4. 读 l 声母的字词

老家　一列列　人流　千里　车轮　到来　强烈　了

5. 读前鼻音的字词

人　言　心中　即便　但　印象　深刻　返乡　站台边　看见　亲切　千里　车轮　弥漫　温暖　这般　感受　相信　很多　身上　春节　传统　亲人　团聚　远方　延伸　人们　实现　今天　天南地北　平原　海边　走进　草原　观三山五岳　看　空间

6. 读后鼻音的字词

中国　故乡　重要　非同寻常　一趟　停靠　熙攘　匆忙　张望　目光　涌动情绪　那样　仿佛(fú)　上　启动　碰撞　"况且"　声　车厢　将　驶向　相信　曾　发生　传统　更为　强烈　远方　提升　通过　梦想　老百姓　去往　平方公里　东部　大江　空间

7. 读阳平的"一"

一趟　一列　一次　一刹那

8. 必读轻声词

人们　觉得

9. 一般轻声词

知道　熟悉　坐过　脚步里　目光下　涌动着　看见　车厢里　弥漫开来　身上　发生过　土地上

10. 容易读错的其他词语

即(jí)便

作品 17 号

奶奶给我讲过这样一件事:有一次她去商店,走在她前面的一位阿姨推开沉重的大门,一直等到她跟上来才松开手。当奶奶向她道谢的时候,那位阿姨轻轻地说:"我的妈妈和您的年龄差不多,我希望她遇到这种时候,也有人为她开门。"听了这件事,我的心温暖了许久。

一天,我陪患病的母亲去医院输液,年轻的护士为母亲扎了两针也没有扎进血管里,眼见针眼处鼓起青包。我正要抱怨几句,一抬头看见了母亲平静的眼神——她正在注视着护士额头上密密的汗珠,我不禁收住了涌到嘴边的话。只见母亲轻轻地对护士说:"不要紧,再来一次!"第三针果然成功了。那位护士终于长出了一口气,她连声说:"阿姨,真对不起。我是来实习的,这是我第一次给病人扎针,太紧张了。要不是您的鼓励,我真不敢给您扎了。"母亲用另一只手拉着我,平静地对护士说:"这是我的女儿,和你差不多大小,正在医科大学读书,她也将面对自己的第一个患者。我真希望她第一次扎针的时候,也能得到患者的宽容和鼓励。"听了母亲的话,我的心里充满了温暖与幸福。

是啊,如果我们在生活中能将心比心,就会对老人生出一份//尊重,对孩子增加一份关爱,就会使人与人之间多一些宽容和理解。

(节选自姜桂华《将心比心》)

1. 平舌音的字词

一次　走　在　才　松开　嘴边　再　自己

2. 读翘舌音的字词

这样　事　商店　沉重　一直　上来　手　时候　说　差不多　这种　输液　护士

扎针　针眼处　正要　眼神　注视　汗珠　收住　只见　果然　成功　终于　长　出　连声　真　实习　这是　紧张　一只手　拉着　差不多　读书　患者　宽容　充满　如果　生活

3. 读 n 声母的字词

奶奶　您　年龄　温暖　能

4. 读 l 声母的字词

年龄　了　两　连声　拉着　心里　老人

5. 读前鼻音的字词

一件　商店　前面　沉重　大门　跟　您　年龄　心　温暖　一天　患　母亲　医院　血(xuè)管　针眼　抱怨　扎进　看见　眼神　汗珠　嘴边　只见　要紧　第三针　连声　真　面对　宽容　我们　老人　一份

6. 读后鼻音的字词

这样　商店　沉重　等到　上来　松开　当　向　轻轻　年龄　希望　这种　听病　年轻　两针　青包　正要　平静　涌　成功　终于　长　出　连声　另　将　能　宽容　幸福　生活中

7. 读阴平的"一"

第一次　第一个

8. 读阳平的"一"和"不"

一次　一位　一份

9. 读去声的"一"和"不"

一直　一天　一抬头　一口气　一只　不禁(jīn)

10. 必读轻声词

奶奶　讲过　时候　妈妈　护士

11. 一般轻声词

前面　差不多　跟上来　母亲　对不起　没有　血管里　看见　额头上

作品 18 号

晋祠之美,在山,在树,在水。

这里的山,巍巍的,有如一道屏障;长长的,又如伸开的两臂,将晋祠拥在怀中。春日黄花满山,径幽香远;秋来草木萧疏,天高水清。无论什么时候拾级登山都会心旷神怡。

这里的树,以古老苍劲见长。有两棵老树:一棵是周柏,另一棵是唐槐。那周柏,树干劲直,树皮皱裂,顶上挑着几根青青的疏枝,偃卧于石阶旁。那唐槐,老干粗大,虬枝盘屈,一簇簇柔条,绿叶如盖。还有水边殿外的松柏槐柳,无不显出苍劲的风骨。以造型奇特见长的,有的偃如老妪负水,有的挺如壮士托天,不一而足。圣母殿前的左扭柏,拔地而起,直冲云霄,它的树皮上的纹理一齐向左边拧去,一圈一圈,丝纹不乱,像地下旋起了一股烟,又似天上垂下了一根绳。晋祠在古木的荫护下,显得分外幽静、典雅。

这里的水,多、清、静、柔。在园里信步,但见这里一泓深潭,那里一条小渠。桥下有河,亭中有井,路边有溪。石间细流脉脉,如线如缕;林中碧波闪闪,如锦如缎。这些水都来自"难老泉"。泉上有亭,亭上悬挂着清代著名学者傅山写的"难老泉"三个字。这么多的水长流不息,日日夜夜发出叮叮咚咚的响声。水的清澈真令人叫绝,无论//多深的水,只要光线好,游鱼碎石,历历可见。

(节选自梁衡《晋祠》)

1. 平舌音的字词

晋祠　在　草木　苍劲(jìng)　一簇簇(cù)　造型　不一而足　丝纹不乱　左　又似(sì)　来自　字

2. 读翘舌音的字词

之　山　树　水　这里　有如　屏障　长长(cháng)的　伸开　怀中　春日　萧疏　什么　时候　拾(shè)级　心旷神怡　是　周柏　劲(jìng)直　皴裂　挑(tiǎo)着　疏枝　石阶　柔条　显出　壮士　圣母殿　直冲　树皮上　垂下　绳　亭中　闪闪　泉上　著名　学者　这么　发出　响声　清澈　真

3. 读 n 声母的字词

那　左扭柏　拧(nǐng)去　难老泉

4. 读 l 声母的字词

这里　两臂　秋来　无论　老树　另　绿叶　柳　纹理　不乱　垂下了　园里　路边　细流　缕(lǚ)　林中　来自　令人

5. 读前鼻音的字词

晋祠　伸开　春日　满山　远　天高　无论　什么　心旷神怡　见长　几根　偃(yǎn)卧　老干(gàn)　盘屈　水边　殿外　显出　前　云霄　纹理　一圈　不乱　旋(xuán)起　烟　荫护　分(fèn)外　典雅　园里　信步　但见　深潭　石间　线　林中　闪闪　锦缎　难老泉　悬挂　三个　真　令人

6. 读后鼻音的字词

屏障　长长的　两臂　将　拥　怀中　黄花　径幽香远　水清　登山　苍劲　另　唐槐　劲直　顶上　青青　旁　松柏　风骨　造型　挺　壮士　圣母殿　直冲　向　拧　像　绳　幽静　清　一泓　亭中有井　著名　叮叮咚咚　响声　令人

7. 读阴平的"一"

不一而足

8. 读阳平的"一"和"不"

一道　一簇簇　不乱

9. 读去声的"一"和"不"

一棵　一圈　一股烟　一根　一泓　一条　无不显出　不一而足

10. 必读轻声词

什么　时候　显得　这么

11. 一般轻声词

这里　顶上　树皮上　左边　地下　天上　园里　那里　桥下　泉上　亭上

12. 容易读错的其他词语

虬(qiú)枝　老妪(yù)　细流脉脉(mòmò)

作品 19 号

人们常常把人与自然对立起来，宣称要征服自然。殊不知在大自然面前，人类永远只是一个天真幼稚的孩童，只是大自然机体上普通的一部分，正像一株小草只是她的普通一部分一样。如果说自然的智慧是大海，那么，人类的智慧就只是大海中的一个小水滴，虽然这个水滴也能映照大海，但毕竟不是大海，可是，人们竟然不自量力地宣称要用这滴水来代替大海。

看着人类这种狂妄的表现，大自然一定会窃笑——就像母亲面对无知的孩子那样的笑。人类的作品飞上了太空，打开了一个个微观世界，于是人类沾沾自喜，以为揭开了大自然的秘密。可是，在自然看来，人类上下翻飞的这片巨大空间，不过是咫尺之间而已，就如同鲲鹏看待斥鷃一般，只是蓬蒿之间罢了。即使从人类自身智慧发展史的角度看，人类也没有理由过分自傲：人类的知识与其祖先相比诚然有了极大的进步，似乎有嘲笑古人的资本；可是，殊不知对于后人而言我们也是古人，一万年以后的人们也同样会嘲笑今天的我们，也许在他们看来，我们的科学观念还幼稚得很，我们的航天器在他们眼中不过是个非常简单的//儿童玩具。

（节选自严春友《敬畏自然》）

1. 平舌音的字词

自然　小草　虽然　孩子　作品　祖先　似(sì)乎　资本　在

2. 读翘舌音的字词

人　宣称　征服　殊不知　只是　天真幼稚　机体上　正　一株　如果　说　智慧　水滴　映照　看着　这种　世界　沾沾自喜　咫尺之间　斥鷃(yàn)　即(jí)使　自身　发展史　知识　诚然　嘲笑　非常

3. 读 n 声母的字词

那么　能　那样　一万年　观念

4. 读 l 声母的字词

对立　起来　人类　不自量力　揭开了　理由

5. 读前鼻音的字词

人们　自然　宣称　面前　永远　天真　部分　但　看着　表现　母亲　作品　微观　沾沾自喜　翻飞　这片　空间　鲲鹏　斥鷃　一般　自身　发展史　过分　祖先　进步　资本　而言　一万年　今天　观念　很　简单

6. 读后鼻音的字词

常常　宣称　征服　永远　孩童　普通　正像　一样　中　映照　毕竟　不自量力　用　这种　狂妄　一定　上下　太空　如同　鲲鹏　蓬蒿　从　相比　诚然　同样　航天器　非常

7. 读阳平的"一"和"不"

一个　一部分　一样　一万年　不是　不自量力　不过

8. 读去声的"一"和"不"

一株　一般　不知

9. 必读轻声词

人们　部分　那么　这个　孩子　知识　我们　他们

10. 一般轻声词

对立起来　机体上　母亲　飞上　没有

作品 20 号

　　舞台上的幕布拉开了，音乐奏起来了。演员们踩着音乐的拍子，以庄重而有节奏的步法走到灯光前面来了。灯光射在他们五颜六色的服装和头饰上，一片金碧辉煌的彩霞。

　　当女主角穆桂英以轻盈而矫健的步子出场的时候，这个平静的海面陡然动荡起来了，它上面卷起了一阵暴风雨：观众像触了电似的迅即对这位女英雄报以雷鸣般的掌声。她开始唱了。她圆润的歌喉在夜空中颤动，听起来辽远而又切近，柔和而又铿锵。戏词像珠子似的从她的一笑一颦中，从她优雅的"水袖"中，从她婀娜的身段中，一粒一粒地滚下来，滴在地上，溅到空中，落进每一个人的心里，引起一片深远的回音。这回音听不见，却淹没了刚才涌起的那一阵热烈的掌声。

　　观众像着了魔一样，忽然变得鸦雀无声。他们看得入了神。他们的感情和舞台上女主角的感情融在了一起。女主角的歌舞渐渐进入高潮。观众的情感也渐渐进入高潮。潮在涨。没有谁能控制住它。这个一度平静下来的人海忽然又动荡起来了。戏就在这时候要到达顶点。我们的女主角在这时候就像一朵盛开的鲜花，观众想把这朵鲜花捧在手里，不让//它消逝。

（节选自叶君健《看戏》）

1. 平舌音的字词

　　奏　踩着　走　在　五颜六色　彩霞　步子　戏词　珠子　从　刚才

2. 读翘舌音的字词

　　舞台上　庄重　射　出场　时候　这个　服装　头饰上　主角(jué)　陡然　一阵　观众　触　似(shì)的　掌声　开始　唱　夜空中　颤(chàn)动　柔和　珠子　水袖　身段　深远　热烈　着(zháo)了魔　入了神　融　高潮　涨(zhǎng)　谁　控制住　人海　盛开　手里　不让

3. 读 n 声母的字词

　　婀娜(ēnuó)　那　女英雄　能

4. 读 l 声母的字词

　　拉开了　来了　雷鸣　辽远　一粒　热烈

5. 读前鼻音的字词

　　音乐　演员们　前面　他们　五颜六色　一片　金碧辉煌　矫健　陡然　卷起　触了电　迅即(jí)　一阵　落进　般　圆润　颤动　辽远　切(qiè)近　一颦(pín)　身段　滚　溅　人　心里　引起　深远　淹没(mò)　观众　忽然　变得　看　入了神　感情　情感　顶点　我们

6. 读后鼻音的字词

　　舞台上　庄重　灯光　服装　辉煌　当　穆桂英　轻盈　出场　平静　动荡　暴风雨　观众　像　英雄　雷鸣　掌声　唱　夜空中　颤动　听　铿锵　像　从　刚才　涌起　感情　情感　一样　融　能　控制　涨　顶点　盛开　想　捧　不让

7. 读阳平的"一"和"不"

一片　一阵　一笑　一粒　一个　一样　一度　不见　不让

8. 读去声的"一"

一辈　一起　一朵

9. 必读轻声词

演员们　拍子　步子　时候　这个　似的　珠子　他们

10. 一般轻声词

舞台上　奏起来　前面来　头饰上　动荡起来　听起来　听不见　上面　滚下来
没有　地上　落进　心里　平静下来　手里

作品 21 号

十年,在历史上不过是一瞬间。只要稍加注意,人们就会发现:在这一瞬间里,各种事物都悄悄经历了自己的千变万化。

这次重新访日,我处处感到亲切和熟悉,也在许多方面发觉了日本的变化。就拿奈良的一个角落来说吧,我重游了为之感受很深的唐招提寺,在寺内各处匆匆走了一遍,庭院依旧,但意想不到还看到了一些新的东西。其中之一,就是近几年从中国移植来的"友谊之莲"。

在存放鉴真遗像的那个院子里,几株中国莲昂然挺立,翠绿的宽大荷叶正迎风而舞,显得十分愉快。开花的季节已过,荷花朵朵已变为莲蓬累累。莲子的颜色正在由青转紫,看来已经成熟了。

我禁不住想:"因"已转化为"果"。

中国的莲花开在日本,日本的樱花开在中国,这不是偶然。我希望这样一种盛况延续不衰。

在这些日子里,我看到了不少多年不见的老朋友,又结识了一些新朋友。大家喜欢涉及的话题之一,就是古长安和古奈良。那还用得着问吗,朋友们缅怀过去,正是瞩望未来。瞩目于未来的人们必将获得未来。

我不例外,也希望一个美好的未来。

为了中日人民之间的友谊,我将不浪费今后生命的每一瞬间。//

(节选自严文井《莲花和樱花》)

1. 读平舌音的字词

在　自己　这次　唐招提寺　日子　匆匆(cōngcōng)　从　存放　翠绿　颜色　紫

2. 读翘舌音的字词

十年　历史上　是　瞬间　只要　稍　注意　人们　这　各种　事物　重新　日本
处处(chùchù)　来说　之一　招提寺　其中　移植　鉴真　几株　昂然　禁(jīn)不住
正　成熟(shú)　盛况　不衰　不少　结(jié)识　涉及　用得着　瞩(zhǔ)望

3. 读 n 声母的字词

十年　拿　奈良　寺内　那个

4. 读 l 声母的字词

日子里　经历了　奈良　角落　来说　挺立　莲蓬　翠绿　累累(léiléi)　老朋友

例外

5. 读前鼻音的字词

瞬间　人们　发现　感到　千变万化　重新　日本　亲切　很深　一遍　庭院　但
看到　新　近几年　鉴真　昂然　宽大　显得　十分　莲蓬　颜色　禁不住　因　转化
延续　不见　喜欢　长安　问　缅怀

6. 读后鼻音的字词

历史上　各种　经历　重新　访　方面　奈良　唐　匆匆　庭院　想不到　东西
中国　存放　遗像　昂然　挺立　正　迎风　莲蓬　青　成熟　樱花　希望　这样　一
种　盛况　朋友　长安　用得着　必将

7. 读阴平的"一"

其中之一　话题之一

8. 读阳平的"一"和"不"

一瞬间　一个　一遍　不过　意想不到　不是　不会　不见　不例外　不浪费

9. 读去声的"一"和"不"

一些　一种　不衰　不欣赏　不少

10. 必读轻声词

东西　院子　日子　朋友　喜欢　显得　用得着

11. 一般轻声词

历史上　一瞬间里　熟悉　院子里　日子里　禁不住

12. 容易读错的其他词语

为(wèi)之　友谊(yì)　愉(yú)　快　朵朵(duǒduǒ)　莲子(liánzǐ)

作品22号

我打猎归来,沿着花园的林阴路走着。狗跑在我前边。

突然,狗放慢脚步,蹑足潜行,好像嗅到了前边有什么野物。

我顺着林阴路望去,看见了一只嘴边还带黄色、头上生着柔毛的小麻雀。风猛烈地吹打着林阴路上的白桦树,麻雀从巢里跌落下来,呆呆地伏在地上,孤立无援地张开两只羽毛还未丰满的小翅膀。

我的狗慢慢向它靠近。忽然,从附近一棵树上飞下一只黑胸脯的老麻雀,像一颗石子似的落到狗的跟前。老麻雀全身倒竖着羽毛,惊恐万状,发出绝望、凄惨的叫声,接着向露出牙齿、大张着的狗嘴扑去。

老麻雀是猛扑下来救护幼雀的。它用身体掩护着自己的幼儿……但它整个小小的身体因恐怖而战栗着,它小小的声音也变得粗暴嘶哑,它在牺牲自己!

在它看来,狗该是多么庞大的怪物啊!然而,它还是不能站在自己高高的、安全的树枝上……一种比它的理智更强烈的力量,使它从那儿扑下身来。

我的狗站住了,向后退了退……看来,它也感到了这种力量。

我赶紧唤住惊慌失措的狗,然后我怀着崇敬的心情,走开了。

是啊,请不要见笑。我崇敬那只小小的、英勇的鸟儿,我崇敬它那种爱的冲动和力量。

爱,我//想,比死和死的恐惧更强大。只有依靠它,依靠这种爱,生命才能维持下去,发展下去。

（节选自［俄］屠格涅夫《麻雀》，巴金译）

1. 读平舌音的字词

走　蹑(niè)足　嘴边　黄色　从　石子(shízǐ)　凄惨　自己　粗暴　嘶哑　在　失措

2. 读翘舌音的字词

突然　什么　顺着　一只　生着　柔毛　吹打　巢　翅膀　石子　似的(shìde)　倒　竖　惊恐万状　露(lòu)出　牙齿　张着　身体　整个　战栗　是　站住　树枝上　一种　理智　使　失措　崇敬

3. 读 n 声母的字词

不能　那儿　鸟儿

4. 读 l 声母的字词

打猎　林阴路　猛烈　巢里　跌落下来　孤立　老　露出　战栗　理智　力量

5. 读前鼻音的字词

沿　花园　林阴路　前边　突然　慢　潜(qián)行　什么　顺着　看见　无援　丰满　靠近　跟前　全身　万状　但　因　战栗　声音　变得　安全　感到　赶紧　唤住　心情

6. 读后鼻音的字词

潜行　好像　望　黄色　生着　风　猛烈　头上　张开　两只　丰满　翅膀　向　惊恐万状　声音　整个　胸脯(pú)　牺牲　庞大　不能　一种　更　强烈　力量　从　惊慌　崇敬　心情　请　英勇　冲动　想

7. 读去声的"一"和"不"

一只　一棵　一颗　一种　不能

8. 读阳平的"不"

不要

9. 必读轻声词

前边　似的　怪物

10. 一般轻声词

望去　看见　头上　林阴路上　巢里　下来　地上　树上　扑去　树枝上　力量　扑下身来

11. 儿化词

那儿　鸟儿

12. 语气词"啊"的读法

多么庞大的怪物啊(wa)　是啊(ra)

13. 容易读错的其他词语

嗅(xiù)　白桦(huà)树　附(fù)近　多么(duōme)

作品 23 号

在浩瀚无垠的沙漠里，有一片美丽的绿洲，绿洲里藏着一颗闪光的珍珠。这颗珍珠就是敦煌莫高窟。它坐落在我国甘肃省敦煌市三危山和鸣沙山的怀抱中。

鸣沙山东麓是平均高度为十七米的崖壁。在一千六百多米长的崖壁上,凿有大小洞窟七百余个,形成了规模宏伟的石窟群。其中四百九十二个洞窟中,共有彩色塑像两千一百余尊,各种壁画共四万五千多平方米。莫高窟是我国古代无数艺术匠师留给人类的珍贵文化遗产。

莫高窟的彩塑,每一尊都是一件精美的艺术品。最大的有九层楼那么高,最小的还不如一个手掌大。这些彩塑个性鲜明,神态各异。有慈眉善目的菩萨,有威风凛凛的天王,还有强壮勇猛的力士……

莫高窟壁画的内容丰富多彩,有的是描绘古代劳动人民打猎、捕鱼、耕田、收割的情景,有的是描绘人们奏乐、舞蹈、演杂技的场面,还有的是描绘大自然的美丽风光。其中最引人注目的是飞天。壁画上的飞天,有的臂挎花篮,采摘鲜花;有的反弹琵琶,轻拨银弦;有的倒悬身子,自天而降;有的彩带飘拂,漫天遨游;有的舒展着双臂,翩翩起舞。看着这些精美动人的壁画,就像走进了//灿烂辉煌的艺术殿堂。

(节选自《莫高窟》)

1. 读平舌音的字词

在 藏着 坐落 甘肃 三危山 凿(záo) 四百 彩色 塑(sù)像 尊 最大 九层 慈眉善目 菩萨 奏乐 身子 杂技 大自然 采摘 走进

2. 读翘舌音的字词

沙漠 绿洲 闪光 珍珠 就是 省 市 鸣沙山 其中 十七 长 石窟(kū) 各种 无数 艺术匠师 不如 手掌 神态 慈眉善目 强壮 力士 内容 场面 采摘 引人注目 舒展 双臂 看着 这些

3. 读 n 声母的字词

那么 内容

4. 读 l 声母的字词

美丽 绿洲里 坐落 东麓(lù) 六百 两千 留给 人类 凛凛(lǐnlǐn) 九层楼 力士 劳动 打猎 走进了

5. 读前鼻音的字词

浩瀚 无垠(yín) 一片 闪光 珍珠 敦煌 甘肃 三危山 平均 一千 石窟群 尊 四万 文化 艺术品 鲜明 神态 凛凛 天王 人民 耕田 场面 人们 演 大自然 引人注目 花篮 鲜花 反弹 银弦(xián) 倒悬 身子 漫天 翩翩(piānpiān) 看着 走进

6. 读后鼻音的字词

闪光 敦煌 鸣沙山 其中 东麓 平均 洞窟 形成 宏伟 共有 塑像 各种 平方米 精美 手掌 个性 鲜明 天王 强壮 丰富 劳动 耕田 情景 场面 风光 轻拨 降(jiàng)

7. 读阳平的"一"

一片 一件 一个

8. 读去声的"一"和"不"

一颗 一千 一百 一尊 不如

9. 必读轻声词

有的 身子

10. 一般轻声词

沙漠里 绿洲里 崖壁上 菩萨 壁画上 琵琶(pí·pá)

11. 容易读错的其他词语

崖(yá)壁 捕(bǔ)鱼 飘拂(fú) 遨(áo)游

作品24号

森林涵养水源,保持水土,防止水旱灾害的作用非常大。据专家测算,一片十万亩面积的森林,相当于一个两百万立方米的水库,这正如农谚所说的:"山上多栽树,等于修水库。雨多它能吞,雨少它能吐。"

说起森林的功劳,那还多得很。它除了为人类提供木材及许多种生产、生活的原料之外,在维护生态环境方面也是功劳卓著。它用另一种"能吞能吐"的特殊功能孕育了人类。因为地球在形成之初,大气中的二氧化碳含量很高,氧气很少,气温也高,生物是难以生存的。大约在四亿年之前,陆地才产生了森林。森林慢慢将大气中的二氧化碳吸收,同时吐出新鲜氧气,调节气温:这才具备了人类生存的条件,地球上才最终有了人类。

森林,是地球生态系统的主体,是大自然的总调度室,是地球的绿色之肺。森林维护地球生态环境的这种"能吞能吐"的特殊功能是其他任何物体都不能取代的。然而,由于地球上的燃烧物增多,二氧化碳的排放量急剧增加,使得地球生态环境急剧恶化,主要表现为全球气候变暖,水分蒸发加快,改变了气流的循环,使气候变化加剧,从而引发热浪、飓风、暴雨、洪涝及干旱。

为了//使地球的这个"能吞能吐"的绿色之肺恢复健壮,以改善生态环境,抑制全球变暖,减少水旱等自然灾害,我们应该大力造林、护林,使每一座荒山都绿起来。

(节选自《"能吞能吐"的森林》)

1. 读平舌音的字词

森林 灾害 作用 测算 一座 所 栽树 木材 在 生存 四亿 才 最终 自然 绿色 增多 从而

2. 读翘舌音的字词

水源 保持 防止 非常 专家 这种 正如 山上 少 说 除了 生产 是 卓(zhuó)著 特殊 形成 之初 大气中 吸收 同时 吐出 最终 主体 自然 任何 燃烧物 使得 热浪

3. 读n声母的字词

农谚 能 那 难以 年 变暖

4. 读l声母的字词

森林 两百 立方米 功劳 除了 人类 原料 另一种 陆地 绿色 含量 气流 热浪 洪涝(lào)

5. 读前鼻音的字词

森林 涵养 水源 专家 干旱 一片 十万 面积 农谚 吞(tūn) 很 生产

原料 环境 方面 孕(yùn)育 人类 因为 二氧化碳 含量 气温 生存 之前 慢
新鲜 条件 自然 任何 燃烧物 表现 暖 水分 改变 循环 引发

6. 读后鼻音的字词

涵养 防止 作用 非常 相当于 正如 等于 提供(gōng) 许多种 生产 环
境 方面 另一种 功能 形成 二氧化碳 将 大气中 同时 最终 系统 总 增
多 排放量 蒸发 从而 热浪 飓(jù)风 洪涝

7. 读阳平的"一"

一片 一个 一座

8. 读去声的"一"和"不"

一种 不能

9. 必读轻声词

除了

10. 一般轻声词

因为(yīn·wèi) 新鲜 使得 地球上

11. 容易读错的其他词语

维(wéi)护

作品 25 号

中国没有人不爱荷花的。可我们楼前池塘中独独缺少荷花。每次看到或想到,总觉得是一块心病。有人从湖北来,带来了洪湖的几颗莲子,外壳呈黑色,极硬。据说,如果埋在淤泥中,能够千年不烂。我用铁锤在莲子上砸开了一条缝,让莲芽能够破壳而出,不至永远埋在泥中。把五六颗敲破的莲子投入池塘中,下面就是听天由命了。

这样一来,我每天就多了一件工作:到池塘边上去看上几次。心里总是希望,忽然有一天,"小荷才露尖尖角",有翠绿的莲叶长出水面。可是,事与愿违,投下去的第一年,一直到秋凉落叶,水面上也没有出现什么东西。但是到了第三年,却忽然出了奇迹。有一天,我忽然发现,在我投莲子的地方长出了几个圆圆的绿叶,虽然颜色极惹人喜爱,但是却细弱单薄,可怜兮兮地平卧在水面上,像水浮莲的叶子一样。

真正的奇迹出现在第四年上。到了一般荷花长叶的时候,在去年飘浮着五六个叶片的地方,一夜之间,突然长出了一大片绿叶,叶片扩张的速度,范围的扩大,都是惊人地快。几天之内,池塘内不小一部分,已经全为绿叶所覆盖。而且原来平卧在水面上的像是水浮莲一样的//叶片,不知道是从哪里聚集来了力量,有一些竟然跃出了水面,长成了亭亭的荷叶。

(节选自季羡林《清塘荷韵》)

1. 平舌音的字词

每次 总 从 莲子 黑色 在 砸 工作 几次 才 翠绿 虽然 叶子 第四
年 速度 所

2. 读翘舌音的字词

中国人 池塘 缺少 是 呈 据说 如果 铁锤 莲子上 出 不至 投入 这
样 忽然 长出 水面 惹人 事 一直 出现 什么 真正 时候 之间 扩张

3. 读 n 声母的字词

淤泥　能够　千年　之内

4. 读 l 声母的字词

楼前　带来了　莲子　烂　六　心里　露　翠绿　秋凉　落叶　可怜

5. 读前鼻音的字词

人　我们　楼前　看到　心病　莲子　千年　烂　永远　下面　每天　一件　边上　看　忽然　尖尖角　事与愿违　出现　什么　但是　圆圆的　颜色　单薄　可怜　真正　一般　叶片　之间　范围　部分　全　原来

6. 读后鼻音的字词

池塘中　想到　总　心病　从　洪湖　呈　硬　能够　用　莲子上　一条缝(fèngr)　让　永远　听天由命　这样　工作　希望　长出　秋凉　东西　地方　平卧　像　真正　扩张　惊人　已经

7. 读阴平的"一"

第一年

8. 读阳平的"一"和"不"

一块　一件　一样　一夜　一大片　一部分　不爱　不烂　不至

9. 读去声的"一"和"不"

一条　一来　一天　一直　一般　不小

10. 必读轻声词

什么　东西　觉得　地方　叶子　时候　一部分

11. 一般轻声词

没有　莲子上　下面　边上　看上　心里　投下去　水面上　第四年上　已经

12. 儿化音节

一条缝

13. 容易读错的其他词语

莲子(liánzǐ)

作品 26 号

在原始社会里,文字还没有创造出来,却先有了歌谣一类的东西。这也就是文艺。

文字创造出来以后,人就用它把所见所闻所想所感的一切记录下来。一首歌谣,不但口头唱,还要刻呀,漆呀,把它保留在什么东西上。这样,文艺和文字就并了家。

后来纸和笔普遍地使用了,而且发明了印刷术。凡是需要记录下来的东西,要多少份就可以有多少份。于是所谓文艺,从外表说,就是一篇稿子,一部书,就是许多文字的集合体。

文字是一道桥梁,通过了这一道桥梁,读者才和作者会面。不但会面,并且了解作者的心情,和作者的心情相契合。

就作者的方面说,文艺的创作决不是随便取许多文字来集合在一起。作者着手创作,必然对于人生先有所见,先有所感。他把这些所见所感写出来,不作抽象的分析,而作具体的描写,不作刻板的记载,而作想象的安排。他准备写的不是普通的论说文、记叙文;他准备写的是文艺。他动手写，不但选择那些最适当的文字，让它们集合起来，还要审查那些写下来的文字，看有没有应当修改或是增减的。总之，作者想做到的是：写下来的文字正好传达出他的所见所感。

就读者的//方面说，读者看到的是写在纸面或者印在纸面的文字，但是看到文字并不是他们的目的。

（节选自叶圣陶《驱遣我们的想象》）

1. 平舌音的字词

在　文字　创造　所见所闻　作者　随便　记载(zǎi)　选择　最　增减　总之

2. 读翘舌音的字词

原始　社会　这　就是　出来　一首　唱　什么东西上　纸　使用　印刷术　多少　说　书　读者　着(zhuó)手　必然　人生　抽象　准备　适当　审查　总之　正好　传达出

3. 读 n 声母的字词

那些

4. 读 l 声母的字词

里　出来　一类　保留　通过了　论说文

5. 读前鼻音的字词

原始　文字　人　所见所闻　所感　不但　什么　普遍　印刷术　凡是　份　一篇　会面　心情　随便　必然　先有所见　分析　安排　准备　选择　审查　看　增减　传达

6. 读后鼻音的字词

创造　东西　用　所想　唱　这样　并　发明　桥梁　通过　心情　相　人生　抽象　动手　适当(dàng)　应当(yīngdāng)　增减　总之　正好

7. 读阳平的"一"和"不"

一类　一切　一部　一道　不但　不作　不是

8. 读去声的"一"

一首　一起　一篇

9. 必读轻声词

东西　什么　稿子　它们

10. 一般轻声词

创造出来　记录下来　东西上　集合起来

作品 27 号

语言，也就是说话，好像是极其稀松平常的事儿。可是仔细想想，实在是一件了不起的大事。正是因为说话跟吃饭、走路一样的平常，人们才不去想它究竟是怎么回事儿。其实这三件事儿都是极不平常的，都是使人类不同于别的动物的特征。

记得在小学里读书的时候，班上有一位"能文"的大师兄，在一篇作文的开头写下这么两句："鹦鹉能言，不离于禽；猩猩能言，不离于兽。"我们看了都非常佩服。后来知道这两句是有来历的，只是字句有些出入。又过了若干年，才知道这两句话都有问题。鹦鹉能学人说话,可只是作为现成的公式来说,不会加以变化。只有人们说话是从具体情况出发,情况一变,话也跟着变。

西方学者拿黑猩猩做实验,它们能学会极其有限的一点儿符号语言,可是学不会把它变成有声语言。人类语言之所以能够"随机应变",在于一方面能把语音分析成若干音素,又把这些音素组合成音节,再把音节连缀起来。另一方面,又能分析外界事物及其变化,形成无数的"意念",一一配以语音,然后综合运用,表达各种复杂的意思。一句话,人类语言的特点就在于能用变化无穷的语音,表达变化无穷的//意义。

(节选自吕叔湘《人类的语言》)

1. 平舌音的字词

稀松　仔细　实在　走路　才　怎么　三件　作文　字句　做　所以　随机应变　组合　再　综合　复(fù)杂　意思

2. 读翘舌音的字词

就是　说话　平常　事　正是　吃饭　人们　其实　这　使　特征　读书　时候　班上　师兄　兽　知道　只有　出入　若干　现成　公式　跟着　学者　实验　有声　之所以　连缀　事物　无数　然后　各种

3. 读 n 声母的字词

能文　年　意念

4. 读 l 声母的字词

了不起　人类　小学里　两句　不离　了　后来　另

5. 读前鼻音的字词

语言　一件　因为　跟　吃饭　人们　怎么　班上　能文　一篇　禽　我们　看年　问题　一变　实验　它们　有限　一方面　语音　分析　若干　连缀　意念然后　运用　特点

6. 读后鼻音的字词

好像　稀松平常　想想　正是　一样　究竟　不同　动物　特征　师兄　两句　鹦鹉　能言　情况　西方　黑猩猩　变成　有声　应变　一方面　另　形成　综合　运用各种　无穷

7. 读阴平的"一"

一一配以语音

8. 读阳平的"一"和"不"

一件　一样　一位　一句话　不去　不会

9. 读去声的"一"和"不"

一篇　一方面　不平常　不同　不离　一点儿

10. 必读轻声词

想想　怎么　时候　这么　我们　人们　黑猩猩　它们　意思

11. 一般轻声词

因为　记得　了不起　小学里　班上　写下　知道　连缀起来

12. 儿化音节

事儿　一点儿

作品 28 号

父亲喜欢下象棋。那一年,我大学回家度假,父亲教我下棋。

我们俩摆好棋,父亲让我先走三步,可不到三分钟,三下五除二,我的兵将损失大半,棋盘上空荡荡的,只剩下老帅、士和一车两卒在孤军奋战。我还不肯罢休,可是已无力回天,眼睁睁看着父亲"将军",我输了。

我不服气,摆棋再下。几次交锋,基本上都是不到十分钟我就败下阵来。我不禁有些泄气。父亲对我说:"你初学下棋,输是正常的。但是你要知道输在什么地方;否则,你就是再下上十年,也还是输。"

"我知道,输在棋艺上。我技术上不如你,没经验。"

"这只是次要因素,不是最重要的。"

"那最重要的是什么?"我奇怪地问。

"最重要的是你的心态不对。你不珍惜你的棋子。"

"怎么不珍惜呀? 我每走一步,都想半天。"我不服气地说。

"那是后来,开始你是这样吗? 我给你计算过,你三分之二的棋子是在前三分之一的时间内丢失的。这期间你走棋不假思索,拿起来就走,失了也不觉得可惜。因为你觉得棋子很多,失一两个不算什么。"

我看看父亲,不好意思地低下头。"后三分之二的时间,你又犯了相反的错误:对棋子过于珍惜,每走一步,都思前想后,患得患失,一个棋也不想失,//结果一个一个都失去了。"

(节选自林夕《人生如下棋》)

1. 平舌音的字词

走 三 损失 卒 在 再 几次 否则 最 棋子 怎么 计算 思索 错误

2. 读翘舌音的字词

让 三下五除二 损失 棋盘上 剩 老帅 士 奋战 可是 眼睁睁 看着 输 分钟 败下阵来 说 初学 正常 知道 什么 十年 技术 不如 只是 重要 珍惜 开始 这样 三分之二 时间

3. 读 n 声母的字词

那一年 你 内 拿起来

4. 读 l 声母的字词

我们俩(liǎ) 无力 输了 败下阵来

5. 读前鼻音的字词

父亲 喜欢 我们 先 三分钟 损失 棋盘 孤军奋战 回天 看着 基本 败下阵来 不禁(jīn) 但是 什么 十年 经验 因素 问 心态 珍惜 怎么 半天 计算 时间 相反 看看 思前想后 患得患失

6. 读后鼻音的字词

象棋 让 兵将 棋盘上 空荡荡 剩 眼睁睁 将军 交锋 正常 地方 经验 重要 这样 一两个 相反 思前想后

7. 读阴平的"一"

三分之一

8. 读阳平的"一"和"不"

一步　不到　不是　不对　不算

9. 读去声的"一"和"不"

一年　一车(jū)　一两个　不肯　不服气　不禁(jīn)　不如　不珍惜　不假思索　不觉得　不好意思　不想

10. 必读轻声词

喜欢　什么　地方　怎么　觉得　看看　不好意思　计算过

11. 一般轻声词

父亲　棋盘上　剩下　基本上　知道　下上十年　棋艺上　技术上　拿起来　因为　低下　错误

12. 容易读错的其他词语

还(hái)不肯　棋子(zǐ)

作品 29 号

仲夏,朋友相邀游十渡。在城里住久了,一旦进入山水之间,竟有一种生命复苏的快感。

下车后,我们舍弃了大路,挑选了一条半隐半现在庄稼地里的小径,弯弯绕绕地来到了十渡渡口。夕阳下的拒马河慷慨地撒出一片散金碎玉,对我们表示欢迎。

岸边山崖上刀斧痕犹存的崎岖小道,高低凸凹,虽没有"难于上青天"的险恶,却也有踏空了滚到拒马河洗澡的风险。狭窄处只能手扶岩石贴壁而行。当"东坡草堂"几个红漆大字赫然出现在前方岩壁时,一座镶嵌在岩崖间的石砌茅草屋同时跃进眼底。草屋被几级石梯托得高高的,屋下俯瞰着一湾河水,屋前顺山势辟出了一片空地,算是院落吧!右侧有一小小的蘑菇形的凉亭,内设石桌石凳,亭顶褐黄色的茅草像流苏般向下垂泻,把现实和童话串成了一体。草屋的构思者最精彩的一笔,是设在院落边沿的柴门和篱笆,走近这儿,便有了"花径不曾缘客扫,蓬门今始为君开"的意思。

当我们重登凉亭时,远处的蝙蝠已在夜色下化为剪影,好像就要展翅扑来。拒马河趁人们看不清它的容貌时豁开了嗓门儿韵味十足地唱呢!偶有不安分的小鱼儿和青蛙蹦跳//成声,像是为了强化这夜曲的节奏。

（节选自刘延《十渡游趣》）

1. 平舌音的字词

在　复苏　撒出　散(sǎn)金碎玉　犹存　虽　洗澡　草堂　大字　一座　算是　右侧　褐黄色　流苏　构思　最　精彩　走　不曾　扫　夜色　嗓门儿　十足

2. 读翘舌音的字词

仲夏　城里　住　进入　山水之间　一种　生命　下车　舍弃　庄稼　弯弯绕绕　十渡　撒出　表示　山崖上　狭窄处　只能　手　岩石　赫然　出现　时　顺山势　内设　垂泻　现实　串成　构思者　是　柴门　这儿　始　重(chóng)登　展翅　趁　容貌　唱

3. 读 n 声母的字词

难于　只能　内设　唱呢

4. 读 l 声母的字词

城里　大路　地里　来到了　院落　凉亭　流苏　篱笆

5. 读前鼻音的字词

一旦　进入　山水之间　快感　我们　挑选　半隐半现　弯弯绕绕　一片　散金碎玉　岸边　山崖　刀斧痕　犹存　难于　青天　险恶　滚　赫然　前方　岩崖间　跃(yuè)进　眼底　俯瞰(kàn)　一湾　顺　算是　院落　般　现实　串　边沿　柴门　走近　缘　今　君　远处　蝙(biān)蝠山　剪影　展翅　趁　人们　看不清　韵味　安分(fèn)

6. 读后鼻音的字词

仲夏　朋友　相邀　城里　竟　一种　生命　庄稼　小径　夕阳　慷慨　欢迎　上青天　踏空　只能　行　东坡　草堂　镶嵌　同时　空(kòng)地　形　凉亭　石凳　顶　像　童话　成　精彩　花径　不曾　蓬门　当　重登　剪影　看不清　容貌　嗓门儿　唱　青蛙　蹦跳

7. 读阳平的"一"

一旦　一片　一座

8. 读去声的"一"和"不"

一种　一条　一湾　有一小小的　一体　一笔　不曾　不安分

9. 必读轻声词

朋友　我们　蘑菇　篱笆　意思　人们

10. 一般轻声词

城里　庄稼地里　山崖上　没有　夜色下　看不清

11. 儿化音节

这儿　嗓门儿　小鱼儿

12. 容易读错的其他词语

凸凹(tū'āo)　石砌(qì)　辟(pì)出　为(wèi)君开

作品30号

　　在闽西南和粤东北的崇山峻岭中,点缀着数以千计的圆形围屋或土楼,这就是被誉为"世界民居奇葩"的客家民居。

　　客家人是古代从中原繁盛的地区迁到南方的。他们的居住地大多在偏僻、边远的山区,为了防备盗匪的骚扰和当地人的排挤,便建造了营垒式住宅,在土中掺石灰,用糯米饭、鸡蛋清作黏合剂,以竹片、木条作筋骨,夯筑起墙厚一米,高十五米以上的土楼。它们大多为三至六层楼,一百至二百多间房屋如橘瓣状排列,布局均匀,宏伟壮观。大部分土楼有两三百年甚至五六百年的历史,经受无数次地震撼动、风雨侵蚀以及炮火攻击而安然无恙,显示了传统建筑文化的魅力。

　　客家先民崇尚圆形,认为圆是吉祥、幸福和安宁的象征。土楼围成圆形的房屋均按八卦布局排列,卦与卦之间设有防火墙,整齐划一。

　　客家人在治家、处事、待人、立身等方面,无不体现出明显的文化特征。比如,许多房屋大门上刻着这样的正楷对联:"承前祖德勤和俭,启后子孙读与耕",表现了先辈希望子孙和睦相处、勤俭持家的愿望。楼内房间大小一模一样,他们不分贫富、贵贱,每户人家平等地

普通话水平测试教程

分到底层至高层各//一间房。

（节选自张宇生《世界民居奇葩》）

1. 平舌音的字词

在 从 骚扰 建造 作 三 层 次 祖德 子孙

2. 读翘舌音的字词

崇山峻岭中 点缀着 数以千计 这 就是 人 世界 繁盛 骚扰 营垒式 住宅 掺 石灰 竹片 夯(hāng)筑 十五米以上 橘瓣状 壮观 甚至 历史 经受 无数 地震 显示 传统 崇尚 认为 象征 围成 之间 设有 整齐 治家 处(chǔ)事 立身 体现出 比如 刻着 这样 正楷 承前 相处(chǔ) 持家

3. 读 n 声母的字词

西南 糯米 黏(nián)合剂 年 安宁 楼内

4. 读 l 声母的字词

峻岭 土楼 为了 营垒 六层楼 排列 历史 魅力 立身 对联

5. 读前鼻音的字词

闽西南 崇山峻岭 点缀 千 圆形 民居 人 中原 繁盛 迁 他们 偏僻 边远 山区 便 建造 掺 糯米饭 鸡蛋 黏合剂 筋骨 它们 三 层 间 橘瓣 均匀 部分 年 甚至 地震 撼动 侵蚀 安然 显示 传统 建筑 文化 先民 认为 按(àn) 之间 立身 方面 体现 明显 文化 大门 对联 承前 勤和俭 子孙 愿望 贫富 贵贱 分

6. 读后鼻音的字词

东北 崇山峻岭中 圆形 从 繁盛 南方 防备 当地 营垒 用 夯筑 墙 以上 六层 房屋 橘瓣状 宏伟 壮观 两 经受 撼动 风雨 攻击 无恙(yàng) 传统 崇尚 吉祥 幸福 安宁 象征 围成 防火墙 整齐 等 明显 特征 这样 正楷 承前 耕 希望 平等

7. 读阴平的"一"

整齐划(huà)一

8. 读阳平的"一"

一样

9. 读去声的"一"和"不"

一米 一百 一模(mú) 不分 无不体现

10. 必读轻声词

他们 它们 部分

11. 一般轻声词

大门上

12. 容易读错的其他词语

大多为(wéi)三至六层楼

作品31号

我国的建筑，从古代的宫殿到近代的一般住房，绝大部分是对称的，左边怎么样，右边怎么样。苏州园林可绝不讲究对称，好像故意避免似的。东边有了一个亭子或者一道回廊，西边决不会来一个同样的亭子或者一道同样的回廊。这是为什么？我想，用图画来比方，对称的建筑是图案画，不是美术画，而园林是美术画，美术画要求自然之趣，是不讲究对称的。

苏州园林里都有假山和池沼。

假山的堆叠，可以说是一项艺术而不仅是技术。或者是重峦叠嶂，或者是几座小山配合着竹子花木，全在乎设计者和匠师们生平多阅历，胸中有丘壑，才能使游览者攀登的时候忘却苏州城市，只觉得身在山间。

至于池沼，大多引用活水。有些园林池沼宽敞。就把池沼作为全园的中心，其他景物配合着布置。水面假如成河道模样，往往安排桥梁。假如安排两座以上的桥梁，那就一座一个样，决不雷同。

池沼或河道的边沿很少砌齐整的石岸，总是高低屈曲任其自然。还在那儿布置几块玲珑的石头，或者种些花草。这也是为了取得从各个角度看都成一幅画的效果。池沼里养着金鱼或各色鲤鱼，夏秋季节荷花或睡莲开//放，游览者看"鱼戏莲叶间"，又是入画的一景。

（节选自叶圣陶《苏州园林》）

1. 读平舌音的字词

从　左边　怎么样　苏州　亭子　自然　几座　竹子　在乎　才能　作为　总是　花草　各色

2. 读翘舌音的字词

住房　是　对称（chèn）　苏州　似的（shìde）　为什么（wèishénme）　美术　自然之趣　假山　池沼（zhǎo）　重峦叠嶂　艺术　竹子　设计者　匠师们　生平　胸中　使城市　时候　只　身　至于　活水　中心　宽敞　布置　假如　齐整　石岸　任其自然　种　成　睡莲

3. 读 n 声母的字词

那

4. 读 l 声母的字词

有了　来　里　阅历　游览　桥梁　两座　雷同　玲珑　鲤鱼

5. 读前鼻音的字词

建筑　宫殿　近代　一般　部分　对称　园林　避免　怎么样　为什么　图案　不仅　重峦叠嶂　全　匠师们　游览　攀登　山间　引用　宽敞　中心　水面　安排　边沿　很少　石岸　任其自然　看　金鱼　睡莲

6. 读后鼻音的字词

宫殿　住房　怎么样　讲究　好像　东边　亭子　回廊　想　用　比方　一项　重峦叠嶂　生平　匠师们　胸中　才能　攀登　忘却　城市　宽敞　景物　成　模（mú）样　往往　桥梁　两座　齐整　总是　种　养　玲珑

7. 读阳平的"一"和"不"

一个　一道　一项　一座　不会　不是

8. 读去声的"一"和"不"

一般　一幅（yì fú）　一景　不讲究　不仅　不雷同

9. 必读轻声词

部分　怎么样　似的　亭子　为什么　竹子　比方　匠师们　时候　石头

10. 一般轻声词

左边　右边　东边　西边　园林里　池沼里　讲究　宽敞　在乎

11. 容易读错的其他词语

丘壑(hè)　砌(qì)

作品32号

　　泰山极顶看日出，历来被描绘成十分壮观的奇景。有人说：登泰山而看不到日出，就像一出大戏没有戏眼，味儿终究有点寡淡。

　　我去爬山那天，正赶上个难得的好天，万里长空，云彩丝儿都不见。素常，烟雾腾腾的山头，显得眉目分明。同伴们都欣喜地说："明天早晨准可以看见日出了。"我也是抱着这种想头，爬上山去。

　　一路从山脚往上爬，细看山景，我觉得挂在眼前的不是五岳独尊的泰山，却像一幅规模惊人的青绿山水画，从下面倒展开来。在画卷中最先露出的是山根底那座明朝建筑岱宗坊，慢慢地便现出王母池、斗母宫、经石峪。山是一层比一层深，一叠比一叠奇，层层叠叠，不知还会有多深多奇，万山丛中，时而点染着极其工细的人物。王母池旁的吕祖殿里有不少尊明塑，塑着吕洞宾等一些人，姿态神情是那样有生气，你看了，不禁会脱口赞叹说："活啦。"

　　画卷继续展开，绿阴森森的柏洞露面不太久，便来到对松山。两面奇峰对峙着，满山峰都是奇形怪状的老松，年纪怕都有上千岁了，颜色竟那么浓，浓得好像要流下来似的。来到这儿，你不妨权当一次画里的写意人物，坐在路旁的对松亭里，看看山色，听听流//水和松涛。

（节选自杨朔《泰山极顶》）

　　1. 读平舌音的字词

　　云彩丝儿　素常　早晨　从　独尊　最先　那座　一层　丛中　岱宗坊(Dàizōngfāng)　吕祖殿　明塑(sù)　姿态　赞叹　阴森森　对松山　上千岁　颜色　一次　坐

　　2. 读翘舌音的字词

　　日出　成　十分　壮观　有人说　终究　正赶上　素常　早晨　准　是　这种　山水　展　画卷中　明朝　建筑　王母池　经石峪　不知　时而　不少　神情　生气　对峙(zhì)　着　奇形怪状　似的(shìde)

　　3. 读n声母的字词

　　那天　难得(nándé)　你　年纪　浓

　　4. 读l声母的字词

　　历来　万里　看了　露(lòu)出　青绿　吕祖殿里　老松　流下来　路旁

　　5. 读前鼻音的字词

　　泰山　十分　壮观　有人　寡淡　好天　万里　云彩丝儿　看见　烟雾　显得　同伴们　欣喜　早晨　准　眼前　独尊　展　画卷　最先　建筑　慢慢　便　现出　深

点染　吕祖殿　吕洞宾　神情　不禁(bùjīn)　赞叹　阴森森　露(lòu)面　满　上千岁　颜色　权当

6. 读后鼻音的字词

极顶　成　壮观　奇景　登　像　终究　正赶上　长空　素常　腾腾　分明　同伴们　这种　想头　往往　惊人　青绿　岱宗坊　王母池　斗(dǒu)母宫　经石峪　丛中　工细　旁　吕洞宾　等　神情　那样　生气　对松亭　奇峰　奇形怪状　竟　浓　不妨(bùfáng)　权当　听听　层层

7. 读阳平的"一"和"不"

一路　一次　不见　不是　不太久

8. 读去声的"一"和"不"

一出　一幅(yì fú)　一层　一叠　一些　不知　不少　不禁　不妨

9. 必读轻声词

同伴们　想头　似的　看看　听听　显得　觉得

10. 一般轻声词

没有　赶上　早晨　看见　爬上山去　看不到　下面　开来　吕祖殿里　下来　画里　对松亭里

11. 儿化音节

味儿　有点(儿)　云彩丝儿　山根(儿)　这儿

12. 容易读错的其他词语

山头(tóu)　倒(dào)　展开来　柏(bǎi)洞

作品 33 号

在太空的黑幕上，地球就像站在宇宙舞台中央那位最美的大明星，浑身散发出夺人心魄的、彩色的、明亮的光芒，她披着浅蓝色的纱裙和白色的飘带，如同天上的仙女缓缓飞行。

地理知识告诉我，地球上大部分地区覆盖着海洋，我果然看到了大片蔚蓝色的海水，浩瀚的海洋骄傲地披露着广阔壮观的全貌，我还看到了黄绿相间的陆地，连绵的山脉纵横其间；我看到我们平时所说的天空，大气层中飘浮着片片雪白的云彩，那么轻柔，那么曼妙，在阳光普照下，仿佛贴在地面上一样。海洋、陆地、白云，它们呈现在飞船下面，缓缓驶来，又缓缓离去。

我知道自己还是在轨道上飞行，并没有完全脱离地球的怀抱，冲向宇宙的深处，然而这也足以让我震撼了，我并不能看清宇宙中众多的星球，因为实际上它们离我们的距离非常遥远，很多都是以光年计算。正因为如此，我觉得宇宙的广袤真实地摆在我的眼前，即便作为中华民族第一个飞天的人我已经跑到离地球表面四百公里的空间，可以称为太空人了，但是实际上在浩瀚的宇宙面前，我仅像一粒尘埃。

虽然独自在太空飞行，但我想到了此刻千万//中国人翘首以待，我不是一个人在飞，我是代表所有中国人，甚至人类来到了太空。

（节选自杨利伟《天地九重》）

1. 平舌音的字词

在　最　散发　彩色　告诉　纵横　所说　大气层　自己　足以　如此　作为　民

族　四百　虽然　独自

2. 读翘舌音的字词

黑幕上　站　中央　浑身　出　人　纱裙　如同　知识　覆盖着　果然　海水　壮观　黄　山脉　平时　所说　轻柔　普照　呈现　驶来　还(hái)是　冲向　宇宙　深处　这　让　震撼　众多　实际上　非常　正　真实　称为(chēngwéi)　尘埃

3. 读 n 声母的字词

那位　仙女　不能

4. 读 l 声母的字词

明亮　浅蓝　地理　了　披露　绿　陆地　连绵　驶来　脱离　公里

5. 读前鼻音的字词

站在　浑身　散发　夺人心魄　浅蓝　纱裙　天上　仙女　缓缓　部分　看到　大片　浩瀚　全貌　连绵　山脉　其间　云彩　曼妙　地面　它们　呈现　飞船　完全　深处　然而　震撼　因为　我们　遥远　很多　光年　计算　真实　眼前　即(jí)便　民族　浩瀚　仅　尘埃　但　千万

6. 读后鼻音的字词

太空　黑幕上　像　中央　明星　明亮　光芒　如同　飞行　海洋　广阔　壮观　相间(jiàn)　纵横　平时　大气层　轻柔　阳光　仿佛　一样　呈现　并　冲向　让　不能　看清　众多　非常　正　广袤(mào)　已经　公里　空间　称为　像　想到

7. 读阴平的"一"

第一个

8. 读阳平的"一"

一样　一粒

9. 读去声的"不"

不能

10. 必读轻声词

知识　告诉　部分　云彩　那么　它们　我们　觉得

11. 一般轻声词

黑幕上　天上　地球上　地面上　下面　离去　知道　轨道上　没有　实际上　因为　已经

作品34号

最使我难忘的，是我小学时候的女教师蔡芸芝先生。

现在回想起来，她那时有十八九岁。右嘴角边有榆钱大小一块黑痣。在我的记忆里，她是一个温柔和美丽的人。

她从来不打骂我们。仅仅有一次，她的教鞭好像要落下来，我用石板一迎，教鞭轻轻地敲在石板边上，大伙笑了，她也笑了。我用儿童的狡猾的眼光察觉，她爱我们，并没有存心要打的意思。孩子们是多么善于观察这一点啊。

在课外的时候，她教我们跳舞，我现在还记得她把我扮成女孩子表演跳舞的情景。

在假日里，她把我们带到她的家里和女朋友的家里。在她的女朋友的园子里，她还让我们观察蜜蜂;也是在那时候,我认识了蜂王,并且平生第一次吃了蜂蜜。

她爱诗,并且爱用歌唱的音调教我们读诗。直到现在我还记得她读诗的音调,还能背诵她教我们的诗:

圆天盖着大海,

黑水托着孤舟,

远看不见山,

那天边只有云头,

也看不见树,

那水上只有海鸥……

今天想来,她对我的接近文学和爱好文学,是有着多么有益的影响!

像这样的教师,我们怎么会不喜欢她,怎么会不愿意和她亲近呢?我们见了她不由得就围上去。即使她写字的时候,我//们也默默地看着她,连她握铅笔的姿势都急于模仿。

(节选自魏巍《我的老师》)

1. 平舌音的字词

最 蔡芸芝 现在 岁 嘴角 从来 一次 存心 意思 孩子 园子 第一次 背诵 怎么 写字

2. 读翘舌音的字词

使 是 时候 教师 蔡芸芝 先生 十 黑痣 温柔 人 石板 察觉 善于 扮成 假日 让 认识 平生 吃 诗 歌唱 直到 盖着 黑水 孤舟 山 只有 树 水上 这样 即(jí)使

3. 读 n 声母的字词

难忘 女教师 那时 能

4. 读 l 声母的字词

起来 记忆里 美丽 从来 落下来 认识了

5. 读前鼻音的字词

难忘 蔡芸芝 先生 现在 嘴角边 榆钱 温柔 人 我们 仅仅 教鞭 石板 边 眼光 存心 孩子们 善于 观察 一点 扮 表演 园子 认识 音调 圆天 远 看不见 山 云头(tóu) 今天 文学 怎么 喜欢 愿意 亲近

6. 读后鼻音的字词

难忘 先生 好像 迎 轻轻 边上 儿童 眼光 并 成 情景 朋友 让 蜂 王 并且 平生 歌唱 能 想 影响 这样

7. 读阴平的"一"

第一次

8. 读阳平的"一"和"不"

一块 一个 一次 不愿意

9. 读去声的"一"和"不"

一迎 一点 不打骂 不喜欢 不由得

10. 必读轻声词

时候 我们 意思 孩子们 多么 记得 女孩子 女朋友 认识 怎么 喜欢

不由得

11. 一般轻声词

回想起来　记忆里　落下来　边上　没有　看不见　园子里　假日里　家里　水上围上去

12. 语气词"啊"的读法

孩子们是多么善于观察这一点啊(na)

13. 容易读错的其他词语

教(jiāo)我们读诗　还(hái)记得

作品35号

我喜欢出发。

凡是到达了的地方，都属于昨天。哪怕那山再青，那水再秀，那风再温柔。太深的流连便成了一种羁绊，绊住的不仅有双脚，还有未来。

怎么能不喜欢出发呢？没见过大山的巍峨，真是遗憾；见了大山的巍峨没见过大海的浩瀚，仍然遗憾；见了大海的浩瀚没见过大漠的广袤，依旧遗憾；见了大漠的广袤没见过森林的神秘，还是遗憾。世界上有不绝的风景，我有不老的心情。

我自然知道，大山有坎坷，大海有浪涛，大漠有风沙，森林有猛兽。即便这样，我依然喜欢。

打破生活的平静便是另一番景致，一种属于年轻的景致。真庆幸，我还没有老。即便真老了又怎么样，不是有句话叫老当益壮吗？

于是，我还想从大山那里学习深刻，我还想从大海那里学习勇敢，我还想从大漠那里学习沉着，我还想从森林那里学习机敏。我想学着品味一种缤纷的人生。

人能走多远？这话不是要问两脚而是要问志向。人能攀多高？这事不是要问双手而是要问意志。于是，我想用青春的热血给自己树起一个高远的目标。不仅是为了争取一种光荣，更是为了追求一种境界。目标实现了，便是光荣；目标实现不了，人生也会因//这一路风雨跋涉变得丰富而充实；在我看来，这就是不虚此生。

（节选自汪国真《我喜欢出发》）

1. 平舌音的字词

昨天　再　怎么　森林　自然　从

2. 读翘舌音的字词

出发　凡是　属于　山水　温柔　深　成　绊住　真是　仍然　神秘　世界上知道　风沙　猛兽　这样　景致　一种　老当益壮　沉着(zhuó)　学着(zhe)　人生　志向　这事　双手　青春　热血(xuè)　树　争取　光荣　追求　实现

3. 读 n 声母的字词

哪怕　那山　能　呢　年轻

4. 读 l 声母的字词

了　流连　不老　浪涛　另

5. 读前鼻音的字词

喜欢　凡是　昨天　山　温柔　流连　羁绊(jībàn)　不仅　怎么　见过　真是　遗

憾　浩瀚　仍然　森林　神秘　心情　坎坷　即(jí)便　年轻　深刻　沉着　机敏　品味
缤纷　人生　远　问　青春　不仅　实现　因

6. 读后鼻音的字词

地方(fang)　青　成　一种　双脚　能　仍然　广袤　世界上　风景　心情　浪涛
猛兽　这样　生活　平静　另　年轻　庆幸　老当益壮　勇敢　想　两脚　志向　双手
青春　争取　光荣　更　境界

7. 读阳平的"一"和"不"

一个　不是

8. 读去声的"一"和"不"

一种　一番　不仅　不喜欢　不绝　不老

9. 必读轻声词

见过　喜欢　地方　怎么　怎么样　实现不了

10. 一般轻声词

世界上　知道　没有　那里

11. 容易读错的其他词语

还(hái)是

作品36号

　　乡下人家总爱在屋前搭一瓜架，或种南瓜，或种丝瓜，让那些瓜藤攀上棚架，爬上屋檐。当花儿落了的时候，藤上便结出了青的、红的瓜，它们一个个挂在房前，衬着那长长的藤，绿绿的叶。青、红的瓜，碧绿的藤和叶，构成了一道别有风趣的装饰，比那高楼门前蹲着一对石狮子或是竖着两根大旗杆，可爱多了。

　　有些人家，还在门前的场地上种几株花，芍药，凤仙，鸡冠花，大丽菊，它们依着时令，顺序开放，朴素中带着几分华丽，显出一派独特的农家风光。还有些人家，在屋后种几十枝竹，绿的叶，青的竿，投下一片浓浓的绿荫。几场春雨过后，到那里走走，你常常会看见许多鲜嫩的笋，成群地从土里探出头来。

　　鸡，乡下人家照例总要养几只的。从他们的房前屋后走过，你肯定会瞧见一只母鸡，率领一群小鸡，在竹林中觅食；或是瞧见竖着尾巴的雄鸡，在场地上大踏步地走来走去。

　　他们的屋后倘若有一条小河，那么在石桥旁边，在绿树荫下，你会见到一群鸭子游戏水中，不时地把头扎到水下去觅食。即使附近的石头上有妇女在捣衣，它们也从不吃惊。

　　若是在夏天的傍晚出去散步，你常常会瞧见乡下人家吃晚饭//的情景。

　　　　　　　　　　　　　　　　　　——节选自陈醉云《乡下人家》

1. 平舌音的字词

总　在　丝瓜　狮子　朴素　笋　从　走过　耸着　散步

2. 读翘舌音的字词

种　让　攀上　时候　结(jiē)出　衬着　长长的　构成　装饰　石狮子　或是　竖
着　场地上　几株　芍药　顺序　中　几十枝竹　春雨　常常　成群　照例　几只　率
领　觅食　倘若　树荫(yīn)　水中　扎(zhā)　即(jí)使　吃惊

3. 读n声母的字词

那些　南瓜　农家　浓浓的　鲜嫩　妇女

4. 读 l 声母的字词

落了　绿绿的　高楼　大丽菊　时令　探出头来　照例　率领　竹林

5. 读前鼻音的字词

人家　屋前　南瓜　攀上　屋檐　便　它们　衬着　蹲着　旗杆　门前　顺序　几分　显出　竿　一片　看见　鲜嫩　笋　成群　探出　绿荫　春雨　他们　肯定　一群　竹林　旁边　附近　夏天　散步　晚饭

6. 读后鼻音的字词

乡下　总　种　让　瓜藤　攀上　棚架　当　青的　红的　长长的　构成　风趣　装饰　两根　场地上　凤仙　时令　开放　中　农家　风光　浓浓的　常常　从　养房　肯定　率领　耸着　雄鸡　倘若　旁边　吃惊　傍晚

7. 读阳平的"一"

一个　一道　一对　一派　一片

8. 读去声的"一"和"不"

搭一瓜架　一只　一群　一条　不时　不吃惊

9. 必读轻声词

时候　它们　芍药　走走　他们　尾巴　那么　石头

10. 一般轻声词

乡下　攀上　爬上　藤上　场地上　那里　看见　瞧见　土里　探出头来　石头上出去

11. 容易读错的其他词语

花儿(huā'ér)

作品 37 号

我们的船渐渐地逼近榕树了。我有机会看清它的真面目:是一棵大树,有数不清的丫枝,枝上又生根,有许多根一直垂到地上,伸进泥土里。一部分树枝垂到水面,从远处看,就像一棵大树斜躺在水面上一样。

现在正是枝繁叶茂的时节。这棵榕树好像在把它的全部生命力展示给我们看。那么多的绿叶,一簇堆在另一簇的上面,不留一点儿缝隙。翠绿的颜色明亮地在我们的眼前闪耀,似乎每一片树叶上都有一个新的生命在颤动,这美丽的南国的树!

船在树下泊了片刻,岸上很湿,我们没有上去。朋友说这里是"鸟的天堂",有许多鸟在这棵树上做窝,农民不许人去捉它们。我仿佛听见几只鸟扑翅的声音,但是等到我的眼睛注意地看那里时,我却看不见一只鸟的影子,只有无数的树根立在地上,像许多根木桩。地是湿的,大概涨潮时河水常常冲上岸去。"鸟的天堂"里没有一只鸟,我这样想到。船开了,一个朋友拨着船,缓缓地流到河中间去。

第二天,我们划着船到一个朋友的家乡去,就是那个有山有塔的地方。从学校出发,我们又经过那"鸟的天堂"。

这一次是在早晨,阳光照在水面上,也照在树梢上。一切都//显得非常光明。

(选自巴金《鸟的天堂》)

1. 读平舌音的字词

从　现在　一簇(yícù)　翠绿　颜色　似乎(sìhū)　做　影子　从　一次　早晨

2. 读翘舌音的字词

船　榕树　真面目　数不清　丫枝(yāzhī)　生根　一直　垂　伸进　水面　远处　正是　时节　这　展示　闪耀　颤动　声音　湿　人　捉　扑翅　注意　一只　无数　木桩　涨(zhǎng)潮时　常常　冲上岸　山　出发　早晨　照　树梢

3. 读 n 声母的字词

泥土　那么　南国　鸟

4. 读 l 声母的字词

了　泥土里　生命力　绿叶　另　留　美丽　立　流

5. 读前鼻音的字词

我们　船　渐渐　逼近　真面目　根　伸进　一部分　远处　枝繁叶茂　全部　展示　眼前　闪耀　一片　新　颤(chàn)动　岸上　很　天堂　农民　人　声音　但是　眼睛　看不见　缓缓　中间　早晨

6. 读后鼻音的字词

看清　像　躺　一样　正是　生命力　缝隙(fèngxì)　明亮　颤动　朋友　天堂　农民　仿佛(fú)　听　声音　等到　眼睛　影子　木桩　涨潮　常常　冲上岸　这样想　中间　家乡　经过　阳光

7. 读阳平的"一"

一部分　一样　一簇　一片　一个　一次　一切

8. 读去声的"一"和"不"

一棵　一直　一点　一只　不留　不许

9. 必读轻声词

早晨　我们　一部分　那么　显得　朋友　它们　眼睛　那个　地方

10. 一般轻声词

机会　枝上　地上　数不清　泥土里　水面上　上面　树叶上　岸上　没有　看不见　上去　这里　树上　听见　那里　冲上岸去　"鸟的天堂"里　水面上　树梢上

11. 容易读错的其他词语

泊(bó)　大概(gài)　划(huá)　着船

作品38号

两百多年前,科学家做了一次实验。他们在一间屋子里横七竖八地拉了许多绳子,绳子上系着许多铃铛,然后把蝙蝠的眼睛蒙上,让它在屋子里飞。蝙蝠飞了几个钟头,铃铛一个也没响,那么多的绳子,它一根也没碰着。

科学家又做了两次实验:一次把蝙蝠的耳朵塞上,一次把蝙蝠的嘴封住,让它在屋子里飞。蝙蝠就像没头苍蝇似的到处乱撞,挂在绳子上的铃铛响个不停。

三次实验的结果证明,蝙蝠夜里飞行,靠的不是眼睛,而是靠嘴和耳朵配合起来探路的。

后来,科学家经过反复研究,终于揭开了蝙蝠能在夜里飞行的秘密。它一边飞,一边从嘴里发出超声波。而这种声音,人的耳朵是听不见的,蝙蝠的耳朵却能听见。超声波向前传播时,遇到障碍物就反射回来,传到蝙蝠的耳朵里,它就立刻改变飞行的方向。

知道蝙蝠在夜里如何飞行,你猜到飞机夜间飞行的秘密了吗?现代飞机上安装了雷达,雷达的工作原理与蝙蝠探路类似。雷达通过天线发出无线电波,无线电波遇到障碍物就反射回来,被雷达接收到,显示在荧光屏上。从雷达的荧光屏上,驾驶员能够清楚地看到前方有没有障碍物,所//以飞机飞行就更安全了。

(节选自《夜间飞行的秘密》)

1. 平舌音的字词

做 一次 在 屋子 绳子 塞(sāi)上 嘴 猜到 工作 类似(sì) 从 所以

2. 读翘舌音的字词

实验 横七竖八 绳子上 然后 让 钟头 碰着(zháo) 封住 似(shì)的 到处 乱撞 证明 不是 终于 发出 超声波 这种 声音 人 传播 时 障碍物 反射 传到 知道 如何 安装 接收 显示 驾驶员 清楚

3. 读 n 声母的字词

年 那么 能

4. 读 l 声母的字词

两百 屋子里 拉了 铃铛 起来 探路 立刻 雷达 原理 类似

5. 读前鼻音的字词

年 前 实验 他们 一间 然后 蝙(biān)蝠 眼睛 一根 乱撞 三 探路 反复 研究 声音 人 听见 向前 传播 反射 改变 夜间 现代 安装 原理 天线 无线电波 显示 驾驶员 看到

6. 读后鼻音的字词

两百 横七竖八 绳子上 铃铛 蒙上 让 钟头 响 碰着 封住 像 苍蝇 乱撞 不停 证明 飞行 经过 终于 能 超声波 这种 听见 安装 工作 向前 障碍物 通过 荧光屏 从 清楚 前方

7. 读阳平的"一"和"不"

一次 一个 不是

8. 读去声的"一"和"不"

一间 一根 一边 不停

9. 必读轻声词

他们 铃铛 那么 耳朵 苍蝇 似的 清楚

10. 一般轻声词

屋子里 绳子上 眼睛 蒙上 塞上 夜里 听不见 配合起来 嘴里 反射回来 耳朵里 知道 飞机上 荧光屏上

11. 容易读错的其他词语

系(jì)

作品 39 号

北宋时候,有位画家叫张择端。他画了一幅名扬中外的画《清明上河图》。这幅画长五百二十八厘米,高二十四点八厘米,画的是北宋都城汴梁热闹的场面。这幅画已经有八百多年的历史了,现在还完整地保存在北京的故宫博物院里。

张择端画这幅画的时候,下了很大的功夫。光是画上的人物,就有五百多个:有从乡下来的农民,有撑船的船工,有做各种买卖的生意人,有留着长胡子的道士,有走江湖的医生,有摆小摊的摊贩,有官吏和读书人,三百六十行,哪一行的人都画在上面了。

画上的街市可热闹了。街上有挂着各种招牌的店铺、作坊、酒楼、茶馆,走在街上的,是来来往往、形态各异的人:有的骑着马,有的挑着担,有的赶着毛驴,有的推着独轮车,有的悠闲地在街上溜达。画面上的这些人,有的不到一寸,有的甚至只有黄豆那么大。别看画上的人小,每个人在干什么,都能看得清清楚楚。

最有意思的是桥北头的情景:一个人骑着马,正往桥下走。因为人太多,眼看就要碰上对面来的一乘轿子。就在这个紧急时刻,那个牧马人一下子拽住了马笼头,这才没碰上那乘轿子。不过,这么一来,倒把马右边的//两头小毛驴吓得又踢又跳。

(节选自滕明道《一幅名扬中外的画》)

1. 平舌音的字词

北宋 张择端 二十四 现在 保存 从 做 走 作(zuō)坊 一寸 最 意思 才

2. 读翘舌音的字词

时候 张择端 中外 上 长 二十四 是 都城 热闹 场面 这 历史 完整 人物 撑船 各种 生意人 留着 道士 医生 读书人 街市 招牌 茶馆 独轮车 甚至 只有 什么 清清楚楚 正 一乘(shèng)轿子 这个 时刻 拽(zhuài)住

3. 读 n 声母的字词

热闹 那么 能

4. 读 l 声母的字词

了 厘米 汴(biàn)梁 历史 里 留着 官吏 酒楼 来来往往 毛驴 独轮车 溜达 马笼头 一来

5. 读前鼻音的字词

张择端 点 汴梁 场面 年 现在 完整 保存 博物院 很 人物 农民 撑船 摊贩 官吏 三 店铺 茶馆 挑(tiāo)着担(dàn) 赶 独轮车 悠闲 一寸 甚至 干什么 因为 眼看 紧急 右边

6. 读后鼻音的字词

北宋 张择端 名扬中外 清明上河图 长 都城 汴梁 场面 已经 完整 北京 故宫 功夫 光 从 乡下 农民 撑船 船工 各种 生意 江湖 医生 三百六十行(háng) 作坊 来来往往 形态 黄豆 能 清清楚楚 情景 正 碰 一乘轿子 马笼头

7. 读阳平的"一"和"不"

一寸 一个 一乘(shèng) 一下子 不到 不过

8. 读去声的"一"

一幅 一行(háng) 一来

9. 必读轻声词

时候　热闹　功夫　乡下　买卖　生意　胡子　道士　招牌　作坊　溜达　那么　意思　北头　这个　轿子　一下子　马笼头　这么

10. 一般轻声词

已经　故宫博物院里　画上　上面　街上　桥下　因为　碰上　右边

11. 儿化音节

小摊（tānr）　茶馆（guǎnr）

12. 语气词"啊"的读法

你看，张择端的画，是多么传神啊（na）

作品40号

二〇〇〇年，中国第一个以科学家名字命名的股票"隆平高科"上市。八年后，名誉董事长袁隆平所持有的股份以市值计算已经过亿。从此，袁隆平又多了个"首富科学家"的名号。而他身边的学生和工作人员，却很难把这位老人和"富翁"联系起来。

"他哪里有富人的样子。"袁隆平的学生们笑着议论。在学生们的印象里，袁老师永远黑黑瘦瘦，穿一件软塌塌的衬衣。在一次会议上，袁隆平坦言："不错，我身价二〇〇八年就一千零八亿了，可我真的有那么多钱吗？没有。我现在就是靠每个月六千多元的工资生活，已经很满足了。我今天穿的衣服就五十块钱，但我喜欢的还是昨天穿的那件十五块钱的衬衫，穿着很精神。"袁隆平认为，"一个人的时间和精力是有限的，如果老想着享受，哪有心思搞科研？搞科学研究就是要淡泊名利，踏实做人"。

在工作人员眼中，袁隆平其实就是一位身板硬朗的"人民农学家"，"老人下田从不要人搀扶，拿起套鞋，脚一蹬就走"。袁隆平说："我有八十岁的年龄，五十多岁的身体，三十多岁的心态，二十多岁的肌肉弹性。"袁隆平的业余生活非常丰富，钓鱼、打排球、听音乐……他说，就是喜欢这些//不花钱的平民项目。

（节选自刘畅《一粒种子造福世界》）

1. 平舌音的字词

名字　所　计算　从此　工作　样子　在　一次　不错　工资　满足　昨天　心思　做人　走　八十岁

2. 读翘舌音的字词

中国　上市　董事长　持有　市值　首富　身边　学生　人员　这位　笑着　老师　黑黑瘦瘦　穿　软塌塌　真的　就是　五十　衬衫　精神　认为　时间　如果　享受　踏实　眼中　搀扶　说　肌肉　非常　这些

3. 读 n 声母的字词

年　难　哪里　那么　农学家　拿起　年龄

4. 读 l 声母的字词

二〇〇〇　袁隆平　了　老人　联系　一千零八亿　六千　精力　名利　硬朗　年龄

5. 读前鼻音的字词

年　袁隆平　股份　计算　身边　人员　难　联系　富人　学生们　议论　印象　穿　一件　软塌塌　衬衫　坦言　一千　真的　钱　现在　元　很满足　今天　但　喜

欢　精神　认为　时间　有限　心思　淡泊　眼中　身板　人民　下田　搀扶　三　弹
性　音乐　喜欢

6. 读后鼻音的字词

二〇〇〇　中国　命名　袁隆平　上市　董事长　从此　学生　印象　工作　富翁
样子　永远　一千零八亿　已经　精神　想着　享受　硬朗　农学家　一蹬　年龄　非
常　丰富　听

7. 读阴平的"一"

第一个

8. 读阳平的"一"和"不"

一件　一次　一个　一位　不错　不要

9. 读去声的"一"和"不"

一千　一蹬

10. 必读轻声词

学生　样子　学生们　那么　衣服　喜欢　精神　踏实　硬朗

11. 一般轻声词

已经　联系起来　印象里　会议上　没有

12. 儿化音节

身板(bǎnr)

作品 41 号

北京的颐和园是个美丽的大公园。

进了颐和园的大门，绕过大殿，就来到有名的长廊。绿漆的柱子，红漆的栏杆，一眼望不到头。这条长廊有七百多米长，分成二百七十三间。每一间的横槛上都有五彩的画，画着人物、花草、风景，几千幅画没有哪两幅是相同的。长廊两旁栽满了花木，这一种花还没谢，那一种花又开了。微风从左边的昆明湖上吹来，使人神清气爽。

走完长廊，就来到了万寿山脚下。抬头一看，一座八角宝塔形的三层建筑耸立在半山腰上，黄色的琉璃瓦闪闪发光。那就是佛香阁。下面的一排排金碧辉煌的宫殿，就是排云殿。

登上万寿山，站在佛香阁的前面向下望，颐和园的景色大半收在眼底。葱郁的树丛，掩映着黄的绿的琉璃瓦屋顶和朱红的宫墙。正前面，昆明湖静得像一面镜子，绿得像一块碧玉。游船、画舫在湖面慢慢地滑过，几乎不留一点儿痕迹。向东远眺，隐隐约约可以望见几座古老的城楼和城里的白塔。

从万寿山下来，就是昆明湖。昆明湖围着长长的堤岸，堤上有好几座式样不同的石桥，两岸栽着数不清的垂柳。湖中心有个小岛，远远望去，岛上一片葱绿，树丛中露出宫殿的一角。//

（节选自袁鹰《颐和园》）

1. 平舌音的字词

柱子　五彩　花草　栽　左边　走　一座　三层　耸(sǒng)立　在　黄色　葱郁
树丛　从

2. 读翘舌音的字词

是 长廊 柱子 绕 成 这 吹来 使人 神清气爽 万寿山 建筑 半山腰上 闪闪发光 站 收 朱红 正 游船 城楼 围着 长长的 式样 石桥 数不清 垂柳 中心 露(lòu)出

3. 读 n 声母的字词

哪 那

4. 读 l 声母的字词

美丽 了 来到 长廊 绿漆 栏杆 两幅(fú) 耸立 琉璃瓦 古老 城楼 城里 垂柳 露出

5. 读前鼻音的字词

颐(yí)和园 进 大门 大殿 栏杆 一眼 分 间 横槛(jiàn) 人物 几千 满 神清气爽 完 万寿山 一看 建筑 半山腰 闪闪 金碧辉煌 排云殿 站 前面 昆明湖 掩映 游船 慢慢 痕迹(jì) 远眺 隐隐约约 望见 堤(dī)岸 中心

6. 读后鼻音的字词

北京 公园 有名 长廊 红漆 望 成 横槛上 风景 相同 两旁 一种 从 昆明湖 神清气爽 宝塔形 三层 耸立 黄色 发光 佛香阁 金碧辉煌 登 葱郁 树丛 掩映 屋顶 宫墙 正 静 像 镜子 画舫(fǎng) 向东 城楼 式样 不同 数不清 中心

7. 读阳平的"一"

一看 一座 一面 一块 一片

8. 读去声的"一"和"不"

一眼 一间 一种 一排排 一点儿 一角 不留 不同

9. 必读轻声词

柱子 镜子

10. 一般轻声词

横槛上 没有 望不到 左边 吹来 万寿山脚下 半山腰上 琉璃瓦 下面 登上 前面 城里 下来 堤上 数不清 岛上

11. 儿化音节

一点儿(yì diǎnr)

12. 容易读错的其他词语

几(jī)乎

作品 42 号

一谈到读书,我的话就多了!

我自从会认字后不到几年,就开始读书。倒不是四岁时读母亲给我的商务印书馆出版的国文教科书第一册的"天、地、日、月、山、水、土、木"以后的那几册,而是七岁时开始自己读的"话说天下大势,分久必合,合久必分……"的《三国演义》。

那时,我的舅父杨子敬先生每天晚饭后必给我们几个表兄妹讲一段《三国演义》,我听得津津有味,什么"宴桃园豪杰三结义,斩黄巾英雄首立功",真是好听极了。但是他讲了半个钟头,就停下去干他的公事了。我只好带着对于故事下文的无限悬念,在母亲的催促下,含泪上床。

此后,我决定咬了牙,拿起一本《三国演义》来,自己一知半解地读了下去,居然越看越懂,虽然字音都读得不对,比如把"凯"念作"岂",把"诸"念作"者"之类,因为我只学过那个字一半部分。

谈到《三国演义》,我第一次读到关羽死了,哭了一场,把书丢下了。第二次再读到诸葛亮死了,又哭了一场,又把书丢下了,最后忘了是什么时候才把全书读到"分久必合"的结局。

这时我同时还看了母亲针线笸箩里常放着的那几本《聊斋志异》,聊斋故事是短篇的,可以随时拿起放下,又是文言的,这对于我的//作文课很有帮助。

(节选自冰心《忆读书》)

1. 平舌音的字词

自从　认字　四岁　册　三国演义　杨子敬　催促　此后　虽然　念作　第一次　死　再　最后　才　随时

2. 读翘舌音的字词

读书　认字　开始　时　商务　出版　日　山　水　话说　大势　先生　什么　斩首　真是　钟头　公事　只好　带着　上床　一知半解　居然　比如　诸　者　之类　一场(cháng)　是　针线　常　聊斋志异

3. 读 n 声母的字词

年　那　悬念　拿

4. 读 l 声母的字词

了　含泪　来　之类　笸(pǒ)箩里

5. 读前鼻音的字词

谈　认字　几年　母亲　印书馆　出版　国文　天　山　分　三国演义　晚饭　我们　一段　津津有味　什么　宴桃园　斩黄巾　真是　但是　半个　无限　悬念　含泪　一本　居然　字音　因为　关羽　全书　针线　短篇　文言

6. 读后鼻音的字词

自从　商务　杨子敬　先生　表兄妹　黄巾　讲　听　英雄　立功　钟头　停　公事　上床　决定　懂　只　一场　诸葛亮　忘了　同时　常放着

7. 读阴平的"一"

第一册　第一次

8. 读阳平的"一"和"不"

一段　一半　不到　不对

9. 读去声的"一"和"不"

一本　一知半解　一场

10. 必读轻声词

先生　什么　真是　故事　部分　时候　笸箩　学过

11. 一般轻声词

母亲　停下　催促下　下去　因为　丢下　笸箩里　放下

作品43号

徐霞客是明朝末年的一位奇人。他用双脚,一步一步地走遍了半个中国大陆,游览过许多名山大川,经历过许多奇人异事。他把游历的观察和研究记录下来,写成了《徐霞客游记》这本千古奇书。

当时的读书人,都忙着追求科举功名,抱着"十年寒窗无人问,一举成名天下知"的观念,埋头于经书之中。徐霞客却卓尔不群,醉心于古今史籍及地志、山海图经的收集和研读。他发现此类书籍很少,记述简略且多有相互矛盾之处,于是他立下雄心壮志,要走遍天下,亲自考察。

此后三十多年,他与长风为伍,云雾为伴,行程九万里,历尽千辛万苦,获得了大量第一手考察资料。徐霞客日间攀险峰,涉危涧,晚上就是再疲劳,也一定录下当日见闻。即使荒野露宿,栖身洞穴,也要"燃松拾穗,走笔为记"。

徐霞客的时代,没有火车,没有汽车,没有飞机,他所去的许多地方连道路都没有,加上明朝末年治安不好,盗匪横行,长途旅行是非常艰苦又非常危险的事。

有一次,他和三个同伴到西南地区,沿路考察石灰岩地形和长江源流。走了二十天,一个同伴难耐旅途劳顿,不辞而别。到了衡阳附近又遭遇土匪抢劫,财物尽失,还险//些被杀害。

(节选自《阅读大地的徐霞客》)

1. 平舌音的字词

走遍 醉心 此类 亲自 三十 资料 再 露宿(lùsù) 燃松拾穗 所 遭遇

2. 读翘舌音的字词

是 明朝 中国 名山大川 奇人异事 观察 写成 奇书 当时 读书追求 十年寒窗 知 之中 卓(zhuó)尔不群 史籍 地志 山海图经 收集 很少记述 之处 壮志 考察 长风 行程 日间 涉 晚上 即(jí)使 栖(qī)身 火车治安 非常 事 石灰岩 尽失

3. 读n声母的字词

末年 西南 难耐

4. 读l声母的字词

了 大陆 游览 经历 记录下来 此类 简略 立下 大量 资料 疲劳 露宿连 道路 旅行 源流

5. 读前鼻音的字词

末年 奇人 走遍 半个 游览 观察 这本 千古 十年寒窗 问 天下 观念卓尔不群 醉心 山海图经 研读 发现 很少 简略 矛盾 亲自 三十 云雾 为伴 九万 历尽 日间 攀险峰 危涧(jiàn) 晚上 见闻 栖身 燃松拾穗 连 治安艰苦 危险 同伴 西南 沿路 石灰岩 源流 难耐 劳顿 附近 尽失

6. 读后鼻音的字词

明朝 用 双脚 中国 名山 经历 写成 当(dāng)时 忙着 功名 寒窗 经书 相互 雄心壮志 长风 行程 大量 险峰 晚上 一定 当(dàng)日 荒野 洞穴(xué) 燃松拾穗 地方 横行 长途 非常 同伴 地形 长江 衡阳 抢劫

7. 读阴平的"一"

第一手

8. 读阳平的"一"和"不"

一位 一步 一定 一次 一个

9. 读去声的"一"和"不"

一举 卓尔不群 不好 不辞而别

10. 必读轻声词

晚上 地方

11. 一般轻声词

记录下来 录下 没有 加上

作品44号

造纸术的发明,是中国对世界文明的伟大贡献之一。

早在几千年前,我们的祖先就创造了文字。可那时候还没有纸,要记录一件事情,就用刀把文字刻在龟甲和兽骨上,或者把文字铸刻在青铜器上。后来,人们又把文字写在竹片和木片上。这些竹片、木片用绳子穿起来,就成了一册书。但是,这种书很笨重,阅读、携带、保存都很不方便。古时候用"学富五车"形容一个人学问高,是因为书多的时候需要用车来拉。再后来,有了蚕丝织成的帛,就可以在帛上写字了。帛比竹片、木片轻便,但是价钱太贵,只有少数人能用,不能普及。

人们用蚕茧制作丝绵时发现,盛放蚕茧的篾席上,会留下一层薄片,可用于书写。考古学家发现,在两千多年前的西汉时代,人们已经懂得了用麻来造纸。但麻纸比较粗糙,不便书写。

大约在一千九百年前的东汉时代,有个叫蔡伦的人,吸收了人们长期积累的经验,改进了造纸术。他把树皮、麻头、稻草、破布等原料剪碎或切断,浸在水里捣烂成浆;再把浆捞出来晒干,就成了一种既轻便又好用的纸。用这种方法造的纸,原料容易得到,可以大量制造,价格又便宜,能满足多数人的需要,所//以这种造纸方法就传承下来了。

(节选自《纸的发明》)

1. 平舌音的字词

造纸 早 在 祖先 文字 绳子 一册 保存 再 蚕丝 制作 一层 粗糙
(cūcāo) 蔡伦 稻草 碎 满足 所以

2. 读翘舌音的字词

造纸术 是 中国 世界 之一 创造 时候 事情 兽骨上 或者 铸刻 人们
竹片 绳子 穿 这种 书 笨重 学富五车 形容 织成 只有 少数 制作 盛
(chéng)放 吸收 树皮 水 出来 晒干 容易

3. 读 n 声母的字词

年 那 能

4. 读 l 声母的字词

了 记录 后来 拉 留下 蔡伦 积累 原料 水里 捣烂 捞 大量

5. 读前鼻音的字词

文明 贡献 几千年前 我们 祖先 文字 一件 竹片 穿 但是 很 笨重

保存 方便(biàn) 人 学问 因为 价钱 蚕茧 丝绵 发现 西汉 蔡伦 经验
改进 原料 剪 浸 捣烂 晒干 便(pián)宜 满足

6. 读后鼻音的字词

发明 中国 贡献 创造 事情 用 青铜器上 绳子 成 这种 笨重 形容
轻便 能 盛放 一层 两千 已经 懂得 东汉 长期 等 浆 一种 方法 容易
大量

7. 读阴平的"一"

之一

8. 读阳平的"一"和"不"

一件 一册 一个 不便

9. 读去声的"一"和"不"

一层 一千 一种 不方便 不能

10. 必读轻声词

我们 时候 事情 人们 绳子 懂得 便宜

11. 一般轻声词

没有 兽骨上 青铜器上 木片上 穿起来 因为 帛上 价钱 留下 水里 捞
出来

12. 容易读错的其他词语

薄(báo)片 麻头(tóu)

作品45号

中国的第一大岛、台湾省的主岛台湾,位于中国大陆架东南方,地处东海和南海之间,
隔着台湾海峡和大陆相望。天气晴朗的时候,站在福建沿海较高的地方,就可以隐隐约约
地望见岛上的高山和云朵。

台湾岛形状狭长,从东到西,最宽处只有一百四十多公里;由南到北,最长的地方约有
三百九十多公里。地形像一个纺织用的梭子。

台湾岛上的山脉纵贯南北,中间的中央山脉犹如全岛的脊梁。西部为海拔近四千米的
玉山山脉,是中国东部的最高峰。全岛约有三分之一的地方是平地,其余为山地。岛内有
缎带般的瀑布,蓝宝石似的湖泊,四季常青的森林和果园,自然景色十分优美。西南部的阿
里山和日月潭,台北市郊的大屯山风景区,都是闻名世界的游览胜地。

台湾岛地处热带和温带之间,四面环海,雨水充足,气温受到海洋的调剂,冬暖夏凉,四
季如春,这给水稻和果木生长提供了优越的条件。水稻、甘蔗、樟脑是台湾的"三宝"。岛上
还盛产鲜果和鱼虾。

台湾岛还是一个闻名世界的"蝴蝶王国"。岛上的蝴蝶共有四百多个品种,其中有不少
是世界稀有的珍贵品种。岛上还有不少鸟语花香的蝴//蝶谷,岛上居民利用蝴蝶制作的标
本的艺术品,远销许多国家。

(节选自《中国的宝岛——台湾》)

1. 读平舌音的字词

从 最 四千 三百 梭子 纵贯 森林 自然 景色 充足

2. 读翘舌音的字词

中国 地处 之间 隔着 时候 站 岛上 高山 只有 至 纺织 是 蓝宝石 似的(shìde) 常青 自然 十分 日月潭 市郊 热带 世界 充足 受到 如春 生长 甘蔗 樟脑 盛产 不少 珍贵

3. 读 n 声母的字词

东南方 岛内 暖 樟脑 鸟语花香

4. 读 l 声母的字词

大陆架 晴朗 脊梁 蓝宝石 游览 凉 提供(gōng)了

5. 读前鼻音的字词

台湾 东南方 公里 天气 站 福建 沿海 隐隐约约 望见 高山 云朵 宽 纵贯 中间 全岛 近 四千 缎带般 蓝宝石 森林 果园 自然 十分 日月潭 大屯(tún)山 闻名 温带 四面 环海 如春 条件 甘蔗 鲜果 品种 珍贵

6. 读后鼻音的字词

省 东南 相望 晴朗 地方 岛上 形状 狭长 从 公里 像 纺织 用 纵贯 中央 脊(jǐ)梁 高峰 平地 常青 风景区 闻名 胜地 充足 海洋 生长 提供 樟脑 盛产 王国 共 品种 鸟语花香

7. 读阴平的"一"

第一 三分之一

8. 读阳平的"一"

一个

9. 读去声的"一"和"不"

一百四十 不少

10. 必读轻声词

时候 地方 梭子(suōzi) 似的 甘蔗

11. 一般轻声词

望见 脊梁 岛上

12. 容易读错的其他词语

瀑(pù)布 湖泊(pō) 犹(yóu)如 调(tiáo)剂

作品46号

对于中国的牛，我有特别尊敬的感情。

留给我印象最深的，要算在田垄上的一次"相遇"。

一群朋友郊游，我领头在狭窄的阡陌上走，怎料迎面来了几只耕牛，狭道容不下人和牛，终有一方要让路。它们还没有走近，我们已经预计斗不过畜牲，恐怕难免踩到稻田泥水里，弄得鞋袜又泥又湿了。正踟蹰的时候，带头的一只牛，在离我们不远的地方停下来，抬起头看看，稍迟疑一下，就自动走下田去。一队耕牛，全跟着它离开阡陌，从我们身边经过。

我们都呆了，回过头来，看着深褐色的牛队，在路的尽头消失，忽然觉得自己受了很大恩惠。

中国的牛,永远沉默地为人做着沉重的工作。在大地上,在晨光或烈日下,它拖着沉重的犁,低头一步又一步,拖出了身后一列又一列松土,好让人们下种。等到满地金黄或农闲时候,它可能还得担当搬运负重的工作;或终日绕着石磨,朝同一方向,走不计程的路。

在它沉默劳动中,人便得到应得的收成。

那时候,也许,它可以松一肩重担,站在树下,吃几口嫩草。偶尔摇摇尾巴,摆摆耳朵,赶走飞附身上的苍蝇,已经算是它最闲适的生活了。

中国的牛,没有成群奔跑的习//惯,永远沉沉实实的,默默地工作,平心静气。这就是中国的牛!

(节选自(香港)小思《中国的牛》)

1. 读平舌音的字词

尊敬 最 算 一次 在 走 怎料 踩 自动 从 深褐色 松土 做 工作 嫩(nèn)草 苍蝇

2. 读翘舌音的字词

中国 一种 深 狭窄 容不下 人 终 让路 畜牲(chùsheng) 泥水 湿 正 踟蹰(chíchú) 时候 稍 迟疑 跟着 消失 忽然 受 沉默 拖出 负重 终日 绕(rào) 石磨(mò) 朝 站 收成 树下 吃 身上 闲适 生活 成群

3. 读n声母的字词

牛 泥水 弄 难免 农闲 可能 那 嫩草

4. 读l声母的字词

留 田垄(lǒng) 怎料 来了 领头(tóu) 让路 泥水里 离 烈日 犁 一列 劳动

5. 读前鼻音的字词

尊敬 感情 印象 一群 阡陌(qiānmò) 怎料 迎面 它们 人 近 难免 田地 不远 看看 全 跟着 深褐色 尽头(jìntóu) 很大 恩惠 沉默 晨光 身后 满地 金黄 担当(dāng) 搬运 便 一肩 重担 站 嫩草 赶走 算是 闲适 成群 奔(bēn)跑

6. 读后鼻音的字词

中国 一种 尊敬 感情 印象 田垄上 相遇 朋友 领头 迎面 耕牛 容不下 终 让路 已经 畜牲 恐怕 弄 正 停 自动 从 永远 沉重 晨光 松土 等到 金黄 可能 担当 终日 同一 方向 计程 应得(yīngdé) 收成 苍蝇 生活

7. 读阴平的"一"

同一 方向

8. 读阳平的"一"和"不"

一次 一下 一队 一步 一列 不计程

9. 读去声的"一"和"不"

一群 一方 一头 一肩 不远

10. 必读轻声词

觉得 它们 我们 畜牲 时候 人们 收成 摇摇 摆摆 尾巴 耳朵 苍蝇

11. 一般轻声词

田垄上　阡陌上　没有　泥水里　走下田去　回过头来　大地上　身上　容不下　斗不过

12. 容易读错的其他词语

带头(tóu)　还得(háiděi)　下种(zhǒng)　飞附(fù)

作品 47 号

　　石拱桥的桥洞成弧形,就像虹。古代神话里说,雨后彩虹是"人间天上的桥",通过彩虹就能上天。我国的诗人爱把拱桥比作虹,说拱桥是"卧虹""飞虹",把水上拱桥形容为"长虹卧波"。

　　我国的石拱桥有悠久的历史。《水经注》里提到的"旅人桥",大约建成于公元二八二年,可能是有记载的最早的石拱桥了。我国的石拱桥几乎到处都有。这些桥大小不一,形式多样,有许多是惊人的杰作。其中最著名的当推河北省赵县的赵州桥。

　　赵州桥非常雄伟,全长五十点八二米。桥的设计完全合乎科学原理,施工技术更是巧妙绝伦。全桥只有一个大拱,长达三十七点四米,在当时可算是世界上最长的石拱。桥洞不是普通半圆形,而是像一张弓,因而大拱上面的道路没有陡坡,便于车马上下。大拱的两肩上,各有两个小拱。这个创造性的设计,不但节约了石料,减轻了桥身的重量,而且在河水暴涨的时候,还可以增加桥洞的过水量,减轻洪水对桥身的冲击。同时,拱上加拱,桥身也更美观。大拱由二十八道拱圈拼成,就像这么多同样形状的弓合拢在一起,做成一个弧形的桥洞。每道拱圈都能独立支撑上面的重量,一道坏了,其//他各道不致受到影响。

（节选自茅以升《中国石拱桥》）

1. 平舌音的字词

彩虹　比作　记载(zǎi)　最早　算　创造性　增加　在　做

2. 读翘舌音的字词

石拱桥　成　神话　说　是　人间　天上　形容　长虹　历史　水经注　建成　到处　形式　其中　著名　河北省　赵州桥　非常　设计　施工　技术　只有　世界　一张　车马　创造性　桥身　重量　暴涨(zhǎng)　时候　冲击　这么　支撑

3. 读 n 声母的字词

能

4. 读 l 声母的字词

神话里　历史　旅人桥　了　原理　绝伦　道路　两肩　石料　水量　合拢　独立

5. 读前鼻音的字词

神话　人间　天上　建成　公元　年　点　完全　原理　绝伦　三十七　算　半圆形　因而　上面　便于　两肩　不但　减轻　桥身　美观　拱圈(quān)　拼

6. 读后鼻音的字词

石拱桥　桥洞　成　像　通过　能　上天　形容　长虹　水经注　建成　多样　惊人　其中　著名　河北省　非常　雄伟　施工　更　当时　像　一张　弓　两肩　创造性　减轻　重量　暴涨　增加　洪水　冲击　更　同样　形状　合拢　支撑

7. 读阴平的"一"

大小不一

8. 读阳平的"一"和"不"

一个　一道　不但

9. 读去声的"一"和"不"

一张　一起　大小不一

10. 必读轻声词

这个　时候　这么

11. 一般轻声词

神话里　天上　水上　上面　两肩上　拱上

12. 容易读错的其他词语

几(jī)乎

作品 48 号

不管我的梦想能否成为事实,说出来总是好玩儿的:

春天,我将要住在杭州。二十年前,旧历的二月初,在西湖上我看见了嫩柳与菜花,碧浪与翠竹。由我看到的那点儿春光,已经可以断定,杭州的春天必定会教人整天生活在诗与图画之中。所以,春天我的家应当是在杭州。

夏天,我想青城山应当算作最理想的地方。在那里,我虽然只住过十天,可是它的幽静已拴住了我的心灵。在我所看见过的山水中,只有这里没有使我失望。到处都是绿,目之所及,那片淡而光润的绿色都在轻轻地颤动,仿佛要流入空中与心中似的。这个绿色会像音乐,涤清了心中的万虑。

秋天一定要住北平。天堂是什么样子,我不晓得,但是从我的生活经验去判断,北平之秋便是天堂。论天气,不冷不热。论吃的,苹果、梨、柿子、枣儿、葡萄,每样都有若干种。论花草,菊花种类之多,花式之奇,可以甲天下。西山有红叶可见,北海可以划船——虽然荷花已残,荷叶可还有一片清香。衣食住行,在北平的秋天,是没有一项不使人满意的。

冬天,我还没有打好主意,成都或者相当地合适,虽然并不怎样和暖,可是为了水仙,素心腊梅,各色的茶花,仿佛就受一点儿寒//冷,也颇值得去了。

(节选自老舍《"住"的梦》)

1. 读平舌音的字词

总是　在　菜花　翠竹　所以　算　最　虽然　绿色　样子　从　枣儿　花草　残　怎样　素心

2. 读翘舌音的字词

成为　事实　说出来　总是　春天　杭州　初　翠竹　教(jiào)人　整天　生活　诗之中　青城山　虽然　只　十天　拴住　山水　这里　使　失望　到处　流入　似的(shìde)　什么(shénme)　知道　不热　吃的　柿子　若干种　花式　划(huá)船　食主意　或者　合适　茶花　受

3. 读 n 声母的字词

能否　二十年　嫩柳　那点儿　和(hé)暖

4. 读 l 声母的字词

出来　旧历　嫩柳　碧浪　理想　那里　拴住了　流入　论　万虑　不冷　梨　种类　腊梅

5. 读前鼻音的字词

不管　春天　前　看见　教人　青城山　虽然　拴住　淡　光润　颤动　音乐　万虑　什么　但是　判断　便　若干　论　划船　一片　满意　怎样　和暖　水仙　素心　寒冷

6. 读后鼻音的字词

梦想　能否　成为　总是　将　杭州　碧浪　春光　已经　断定　整天　生活　应当(yīngdāng)　青城山　地方　幽静　心灵　失望　轻轻　颤动　仿佛(fú)　空中　像　北平　天堂　样子　从　苹果　若干种　红叶　清香　行　一项　相当　并　寒冷

7. 读阳平的"一"和"不"

一定　一片　一项　不热

8. 读去声的"一"和"不"

一点儿　不管　不知道　不冷　不使　不怎样

9. 必读轻声词

地方　似的　什么　样子　主意

10. 一般轻声词

出来　看见　那里　这里　没有　知道　葡萄

11. 儿化音节

好玩儿　那点儿　枣儿　一点儿

12. 容易读错的其他词语

涤(dí)清

作品 49 号

在北京市东城区著名的天坛公园东侧,有一片占地面积近二十万平方米的建筑区域,大大小小的十余栋训练馆坐落其间。这里就是国家体育总局训练局。许多我们耳熟能详的中国体育明星都曾在这里挥汗如雨,刻苦练习。

中国女排的一天就是在这里开始的。

清晨八点钟,女排队员们早已集合完毕,准备开始一天的训练。主教练郎平坐在场外长椅上,目不转睛地注视着跟随助理教练们做热身运动的队员们,她身边的座位上则横七竖八地堆放着女排姑娘们的各式用品:水、护具、背包,以及各种外行人叫不出名字的东西。不远的墙上悬挂着一面鲜艳的国旗,国旗两侧是"顽强拼搏"和"为国争光"两条红底黄字的横幅,格外醒目。

"走下领奖台,一切从零开始"十一个大字,和国旗遥遥相望,姑娘们训练之余偶尔一瞥就能看到。只要进入这个训练馆,过去的鲜花、掌声与荣耀皆成为历史,所有人都只是最普通的女排队员。曾经的辉煌、骄傲、胜利,在踏入这间场馆的瞬间全部归零。

踢球跑、垫球跑、夹球跑……这些对普通人而言和杂技差不多的项目是女排队员们必须熟练掌握的基本技能。接下来//的任务是小比赛。

（节选自宋元明《走下领奖台,一切从零开始》）

1. 平舌音的字词

在 东侧 坐落 总局 曾 早已 跟随 做 座位 则 黄字 走 从 所有 最 杂技

2. 读翘舌音的字词

北京市 东城区 著名 二十 建筑 是 耳熟能详 中国 这里 挥汗如雨 开始 清晨 八点钟 准备 主教练 场(chǎng)外 长椅上 注视着 助理 热身 横七竖八 各式 水 各种 外行(háng)人 出 争光 之余 只要 进入 这个 掌声 成为 历史 胜利 瞬间 差不多 熟(shú)练

3. 读 n 声母的字词

姑娘们 能 女排

4. 读 l 声母的字词

训练馆 坐落 这里 郎平 助理 两侧 领奖台 零 历史 胜利

5. 读前鼻音的字词

天坛公园 一片 占地 面积 近 二十万 建筑 训练馆 其间 挥汗如雨 清晨 队员们 完毕 准备 跟随 热身运动 身边 用品 不远 悬挂 鲜艳 顽强 拼搏 看到 进入 鲜花 瞬间 全部 垫球 而言 基本

6. 读后鼻音的字词

北京 东城 著名 公园 平方米 栋 总局 耳熟能详 中国 明星 清晨 八点钟 郎平 场外 长椅上 目不转睛 运动 横七竖八 堆放 姑娘们 用品 各种 外行人 墙 两侧 顽强 争光 红底黄字 醒目 领奖台 从 零 相望 掌声 荣耀 成为 普通 曾经 辉煌 胜利

7. 读阴平的"一"

十一个大字

8. 读阳平的"一"和"不"

一片 一面 一切

9. 读去声的"一"和"不"

一天 目不转睛 一瞥(piē) 不远

10. 必读轻声词

队员们 教练们 姑娘们 名字 东西 这个

11. 一般轻声词

这里 长椅上 座位上 墙上 叫不出 走下 差不多 接下来

12. 容易读错的其他词语

背(bēi)包 夹(jiā)球跑

作品 50 号

在一次名人访问中,被问及上个世纪最重要的发明是什么时,有人说是电脑,有人说是汽车,等等。但新加坡的一位知名人士却说是冷气机。他解释,如果没有冷气,热带地区如东南亚国家,就不可能有高的生产力,就不可能达到今天的生活水准。他的回答实事求是,有理有据。

看了上述报道,我突发奇想:为什么没有记者问:"二十世纪最糟糕的发明是什么?"其实二〇〇二年十月中旬,英国的一家报纸就评出了"人类最糟糕的发明"。获此"殊荣"的,就是人们每天大量使用的塑料袋。

诞生于上个世纪三十年代的塑料袋,其家族包括用塑料制成的快餐饭盒、包装纸、餐用杯盘、饮料瓶、酸奶杯、雪糕杯等。这些废弃物形成的垃圾,数量多、体积大、重量轻、不降解,给治理工作带来很多技术难题和社会问题。

比如,散落在田间、路边及草丛中的塑料餐盒,一旦被牲畜吞食,就会危及健康甚至导致死亡。填埋废弃塑料袋、塑料餐盒的土地,不能生长庄稼和树木,造成土地板结。而焚烧处理这些塑胶垃圾,则会释放出多种化学有毒气体,其中一种称为二噁英的化合物,毒性极大。

此外,在生产塑料袋、塑料餐盒的//过程中使用的氟利昂,对人体免疫系统和生态环境造成的破坏也极为严重。

(节选自林光如《最糟糕的发明》)

1. 读平舌音的字词

在　一次　最　糟糕　此　塑(sù)料袋　三十　家族　快餐　工作　散(sàn)落　草丛　死亡　造成　则

2. 读翘舌音的字词

上个世纪　重要　什么(shénme)　时　说　汽车　知名　人士　解释　如果　热带　生产力　水准　实事求是　上述　记者　二十　中旬　评出　殊(shū)荣　使用　制成　包装纸　这些　数量　治理　技术　社会　牲畜(shēngchù)　吞(tūn)食　技术　甚至　导致　生长　庄稼　树木　焚(fén)烧　处(chù)理　一种　称为(chēngwéi)

3. 读 n 声母的字词

电脑　东南亚(yà)　可能　年代　难题

4. 读 l 声母的字词

冷气机　生产力　有理　看了　人类　大量　塑料　路边　散落　氟(fú)利昂

5. 读前鼻音的字词

访问　什么　电脑　新加坡　东南亚　很　生产力　今天　水准　看了　中旬　人们　诞生　杯盘　快餐　饭盒　饮料瓶　散落　田间　路边　板结(jié)　一旦　吞食　健康　甚至　填埋　焚烧

6. 读后鼻音的字词

名人　访问中　上个世纪　重要　发明　冷气机　东南亚　可能　生产力　想　英国　评出　大量　使用　殊荣　制成　包装纸　饮料瓶　等等　形成　轻　降解　草丛　牲畜(chù)　健康　死亡　生长　庄稼　造成　释放　一种　称为　二噁(è)英　氟利昂　毒性

7. 读阳平的"一"和"不"

一次　一位　一旦　不降解

8. 读去声的"一"和"不"

一家　一种　不可能　不能

9. 必读轻声词

为什么(wèishénme) 人们 庄稼

10．一般轻声词

没有

　　朗读短文这项测试成功的关键是语音准确。短文的篇目虽然很多,但只要掌握读音规律,攻克语音难点,一定会顺利考好这一项。

第四章 命题说话

本项测试的目的是测查应试人在无文字凭借的情况下说普通话的能力和达到的规范程度，着重测查语音标准程度、词语语法规范程度和自然流畅程度。它要求应试人围绕一个话题单向说话不少于3分钟，语音准确，语流自然流畅，用词规范得当，表意清楚明白。总分为40分。这项测试的评分标准是：

▲ 语音标准程度，共25分。分六档：

一档：语音标准，或极少有失误。扣0分、1分、2分。

二档：语音错误在10次以下，有方音但不明显。扣3分、4分。

三档：语音错误在10次以下，但方音比较明显；或语音错误在10次—15次之间，有方音但不明显。扣5分、6分。

四档：语音错误在10次—15次之间，方音比较明显。扣7分、8分。

五档：语音错误超过15次，方音明显。扣9分、10分、11分。

六档：语音错误多，方音重。扣12分、13分、14分。

▲ 词汇语法规范程度，共10分。分三档：

一档：词汇、语法规范。扣0分。

二档：词汇、语法偶有不规范的情况。扣1分、2分。

三档：词汇、语法屡有不规范的情况。扣3分、4分。

▲ 自然流畅程度，共5分。分三档：

一档：语言自然流畅。扣0分。

二档：语言基本流畅，口语化较差，有背稿子的表现。扣0.5分、1分。

三档：语言不连贯，语调生硬。扣2分、3分。

说话不足3分钟，酌情扣分：缺时1分钟以内（含1分钟），扣1分、2分、3分；缺时1分钟以上，扣4分、5分、6分；说话不满30秒（含30秒），本测试项成绩计为0分。

这项测试要求应试人在没有任何文字凭借的情况下进行单向临场表达，因此，它的应测难点除普通话语音的准确度以外，还有三个：一是分析话题类型，理清表达思路；二是词语、语法要符合普通话的规范；三是言语自然流畅，突出口语化特点。

第一节 分析话题类型、理清表达思路

为了使应试人在测试时的说话有依托，新版《普通话水平测试实施纲要》提供了50个话

题。它们是：

1. 我的一天

2. 老师

3. 珍贵的礼物

4. 假日生活

5. 我喜爱的植物

6. 我的理想（或愿望）

7. 过去的一年

8. 朋友

9. 童年生活

10. 我的兴趣爱好

11. 家乡（或熟悉的地方）

12. 我喜欢的季节（或天气）

13. 印象深刻的书籍（或报刊）

14. 难忘的旅行

15. 我喜欢的美食

16. 我所在的学校（或公司、团队、其他机构）

17. 尊敬的人

18. 我喜爱的动物

19. 我了解的地域文化（或风俗）

20. 体育运动的乐趣

21. 让我快乐的事情

22. 我喜欢的节日

23. 我欣赏的历史人物

24. 劳动的体会

25. 我喜欢的职业（或专业）

26. 向往的地方

27. 让我感动的事情

28. 我喜爱的艺术形式

29. 我了解的十二生肖

30. 学习普通话（或其他语言）的体会

31. 家庭对个人成长的影响

32. 生活中的诚信

33. 谈服饰

34. 自律与我

35. 对终身学习的看法

36. 谈谈卫生与健康

37. 对环境保护的认识

38. 谈社会公德（或职业道德）

39. 对团队精神的理解

40. 谈中国传统文化

41. 科技发展与社会生活

42. 谈个人修养

43. 对幸福的理解

44. 如何保持良好的心态

45. 对垃圾分类的认识

46. 网络时代的生活

47. 对美的看法

48. 谈传统美德

49. 对亲情(或友情、爱情)的理解

50. 小家、大家与国家

看到这50个话题,千万不要慌,也不要误以为这就是要求进行"演讲"或"口头作文"。其实,这些话题只不过是为"说话"提供一个内容的载体而已,以避免应试人上了考场不知从何说起。只要学会分析话题类型,理清每一类话题的思路,学会话题的分析与整合,顺利通过这一项目的测试就很容易了。

一、话题的类型

经过分析,我们就会发现,这些话题不外乎记人、叙事、说明、议论等类型,内容都与人们的日常生活密切相关。说话时,我们可以从不同角度、不同侧面进行叙述、说明或议论。在练习中,可将话题分为记叙描述、说明介绍和议论评说三大类,然后根据不同的类型来理清思路,准备说话的内容。比如:

▲ 记叙描述类

1. 我的一天

2. 老师

3. 珍贵的礼物

4. 假日生活

6. 我的理想(或愿望)

7. 过去的一年

8. 朋友

9. 童年生活

14. 难忘的旅行

17. 尊敬的人

21. 让我快乐的事情

27. 让我感动的事情

▲ 说明介绍类

5. 我喜爱的植物

10. 我的兴趣爱好

11. 家乡（或熟悉的地方）

12. 我喜欢的季节（或天气）

13. 印象深刻的书籍（或报刊）

15. 我喜欢的美食

16. 我所在的学校（或公司、团队、其他机构）

18. 我喜爱的动物

19. 我了解的地域文化（或风俗）

20. 体育运动的乐趣

22. 我喜欢的节日

23. 我欣赏的历史人物

25. 我喜欢的职业（或专业）

26. 向往的地方

28. 我喜爱的艺术形式

29. 我了解的十二生肖

▲ 议论评说类

24. 劳动的体会

30. 学习普通话（或其他语言）的体会

31. 家庭对个人成长的影响

32. 生活中的诚信

33. 谈服饰

34. 自律与我

35. 对终身学习的看法

36. 谈谈卫生与健康

37. 对环境保护的认识

38. 谈社会公德（或职业道德）

39. 对团队精神的理解

40. 谈中国传统文化

41. 科技发展与社会生活

42. 谈个人修养

43. 对幸福的理解

44. 如何保持良好的心态

45. 对垃圾分类的认识

46. 网络时代的生活

47. 对美的看法

48. 谈传统美德

49. 对亲情（或友情、爱情）的理解

50. 小家、大家与国家

以上只是一个大概的分类。如果表达时的角度不同、内容不同，就完全可以兼类。有的题目既可以从介绍、说明的角度去说，也可以从叙述、描写的角度来说，还可以在介绍说明或叙述描写中穿插议论，这一切都应该按自己的喜好来决定。下面，就按上述分类方法谈谈应该如何理清表达思路。

二、记叙描述类话题的思路

　　这一类应该是最容易说的题目，因为话题所涉及的范围都是应试人亲身经历的事情或感受，只要按照事情发生、发展的时间顺序往下说就行了。比如：

　　(1) 是谁(是什么)？

　　(2) 为什么？

　　(3) 举例子。

　　(4) 怎么办？

　　以17号话题"尊敬的人"为例：

　　从小到大，我遇到过许多值得尊敬的人，但我最尊敬的，还是我的爸爸。(介绍爸爸的基本情况，如年龄、职业、外貌、性格、经历等)

　　为什么我最尊敬爸爸呢？因为爸爸的做人原则和教育方法在我的成长中起着关键性的作用，可以说没有爸爸的影响和教育，就没有现在的我。

　　(举两到三件生动感人的事例)

　　(再谈谈你该怎么做才能报答爸爸的养育之恩)

　　按这样的思路说话，不仅紧扣话题，条理清晰，层次分明，而且说话时间患少不患多。

　　再以6号话题"我的理想(或愿望)"为例：

　　我有许多愿望，而最大的愿望是自己能长高一点儿。可能是因为遗传的原因吧，我爸爸妈妈个子就不高，所以我才这么矮的个儿。

　　有人会说：人家的愿望都挺大的，为什么你会有这么一个小小的不足挂齿的愿望呢？唉，说这话的人是饱汉不知饿汉饥呀！个儿矮真的给我带来了不少麻烦。

　　(历数个儿矮的苦恼)

　　而个儿高就是不一样。(历数个儿高的好处)

　　所以，我还是觉得长高一点儿好。但我决不会因为个儿矮而自卑，我会科学地对待这个问题。(谈谈诸如加强营养、坚持锻炼、保证睡眠时间等有助于长个子的措施)

　　如果这些努力都做了还不能实现我的愿望，那我也不会气馁。我会从自己有能力改变的方面入手，使自己在人们心目中变得高大而不仅仅是视觉意义上的高大。

　　(若有时间还可以展开讲，从哪几个方面塑造自己的形象)

　　这样，由于集中讲了自己最有感触的事情，讲的时候能轻松自如，娓娓道来，不仅有话可说，还可以收到声情并茂的效果。

　　这项测试要求说话时间不少于3分钟，并不是要求在3分钟时恰好把话题完完整整地结束，而是要求围绕这个话题连续不断地至少说3分钟话。所以，思路确定之后，不必考虑时间，只管往下说，到3分钟时机考页面上的计时器会自动停止计时。即使准备好的内容没有说完也不会影响这一项的测试成绩。

三、说明介绍类话题的思路

这一类话题最忌讳的是只列出干巴巴的几个条目,不能展开详细的说明或介绍,最后使自己难以说满3分钟。所以在设计思路时,可以从一种事物的几个方面分别进行说明或介绍。比如,可从以下几个方面考虑说这类话题时的顺序和内容:

(1) 是什么(是谁或是什么样的)?

(2) 表现在哪几个方面?

(3) 每个方面是怎么样的?

(4) 自己的态度或打算。

以10号话题"我的兴趣爱好"为例:

一个人想要把自己的日子过得充实、丰富一点儿,就得发展自己的兴趣爱好,在这些兴趣爱好中体会生活的美好。我觉得我的兴趣爱好还是比较广泛的。

首先,我会安排很多时间来练习书法。我喜欢书法很大程度上是受了我爸爸的影响(讲爸爸如何影响你形成这个爱好的)。我觉得练习书法有很多好处。(历数练习书法的好处)

除了练习书法,我每周还会抽出一定的时间练习唱歌。(谈谈你喜欢唱的歌曲类型、喜欢的歌唱家以及练唱歌的场所等)同样,唱歌对人的好处也很多。(历数唱歌的好处)

对每一个人来说一日三餐是少不了的。我觉得,人不仅要吃得饱,还要吃得香、吃得科学。所以,我也很喜欢利用业余时间钻研烹调。比如……(谈谈自己新近学到的烹调方法等)

这些年,丰富的业余生活给我带来了数不清的乐趣。(若有时间可展开讲)我会有意识地培养出更多的兴趣和爱好,过好自己的每一天、每一时,做一个真正的热爱生命、热爱生活的人。

按这样的思路说,往往是应试人还意犹未尽,时间已经到了,怎么会发愁说不满3分钟呢?

再以12号话题"我喜欢的季节(或天气)"为例:

月落日出,斗转星移。一年里的四季各有各的特点,但我比较喜欢的还是夏天和秋天。

很多人都喜欢春天,我为什么喜欢夏天呢?因为夏天是一个走向成熟的季节。夏天满目绿色的景象我就不多说了,我想说的是我最喜欢在暑假旅游,而夏天明媚的阳光和较高的气温为我出行提供了最便利的条件……(谈谈在夏天出游着装简洁、行囊轻便等诸多好处)

我还喜欢秋天,因为它是一个收获的季节。一想起秋天,就好像看到了漫山遍野的红叶、沉甸甸的稻穗儿和挂满枝头的红苹果、黄香蕉、紫葡萄。去年国庆长假,我和朋友去新疆吐鲁番旅游……(谈谈这次秋天的旅游带给你的眼福、口福等多方面的享受)

我想我现在会认真学习,将来努力工作,攒足够的钱,争取在夏天、秋天这两个我喜欢的季节里多出去旅游,看遍祖国的锦绣河山。

需要注意的是,说话时决不能死搬事先设计的思路。假如准备的内容已经说完,但规定的3分钟还没有到,就应该在不离题的前提之下来一个小小的话题转换。比如上面这个话题,准备的内容已经说完而时间还没有用完,可以接着谈您并不是绝对不喜欢春天和冬天,再说一下这两个季节可爱的方面。不知不觉中,时间就到了。

四、议论评说类话题的思路

这类话题相比前两类略有难度，它需要具有更缜密的思维和更强的概括能力。比如，可以从以下几个方面考虑说话的顺序和内容：

（1）是什么？（提出自己的观点）

（2）为什么？（归纳出支持这个观点的几条理由）

（3）举例子。（可在每条理由之后，也可总说完理由后分别举例）

（4）怎么办？（提出实现自己观点的几条建议）

以 36 号话题"谈谈卫生与健康"为例：

我们常常听到这样一句话："身体是革命的本钱。"它告诉我们健康的重要性。我觉得，想要拥有健康的体魄，不受各种疾病的折磨，养成良好的卫生习惯是非常重要的。

首先，注意饮食卫生，可以使我们减少患肠胃病、肝病的危险……（谈谈如何注意饮食卫生）

其次，注意口腔卫生，可以使我们有一口坚固、美观的牙齿，不至于人未老牙先衰……（谈谈保持口腔卫生和保护牙齿的方法）

再次，注意环境卫生，可以使我们减少传染病发病的可能……（谈谈保持环境卫生如何从自己做起）

可见，只有养成良好的卫生习惯，才能保证我们的身体健康；有了健康的身体，我们才能轻松愉快地做自己想做的事情，实现自己一个又一个的愿望和理想。

再以 42 号话题"谈个人修养"为例：

现在，全社会都在提倡素质教育。我觉得，素质教育不仅仅是学校的事，而且是每一个公民的责任。不断加强每一个公民的个人修养，才能提高全民的素质。加强个人修养，我认为可以从以下几方面做起：

第一，说话要得体。在各种场合和人交往要做到说话和气、文雅、谦逊，不说粗话、脏话，不强词夺理，不恶语伤人。（再展开讲谈吐得当的好处和说话不当的坏处）

第二，举止要文明。比如，尊重别人，帮助别人，见面时打招呼，离开时道别，接受帮助及时感谢，妨碍别人及时道歉，不随地吐痰，不闯红灯，不乱扔垃圾，不损坏公物，不践踏花草，不随地大小便，在公共场合不大声喧哗，等等。（再展开讲举止文明的好处和举止不文明的坏处）

第三，仪表要端庄。一个人的仪表就是一张无声的名片，所以，着装要干净、整洁、得体，仪态要自然、大方、不卑不亢，同时还要注意个人卫生。（再展开讲仪表端庄给个人带来的好处和不注意仪表带来的坏处）

加强个人修养，对自己有好处，对别人有好处，对整个社会也有很大的好处，大家赶快行动起来，从我做起，从点点滴滴做起，实实在在地提高个人素质，加快社会文明进步的步伐。

从这两个话题举例来看，议论评说类话题围绕一个观点，分层归纳要言之有理，展开评说要言之有物。必要时，还可以用具体的事例来支持和证明自己的观点。

以上是按话题体裁不同进行分类，然后根据不同的类型理清思路的方法。这只是一个基本的参考模式，假如您的口头表达能力本来就很不错，完全可以说得更加灵活、更加精彩。

如果感觉到 50 个话题太多,想少准备几个,那么还有一个比较简捷的方法可以试一试:有的题目内容是相通的,只要事先对话题的内容进行一番仔细的分析和整合,准备一个基本内容,就可以涵盖好几个题目,说话时只需说几句扣题的开场白,然后巧妙地转入准备的内容就行了。比如:

尊敬的人(17)——是老师(2)
　　　　　　　　是我理想中想要成为的那个人(6)
　　　　　　　　是我童年生活中记忆最深刻的那个人(9)
　　　　　　　　是引领我从事自己喜欢的职业的那个人(25)
　　　　　　　　是朋友(8)
　　　　　　　　是引领我喜欢读书(或报刊)(13)或某种艺术形式的那个人(28)
　　　　　　　　是让我感动的那个人(27),他曾送我珍贵的礼物(3)
　　　　　　　　是家里对我的成长影响最大的那个人(31)
　　　　　　　　是让我理解了幸福的意义的那个人(43)
　　　　　　　　是教我如何保持良好心态的那个人(44)
　　　　　　　　是让我深刻理解亲情(或友情、爱情)的那个人(49)

假日生活(4)——假日里我度过了快乐的一天(1)
　　　　　　　　假日里我经常出去旅行(14),旅途中认识了一些植物(5)
　　　　　　　　有假日的季节我最喜欢,可以出去旅行(12)
　　　　　　　　假日在动物园见到许多我喜爱的动物(18)
　　　　　　　　在假日的旅行中我了解了不少地域文化或风俗(19)
　　　　　　　　假日里我来到了我向往的地方(26)或家乡(11)
　　　　　　　　假日里的旅行是我感到快乐的事情(21)
　　　　　　　　我喜欢节日里的长假,因为可以出去旅行(22)
　　　　　　　　假日里我学会了干家务活,体会到劳动的快乐(24)

过去的一年(7)——过去的一年除了学习(工作)以外,我用来发展了我的兴趣爱好
　　　　　　　　(10)
　　　　　　　　过去的一年业余时间几乎全部用来练习普通话(30)
　　　　　　　　过去的一年利用业余时间研究服饰(33)或美食(15)
　　　　　　　　过去的一年我品尝到体育运动的乐趣(20)
　　　　　　　　过去的一年我读了几本很棒的书(13),了解了几位历史人物(23),
　　　　　　　　理解了终身学习的意义(35)

对环境保护的认识(37)——保护环境卫生和我们的健康息息相关(36)
　　　　　　　　　　保护环境也是一种社会公德(38)
　　　　　　　　　　保护环境离不开严格的自律(34)
　　　　　　　　　　自觉保护环境也是一种个人修养(42)
　　　　　　　　　　垃圾分类对保护环境有极其重要的意义(45)

谈中国传统文化(40)——十二生肖是我国传统的民俗文化(29)
　　　　　　　　　　传统文化十分重视生活中的诚信(32)

传统文化中的美(47)

传统美德是传统文化的重要组成部分(48)

传统文化中的修身齐家治国平天下体现小家、大家与国家的关系(50)

我所在的学校(或公司、团队、其他机构)(16)——我所在的集体非常重视团队精神的培育(39)

科技发展与社会生活(41)——科技迅猛发展,我们已经进入了网络时代(46)

这样,内容能够相通的题目只需要准备一篇"自律与我"(34),也就是说,准备7个基础话题就可以基本涵盖这50个话题了。在准备周期比较短的情况下,这样处理话题能够收到事半功倍的效果。当然,假如您的口语表达水平不错,不管什么话题,张口就能滔滔不绝地说下去,那么完全可以不用这种颇费心思的方法去准备。

第二节 词语、语法符合普通话的规范

在命题说话这项测试中,测试员听应试人说话,除了会注意说些什么、语音是不是准确以外,还特别注意应试人使用的词语是不是普通话的词语,使用的句式是不是合乎普通话的语法规范。命题说话的评分标准规定,词汇、语法有不规范的情况,根据出现次数的多少扣1—4分。所以,说话时必须尽量避免用方言词语、方言习惯用语和方言句式表情达意。这就需要做到三点:一是平时坚持讲普通话,慢慢地形成使用普通话词语与语法的习惯,让这一习惯成为自然;二是在复习准备话题的时候,可以有意识地想一下,自己可能会用到哪些词,它们是不是符合普通话的说法;三是自己说话请别人听,所谓"当局者迷,旁观者清"可以指出你说话中不符合普通话词语语法规范的地方。同时,还可以通过下面一些练习题,提高自己判断普通话规范词语语法的能力。

一、普通话词语规范练习

1. 从每组词中选出普通话规范词语

A. 谈谈闲 攀讲 遍闲传 聊天儿 摆龙门阵 唠嗑 拍嘴鼓 白话

B. 双胞儿 双棒儿 双胞胎 双生子

C. 鼻子 鼻 鼻公 鼻哥 鼻头

D. 爹爹 爹 阿爹 爸爸 阿伯 大

E. 手巾 绢头 手捏仔 汗巾 手绢儿 手巾仔

2. 从下列词语中选出普通话的以"子"为词缀的词

A. 梨子 栗子 啥子 妹子

B. 街子 椅子 屉子 狗子

C. 辣子 粉面子 鸡娃子 鸭子

D. 脸蛋子 刷子 茅子 半拉子

E. 锁子 镜子 胰子 刀刀子

3. 从下列词语中选出普通话的以"头"为词缀的词

A. 灶头　码头　名头　擦头

B. 盼头　花头　挡头　纸头

C. 宅头　热头　来头　讲头

D. 夜头　鼻头　竹头　甜头

E. 锅头　房头　里头　木人头

4. 从下列词语中选出普通话的儿化词

A. 醒盹儿　虫虫儿　冰棍儿　猫娃儿

B. 邪门儿　自个儿　麦挺儿　掌勺儿

C. 谁个儿　饱嗝儿　手巾儿　前年个儿

D. 找茬儿　面叶儿　擦黑儿　背抄手儿

E. 好好儿　草草儿　皮皮儿　罐罐儿

5. 对比下列普通话词语和方言词语的词素排列次序

普通话词语　　方言词语

　喜欢　　　　　欢喜

　诚实　　　　　实诚

　规定　　　　　定规

　腐乳　　　　　乳腐

　公鸡　　　　　鸡公

6. 从下列短语中选出普通话规范成语

A. 自说自话　自言自语　寿头寿脑　沙声沙气

B. 鼻暴脸肿　舌尖嘴快　冰灰冷灶　粗茶淡饭

C. 搞七搞八　瞎三说四　说三道四　自五搭六

D. 神经兮兮　贼忒嘻嘻　笑眯嘻嘻　温情脉脉

E. 点点戳戳　夹夹绕绕　沸沸扬扬　累累堆堆

7. 从下列词义中选出普通话的词义

面汤——A:洗脸的热水。B:煮过面条的水。

生活——A:进行各种活动。B:活儿(主要指工业、农业、手工业等方面的)。

口头——A:味道(专指吃生的瓜果)。B:用说话的方式来表达的。

苗子——A:比喻继承某种事业的年轻人。B:苗头。

巴结——A:趋炎附势、讨好奉承。B:做事情努力。

8. 对译训练

请将自己家乡话中与普通话词义相同而词形不同或词形相同而词义不同的词语——进行对译(同乡结对训练或独自训练都行)。比如:

方言词语————对译成————普通话

小娃儿(成都)　　　　　小孩儿

汏浴(上海)　　　　　　洗澡

垢痂(西安)　　　　　　污垢

泼烦(兰州、重庆)　　　讨厌、麻烦

雪条(广州)	冰棍儿
辰光(上海、苏州)	时间
类扫(福州)	垃圾
蛐蟮子(长沙)	蚯蚓
叔子(南昌)	叔叔
咒鬼(梅州)	发誓
米羊(石家庄)	蚂蚁

在选择、判断时要特别注意普通话词语词形、词义、构词方式等方面与方言词语的区别。

二、普通话语法规范练习

1. 正确搭配下面的量词和名词

条	医院
间	窗户
所	房子
部	老鼠
扇	毛巾
架	电影
张	桥
只	桌子
座	飞机

2. 从每组词中选出普通话的规范词语

A. 盅盅　　瓶瓶　　勺勺　　娃娃

B. 写写好　试试看　看看看　坐坐好

C. 绷绷硬　硬梆梆　铁铁紧　齐整整

D. 白雪雪　白喇喇　白花花　雪雪白

E. 尴里尴尬　齷里齷齪　老里老早　糊里糊涂

3. 指出下列句中的普通话代词

A. 啥　　什么　么子　啥子

B. 咋个　咋　　咋咋　怎么　咋着

C. 你们　俫　　恁　　你吔　尔人

D. 哪点儿　哪达　啥浪　哪里　啊达

E. 这达　这块儿　这里　格啷厢

4. 分析下列句中表示动作状态持续的词,找出普通话的规范表达方式

A. 他发得写信。　　　　　　　　B. 伊正勒浪写信。

C. 他正写着信。　　　　　　　　D. 他正写子信。

E. 他正写信着呢。

5. 找出下列句子中哪种表示数量的说法是普通话规范的表达方式

A．一共有一十六只鸭子。　　　一共有十六只鸭子。

B．这套书一百一十六元。　　　这套书一百十六元，

C．我家住在两层。　　　　　　我家住在二层。

D．下午两点三刻，　　　　　　下午二点三刻。

E．现在的比分是二比六。　　　现在的比分是两比六。

6．指出下列句子中使用普通话规范语气助词的句子

A．小事情我从来不计较的啦!　　　B．你看这孩子写得多认真哪!

C．比从前省得多哉!　　　　　　　D．好舒服,好漂亮哦!

E．我说过我不会唱的呀!

7．指出下列句子中使用普通话规范叹词的句子

A．哇,我今天好高兴哦!　　　　　B．啊,太美啦!

C．快走嘎!　　　　　　　　　　　D．啊波,好贵哟!

E．嘎,真个好呀!

8．从下列各组句中选择一种语序符合普通话语法规范的句子

A．你去不去?　　　你去不?　　　你啊去?

B．到快哉。　　　　快到了。

C．我比你大。　　　我大过你。

D．今天你有没有练字?　　　　　有练。

　　今天你练字了吗?　　　　　　练了。

E．从前有的做,没的吃;现在有的做,也有的吃。

　　从前没有干的,也没有吃的;现在有干的,也有吃的。

9．从下列句子中找出语法符合普通话规范的句子

A．这件事我不晓得。　　　这件事我知不道。

　　这件事我晓不得。　　　这件事我不知道。

B．这沙发坐得三个人。　　这沙发会坐三个人。

　　这沙发能坐三个人。　　这沙发会坐得三个人。

C．不要客气,你先头走。　　不要客气,你走在先。

　　不要客气,你先走。　　　不要客气,你走去先。

　　不要客气,你走先。

D．拿一张报纸到我。　　　给一张报纸给我。

　　报纸一张给我。　　　　给我一张报纸。

　　给张报纸我。　　　　　把张报纸我。

E．这盘菜咸不?　　　这只菜啊咸?　　　这盘菜咸吗?

做上面这些练习时,一定要以普通话的用词造句习惯为标准进行选择和判断,如果有必要,可以借助《现代汉语词典》等工具书。

三、纠正病句练习

命题说话常见的失误除了夹杂方言词语和句式不规范之外,还有一个不容忽视的失

误——病句。由于命题说话时没有文字依据，比较接近平时口语表达的状态，没有时间精心组织语言，因此病句时有出现。下面是测试时出现的几个病句，请把它们改正过来。

1. 在假日里，我也比较会去玩。

_____

2. 总之而言，这时候我已经慢慢放下了心情。

_____

3. 我们买了许多野炊，准备露一手，老师夸夸我们那儿的美食非常多。

_____

4. 中国最热烈的节日就是春节了。

_____

5. 看到这种情景，许多脑海里涌现出感想。

_____

6. 现在到处都种了许多绿化，使人们的生活环境变好了。

_____

7. 我的朋友是一位商店的出售高档礼品的总经理。

_____

8. 现在科技发展了，人们都有了手机这种交通工具。

_____

9. 假日的天空晴朗无云是很令人开心的。

_____

10. 以前，大家们都通过写信联络感情。

_____

第三节　言语自然流畅，突出口语化特点

既然是"说话"，语音、语调、语气等都应该是日常口语表达时很自然的状态。也就是说，平时怎么说话的，测试时也就怎么说。要说得自然流畅，富于口语化，练习时就要注意下面几个问题。

一、选用口语色彩较浓的词语

一般说来，口语多用单音节词语、形象化词语和语气词，同时轻声、儿化韵的出现比较频繁，给人一种浅显、朴素、自然、富有生活气息的感觉。书面语常用的词语比较严谨、庄重、简洁。说话时，要注意选用口语色彩较浓的词语，尽量不用那些听起来"文气"很足的词或冷僻词。根据要求对下列各题进行判断：

1. 下列词语哪些常用于口头，哪些常用于书面？

A. 聊天儿—谈话　　畏惧—害怕　　看—观看　　心—心扉　　遗忘—忘

B. 恐吓—吓唬　　愤怒—生气　　口角—顶嘴　　色彩—颜色　　穷—贫穷

C．吝啬—小气　　来—莅临　　冷—寒冷　　住—居住　　飞—飞翔
D．乞讨—要饭　　丢掉—遗失　　望—凝望　　长相—容貌　　擅长—拿手
E．爸爸—父亲　　便—就　　　和—与　　　嘴—口腔　　　走—步行

2. 下面一段话中哪些词语不够口语化？请用口语化词语替换它们。

我们家是一个三口之家，格外和睦、温馨。我父亲在一家公司供职，我母亲是一位护士。我父母对我颇为疼爱。有一件事情令我久久难以忘怀。那年盛夏的一个傍晚，母亲采购了许多蔬菜和水果……

3. 请把下面一段话改为口语化的表述。

那是一个非常寒冷的黄昏，我孤独地在小河边徘徊，心中思念着远在家乡的慈母。落日的余晖映照在流淌着的河水上，河水反射出万道跃动着的眩目的金光。这时，一个非常美丽的小女孩挑着一对小桶来到河边挑水，打断了我的遐想……

二、选择口语化句式

口语化句式比较松散，句子比较短小、简洁，常常会有表示强调的重复，较少使用长句、多重复句和关联词语。而书面化句式常用结构复杂的长句、复句甚至多重复句，修辞成分用得比较多。请比较下列各组句子，选择出口语化句式。

1. 我高中时的班主任是一个高个子、大眼睛、性格较为内向的、不苟言笑的人。
   我高中时的班主任，高个子，大眼睛，性格比较内向，平常不大说笑。

2. 小朋友，你用橡皮泥制作的这些小动物非常生动形象，你的确是一个聪明的孩子！
   小朋友，这些小动物是你捏的？太好了，活灵活现的！你真聪明！

3. 记得那是三年前的一个阳光明媚的早晨……
   三年前的一天早上，天气很好，很早，太阳就出来了……

4. 在海边，也是生来第一次。我们尽情玩耍、游泳、拾贝壳、跑沙滩、尝海鲜……
   这是我平生首次来到海边。我们尽情地嬉戏着，或在蔚蓝的海水中畅游，或在银白的沙滩上奔跑，或拣拾五彩缤纷的贝壳，或品尝各式各样美味的海鲜……

三、不要背诵稿子

命题说话的测试目的就是要检测应试人在没有文字凭借下说普通话的准确和规范程度。可是，有些应试人为了使自己更有把握，把所有说话题目都写成文章背诵出来。其实，这样做的效果反而很差。

这项测试的评分标准里有一条"语言基本流畅，口语化较差，有背稿子的表现。扣0.5分、1分"。换句话说，即使说得基本流畅，但一听就是事先写成书面稿背出来的，还得扣分。因为"背诵"和"说"在语调、语气、表情等方面存在很大不同，在测试中背诵稿子，必定会失掉不少分。所以，绝对不要费尽心思地写稿子、背稿子，这是一种吃力不讨好的做法。

大家平时说话总是顺口说来，这才会流畅、自然，测试时也应该追求这样的说话效果。一个简单有效的练习方法是：准备话题时列出简单的说话提纲，然后按提纲的思路练说（练

说时最好计时),随机添加内容。

以 14 号话题"难忘的旅行"为例:

1. 登泰山

2. 时间、季节、同行的人、交通工具

3. 路上的所见所闻

4. 到山下的情景

5. 登山的过程

6. 登上山顶的所见所闻

7. 这次旅行引发的感想

再以 16 号话题"我所在的学校(或公司、团队、其他机构)"为例:

1. ××学校××专业××班

2. 人数、男女生分布情况

3. 生源的构成情况

4. 班干部的简介

5. 班集体的鲜明特点

6. 同学们的学习情况

7. 生活在这个集体的感受

这样说话才会有较大的灵活度,避免考场上因为忘记一句话而陷入窘境。

四、避免口头禅

口语化表达要求简洁、明快,但由于需要临时组织语言,这就难免会出现短暂的思维滞后,不少应试人往往会以一些无表意作用的口头词为思维提供缓冲的时间,以便组织下面要说的话。在一段口语中,偶尔出现这样的情况是正常的,但当这些词语在言语表达中形成定势,机械地、反复地出现,就形成"口头禅"。口头禅不仅提供大量无用的信息,还使句子支离破碎,严重影响语意的完整性和流畅度。

现在请找出下面常见的口头禅中自己口语里习惯反复使用的那些,在平常说话时有意识地避免它们的出现。

嗯……嗯 呀……呀 这个 这一个 那个 那种 那么 然后 后来 反正 是不是 是吧 是吗 对吧 对吗 对不对 就是 就是说 基本上 啊……啊 当然 当然啦 本来 本来嘛 ……的时候

五、避免涉及可能激起强烈情绪波动的内容

人在心境平和、轻松愉快的状态下,思维敏捷,思路宽广,口头表达也流畅;相反,在极度愤怒或过分悲伤等负面情绪中,往往会思维条理混乱,表达断断续续、杂乱无章。所以,在准备话题内容时,尽量不要涉及那些有可能引起自己情绪过度起伏的内容(比如痛失亲人、家庭变故等),以免仅仅由于情绪的原因而导致说话不流畅,大大影响测试成绩。

六、避免简单重复

命题说话这一测试项,是检测应试人围绕一个主题用普通话进行自然表达时的规范程度,因此,在考场上说话的状态与平时的说话状态应该基本相同。有极少数应试人为了掩盖自己发音的真实情况,尽量少说不同音节的词语,试图用简单重复的方法来蓄意对付测试。例如,有一位应试人在讲"假日生活"时这样说:

我的假日生活丰富多彩,最主要的就是钓鱼。去年暑假我到一个鱼塘边钓了三小时鱼。钓上来了一条鱼,两条鱼,三条鱼,四条鱼,五条鱼,六条鱼……

一直数到3分钟。3分钟之内"鱼"和"一"到"十"的数目字说了无数遍,这显然不是正常的表达状态,不能够反映应试人说普通话的真实水平,反倒会失去很多分数。

七、掌握好说话的速度

测试中,说话的速度也是有讲究的,应该不急不躁,不快不慢,娓娓道来。有些应试人说话速度太快,像打机关枪似的"哒哒哒哒"一阵猛扫。于是,语音错误、方言词语、方言语法、病句不经意之间全冒出来了,不知不觉中就被扣掉了很多分。还有些应试人说话速度太慢,拖拖沓沓,断断续续,因而在流畅度方面丢掉不少分。

那么,到底用怎样的速度说话呢?一般来说,应该使用比平常说话稍慢一点儿的语速。这样,就可以边想边说,边注意发音,边斟酌用词用句。这样的语速既不影响说话的流畅度,又使自己有了边说边选择的可能性。对于发音方面困难比较大的应测者,这个办法尤其合适。

命题说话评分的主要依据是应试人普通话语音的标准度、词语语法的规范度和言语的流畅度,因此所有的努力都必须紧扣这三个方面进行。千万不要本末倒置或舍本求末,白白丢掉自己本来应得的分数。用录音的方法练习说话,是一条很有效的途径。因为自己说话时往往难以发现读音、用词、句法方面的毛病,而从一个旁观者的角度听自己的录音、找自己的毛病时,就明白自己的不足了。具体方法是:录一遍,听一遍,检查纠正之后再录一遍……这样几遍练下来,效果一定很不错。

第五章　测试心理辅导

报名参加普通话水平测试的应试人大多是大学毕业，经历过大大小小无数次考试，但对于普通话水平测试这种在计算机测试系统面前独自读、说十几分钟的考试一定经历得不多。

有许多应试人平时和别人交流根本不存在什么困难，但在这种场合之下，大多数人都会由于怯场而出现不因方音影响而产生的错误或其他意外，使自己的成绩大受影响。

第一节　怯场心理对测试过程的影响

一、读单音节字词中因怯场而出现的读音错误

最常见的情况就是把甲字读成与它在意义、用法上有关联的乙字。在测试中常常遇到应试人出现这样一些让人啼笑皆非的读音错误：

shùn—yáo	kēng—qiāng	gà—gān	lú—zōng
舜—尧	铿—锵	尬—尴	栌—棕
pài—péng	yuān—yāng	tì—chōu	wān—wā
湃—澎	鸳—鸯	屉—抽	剜—挖
fǎn—huí	nèi—wài	kuò—kuān	dòng—lěng
返—回	内—外	阔—宽	冻—冷

这些字之所以误读既不是受方言的影响，又不是因为字形相近，更不是生僻字，完全是由于紧张、慌乱而读错。

二、读多音节词语中因怯场而产生的读音错误

测试中由于怯场而读错多音节词语的情况也时有发生。最常见的有三种：

1. 把一个词读成与它意义相关联的另一个词。比如：

bōtāo bōlàng	xuǎnjǔ tiāoxuǎn	fǎnhuí fǎnxiào	kěxī kělián
波涛—波浪	选举—挑选	返回—返校	可惜—可怜

2. 把一个词读成与它词形相近的另一个词：

yǐnbì yǐncáng	dòngjié lěngdòng	cóngwèi cónglái
隐蔽—隐藏	冻结—冷冻	从未—从来

húnpò　guǐhún
魂魄—鬼魂

3. 调换前后两个字的位置而读成另一个词。比如：

kēxué　xuékē　　láilì　lìlái　　láiwǎng　wǎnglái　　huǒchái　cháihuo
科学—学科　　来历—历来　　来往—往来　　　火柴—柴火

这些读音错误既不是受方言影响，又不是不认识，而是由于精神过于紧张眼巴巴地看着它们就读错了，真是太令人惋惜了。

三、朗读短文中因怯场而导致的问题

怯场心理对朗读短文的效果也会产生很大负面影响。常见的情况是：

1. 忘记字音。测试之前练习的时候您已经基本读准了作品中每个字的声母、韵母和声调，但在考场上一紧张，忘记了哪个字该读翘舌音、哪个字该读后鼻韵母等等，方言就趁机溜了出来。

2. 换字。把作品 6 号《大自然的语言》中的"候鸟去来"读成"候鸟来去"；把作品 37 号《鸟的天堂》中的"数不清的丫枝"读成"数不清的枝丫"；把作品 40 号《一粒种子造福世界》中的"套鞋"读成"鞋套"；把作品 44 号《纸的发明》中的"捣烂成浆"读成"捣成烂浆"等等。

3. 受上文的影响而读错。比如作品 1 号《北京的春节》中上文是"孩子们喜欢……"，下文是"孩子们欢喜"，受上文的影响，有的应试人就顺口把下文也读成"喜欢"；再如作品 13 号《海滨仲夏夜》中，上文是"真的灯火也次第亮了起来"，下文是"山坡上的那一片灯光"，有的应试人顺口把下文也读成了"灯火"。

4. 反复停顿、回读，读得断断续续，或停连不当，破坏了语意的完整性。

5. 速度过快或过慢。

四、命题说话时因怯场而导致的问题

因为命题说话要求应试人进行不凭借文字材料的连续表达，这就更加需要具备良好的、放松的临场心态。否则，很可能出现这些情况：

1. 思维混乱：把原先设计好的思路、组织好的语言忘得一干二净，不知道从何说起、怎么说。

2. 语无伦次：说话结结巴巴、颠三倒四。

3. 错误频出：顾了说话的内容就顾不了语音和用词甲句，方音、方言词语和不规范的语法层出不穷。

4. 无话可说：原先准备的内容很多，一上场三言两语就说完了，说不满规定的时间。

怯场心理比较严重的朋友，往往是前面因紧张出了一点儿差错，越错越慌，越慌错越多，形成一种恶性循环，好端端的测试全都被怯场心理毁了。

第二节　怯场心理产生的原因

测试时出现紧张、慌乱的心理，可能有以下几方面的原因：

一、缺乏锻炼

大多数应试人平常缺乏在正式场合说话的锻炼，心理素质不够好，信心严重不足，尤其不习惯面对着电脑和其他应试者同时口试这种阵势。

二、求胜心切

有的应试人为自己定的标准太高或求胜心太急切，在测试前或测试中承受巨大的心理压力，极容易出现思维阻滞、头脑空白、语言不畅等问题。

三、消极暗示的干扰

许多应试人在进考场之前会想"我的语音基础不太行，考不好怎么办"、"我要是考不及格多丢人哪"；在测试中会想"前面那句话没有读好，不知会扣几分"、"时间滚动条怎么还不走完哪"等等。这些消极暗示不仅会加重自己的心理负担，还常常导致在测试中分散注意力而出现失误。

第三节　克服怯场心理的方法

可以说，怯场心理是一种大众心理，就看谁能够更有效地克服它，从而成功地在正式场合讲话或参加普通话水平测试。下面提供几种测试时克服怯场心理的方法，但愿能够对大家有所帮助。

一、熟能生巧

平时坚持多讲普通话，对难读的字词多读多练，对每一篇作品中的词语、句子、对话都非常熟悉，测试时心中有底了，也就不太紧张了。

二、树立自信

在下功夫苦练的前提下经常对自己进行积极的心理暗示，比如"我相信，我肯定会过关"、"我花了这么多功夫，一定能成功"等等。消极的因素和消极的结果坚决不去想。

三、放松心态

进考场前有意识地把注意力转到其他让自己感到轻松愉快的事情上去，比如听听音乐、哼哼歌曲、说说笑话等等。这样，大脑的兴奋点转移了，紧张情绪自然也就有所缓解。

四、当众孤独

进了考场就像进入了无人之地，不要在意面前的电脑，不要在意考场内的巡视人员，不要在意周围其他应试者发出的声音，也不要在意门外的嘈杂声。仿佛幽静的山谷里只有您一个人，只有您坐在那里安安静静、认认真真地读着那些字词和文章。这时候，您还会紧张吗？

五、精力集中

看准每一个字，偶尔有读音或说话的失误，也不要慌。如果是前两项测试读错了音，要很快地反应过来并及时纠正。千万不要去想读错了或说错了会扣多少分、会对测试成绩有什么影响等等，只是镇静地、专注地读下去，直至测试结束。

可见，普通话水平测试不仅是对应试人的普通话水平的考查，也是对应试人的心理素质的考验。只要调整好自己的心态，不慌不忙、不急不躁、从容不迫地应考，就一定会考出自己期望的成绩。

附录一　普通话水平测试大纲

（教育部　国家语委发教语用〔2003〕2 号文件）

　　根据教育部、国家语言文字工作委员会发布的《普通话水平测试管理规定》《普通话水平测试等级标准》,制定本大纲。

一、测试的名称、性质、方式

　　本测试定名为"普通话水平测试"(PUTONGHUA SHUIPING CESHI,缩写为 PSC)。

　　普通话水平测试测查应试人的普通话规范程度、熟练程度,认定其普通话水平等级,属于标准参照性考试。本大纲规定测试的内容、范围、题型及评分系统。

　　普通话水平测试以口试方式进行。

二、测试内容和范围

　　普通话水平测试的内容包括普通话语音、词汇和语法。

　　普通话水平测试的范围是国家测试机构编制的《普通话水平测试用普通话词语表》、《普通话水平测试用普通话与方言词语对照表》、《普通话水平测试用普通话与方言常见语法差异对照表》、《普通话水平测试用朗读作品》、《普通话水平测试用话题》。

三、试卷构成和评分

　　试卷包括 5 个组成部分,满分为 100 分。

（一）读单音节字词(100 个音节,不含轻声、儿化音节),限时 3.5 分钟,共 10 分。

　　1. 目的:测查应试人声母、韵母、声调读音的标准程度。

　　2. 要求:

　　(1) 100 个音节中,70%选自《普通话水平测试用普通话词语表》"表一",30%选自"表二"。

　　(2) 100 个音节中,每个声母出现次数一般不少于 3 次,每个韵母出现次数一般不少于 2 次,4 个声调出现次数大致均衡。

　　(3) 音节的排列要避免同一测试要素连续出现。

　　3. 评分:

　　(1) 语音错误,每个音节扣 0.1 分。

　　(2) 语音缺陷,每个音节扣 0.05 分。

　　(3) 超时 1 分钟以内,扣 0.5 分;超时 1 分钟以上(含 1 分钟),扣 1 分。

（二）读多音节词语(100 个音节),限时 2.5 分钟,共 20 分。

　　1. 目的:测查应试人声母、韵母、声调和变调、轻声、儿化读音的标准程度。

　　2. 要求:

（1）词语的 70% 选自《普通话水平测试用普通话词语表》"表一"，30% 选自"表二"。

（2）声母、韵母、声调出现的次数与读单音节字词的要求相同。

（3）上声与上声相连的词语不少于 3 个，上声与非上声相连的词语不少于 4 个，轻声不少于 3 个，儿化不少于 4 个（应为不同的儿化韵母）。

（4）词语的排列要避免同一测试要素连续出现。

3. 评分：

（1）语音错误，每个音节扣 0.2 分。

（2）语音缺陷，每个音节扣 0.1 分。

（3）超时 1 分钟以内，扣 0.5 分；超时 1 分钟以上（含 1 分钟），扣 1 分。

（三）选择判断*，限时 3 分钟，共 10 分。

1. 词语判断（10 组）

（1）目的：测查应试人掌握普通话词语的规范程度。

（2）要求：根据《普通话水平测试用普通话与方言词语对照表》，列举 10 组普通话与方言意义相对应但说法不同的词语，由应试人判断并读出普通话的词语。

（3）评分：判断错误，每组扣 0.25 分。

2. 量词、名词搭配（10 组）

（1）目的：测查应试人掌握普通话量词和名词搭配的规范程度。

（2）要求：根据《普通话水平测试用普通话与方言常见语法差异对照表》，列举 10 个名词和若干量词，由应试人搭配并读出符合普通话规范的 10 组名量短语。

（3）评分：搭配错误，每组扣 0.5 分。

3. 语序或表达形式判断（5 组）

（1）目的：测查应试人掌握普通话语法的规范程度。

（2）要求：根据《普通话水平测试用普通话与方言常见语法差异对照表》，列举 5 组普通话和方言意义相对应，但语序或表达习惯不同的短语或短句，由应试人判断并读出符合普通话语法规范的表达形式。

（3）评分：判断错误，每组扣 0.5 分。

选择判断合计超时 1 分钟以内，扣 0.5 分；超时 1 分钟以上（含 1 分钟），扣 1 分。答题时语音错误，每个错误音节扣 0.1 分；如判断错误已经扣分，不重复扣分。

（四）朗读短文（1 篇，400 个音节），限时 4 分钟，共 30 分。

1. 目的：测查应试人使用普通话朗读书面作品的水平。在测查声母、韵母、声调读音标准程度的同时，重点测查连读音变、停连、语调以及流畅程度。

2. 要求：

（1）短文从《普通话水平测试用朗读作品》中选取。

（2）评分以朗读作品的前 400 个音节（不含标点符号和括注的音节）为限。

3. 评分：

（1）每错 1 个音节，扣 0.1 分；漏读或增读 1 个音节，扣 0.1 分。

（2）声母或韵母的系统性语音缺陷，视程度扣 0.5 分、1 分。

（3）语调偏误，视程度扣 0.5 分、1 分、2 分。

（4）停连不当，视程度扣 0.5 分、1 分、2 分。

（5）朗读不流畅（包括回读），视程度扣 0.5 分、1 分、2 分。

（6）超时扣 1 分。

（五）命题说话，限时 3 分钟，共 30 分。

1. 目的：测查应试人在无文字凭借的情况下说普通话的水平，重点测查语音标准程度、词汇语法规范程度和自然流畅程度。

2. 要求：

（1）说话话题从《普通话水平测试用话题》中选取，由应试人从给定的两个话题中选定 1 个话题，连续说一段话。

（2）应试人单向说话。如发现应试者有明显背稿、离题、说话难以继续等表现时，主试人应及时提示或引导。

3. 评分：

（1）语音标准程度，共 20 分。分六档：

一档：语音标准，或极少有失误。扣 0 分、0.5 分、1 分。

二档：语音错误在 10 次以下，有方音但不明显。扣 1.5 分、2 分。

三档：语音错误在 10 次以下，但方音比较明显；或语音错误在 10 次—15 次之间，有方音但不明显。扣 3 分、4 分。

四档：语音错误在 10 次—15 次之间，方音比较明显。扣 5 分、6 分。

五档：语音错误超过 15 次，方音明显。扣 7 分、8 分、9 分。

六档：语音错误多，方音重。扣 10 分、11 分、12 分。

（2）词汇语法规范程度，共 5 分。分三档：

一档：词汇、语法规范。扣 0 分。

二档：词汇、语法偶有不规范的情况。扣 0.5 分、1 分。

三档：词汇、语法屡有不规范的情况。扣 2 分、3 分。

（3）自然流畅程度，共 5 分。分三档：

一档：语言自然流畅。扣 0 分。

二档：语言基本流畅，口语化较差，有背稿子的表现。扣 0.5 分、1 分。

三档：语言不连贯，语调生硬。扣 2 分、3 分。

说话不足 3 分钟，酌情扣分：缺时 1 分钟以内（含 1 分钟），扣 1 分、2 分、3 分；缺时 1 分钟以上，扣 4 分、5 分、6 分；说话不满 30 秒（含 30 秒），本测试项成绩计为 0 分。

四、应试人普通话水平等级的确定

国家语言文字工作部门发布的《普通话水平测试等级标准》是确定应试者普通话水平等级的依据。测试机构根据应试人的测试成绩确定其普通话水平等级，由省、自治区、直辖市以上语言文字工作部门颁发相应的普通话水平测试等级证书。

普通话水平划分为三个级别，每个级别内划分两个等次。其中：

97 分及其以上，为一级甲等；

92 分及其以上但不足 97 分，为一级乙等；

87 分及其以上但不足 92 分，为二级甲等；

80 分及其以上但不足 87 分，为二级乙等；

70 分及其以上但不足 80 分，为三级甲等；

60 分及其以上但不足 70 分，为三级乙等。

＊说明：各省、自治区、直辖市语言文字工作部门可以根据测试对象或本地区的实际情况，决定是否免测"选择判断"测试项。如免测此项，"命题说话"测试项的分值由 30 分调整为 40 分。评分档次不变，具体分值调整如下：

（1）语音标准程度的分值，由 20 分调整为 25 分。

一档:扣 0 分、1 分、2 分。

二档:扣 3 分、4 分。

三档:扣 5 分、6 分。

四档:扣 7 分、8 分。

五档:扣 9 分、10 分、11 分。

六档:扣 12 分、13 分、14 分。

(2) 词汇语法规范程度的分值,由 5 分调整为 10 分。

一档:扣 0 分。

二档:扣 1 分、2 分。

三档:扣 3 分、4 分。

(3) 自然流畅程度,仍为 5 分,各档分值不变。

(摘自《普通话水平测试实施纲要(2021 年版)》,国家语委普通话与文字应用培训测试中心编制,语文出版社 2022 年 4 月第 1 版)

附录二　普通话水平测试
等级标准(试行)

(国家语言文字工作委员会 1997 年 12 月 5 日颁布,国语【1997】64 号)

一级

甲等　朗读和自由交谈时,语音标准,词汇、语法正确无误,语调自然,表达流畅。测试总失分率在 3% 以内。

乙等　朗读和自由交谈时,语音标准,词汇、语法正确无误,语调自然,表达流畅。偶然有字音、字调失误。测试总失分率在 8% 以内。

二级

甲等　朗读和自由交谈时,声韵调发音基本标准,语调自然,表达流畅。少数难点音(平翘舌音、前后鼻尾音、边鼻音等)有时出现失误。词汇、语法极少有误。测试总失分率在 13% 以内。

乙等　朗读和自由交谈时,个别调值不准,声韵母发音有不到位现象。难点音(平翘舌音、前后鼻尾音、边鼻音、fu——hu、z——zh——i、送气不送气、i——ü 不分,保留浊塞音和浊塞擦音、丢介音、复韵母单音化等)失误较多。方言语调不明显。有使用方言词、方言语法的情况。测试总失分率在 20% 以内。

三级

甲等　朗读和自由交谈时,声韵调发音失误较多,难点音超出常见范围,声调调值多不准。方言语调较明显。词汇、语法有失误。测试总失分率在 30% 以内。

乙等　朗读和自由交谈时,声韵调发音失误多,方音特征突出。方言语调明显。词汇、语法失误较多。外地人听其谈话有听不懂情况。测试总失分率在 40% 以内。

附录三　普通话水平测试的程序

第一部分　人工测试的程序

1. 按规定时间来到测试地点。
2. 向工作人员出示准考证并领取自己的朗读短文号和说话题目。
3. 进入备测室准备朗读和话题。
4. 由工作人员叫号进入考场。
5. 坐在录音设备和测试员面前开始应测。
(1) 打开录音设备后自报姓名。
(2) 测试第一项时说完"一、读单音节字词"之后再开始读。
(3) 测试第二项时说完"二、读多音节词语"之后再开始读。
(4) 测试第三项时说完"作品××号"之后再开始读。
(5) 测试第四项时说完"我说话的题目是×××××"之后再开始说。
6. 测试结束,离开考场。

第二部分　计算机辅助测试操作程序及注意事项

随着我国科学技术的飞速发展,近年来,部分省市自治区已经实现了计算机辅助普通话水平测试(俗称"普通话水平机考"),即面对计算机考完四个测试项目。对于应试人来讲,参加普通话水平机考的最大好处是比较放松,不紧张,有利于发挥最佳水平;对于测试工作来说,大大提高了测试质量、测试效率和测试公信度。

应试人在参加测试前,了解"国家普通话水平智能测试系统"的操作程序以及注意事项对于顺利参加测试十分必要。

一、准备时间

普通话水平机考与人工测试一样,会安排应试人在备测室进行测前准备,时间为 10 分钟左右。总体测试流程是:

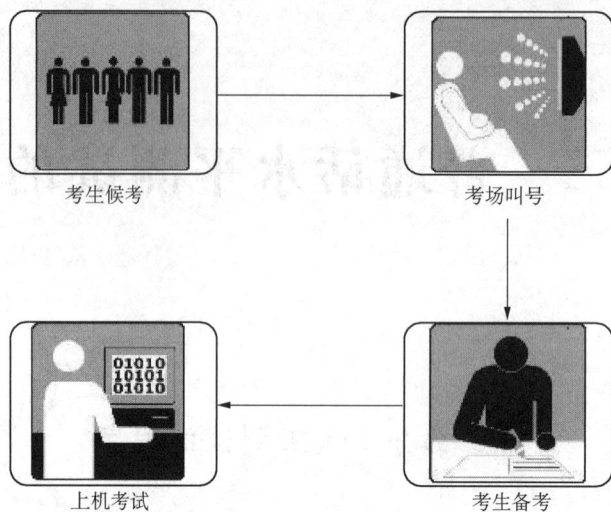

图六　总体测试流程

二、佩戴耳机(见图七)

1. 应试人就座后戴上耳机(麦克风戴在左耳),并将话筒置于口腔前方,不可用手捂着话筒。

2. 戴好耳机后请点击"下一步"按钮。

图七　佩戴耳机

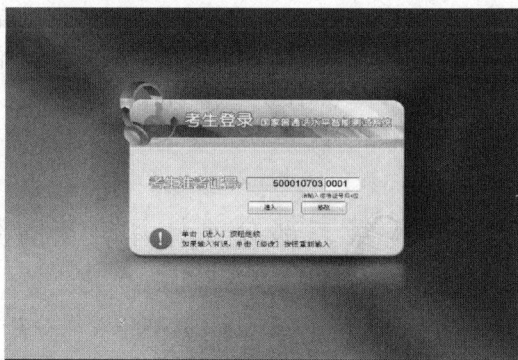

图八　考生登录

三、考生登录(见图八)

1. 输入自己的准考证编号的后四位数。

2. 单击"进入"按钮继续。

3. 若输入有误,单击"修改"按钮重新输入。

四、核对信息(见图九)

1. 请仔细核对自己的个人信息。

2. 若信息无误,单击"确认"按钮继续。

3. 若准考证编号有误,请单击"返回"按钮重新登录。

4. 若其他信息有误,请索要并填写"计算机辅助普通话水平测试考生信息更正单",交主考教师备案,然后单击"确认"按钮继续。

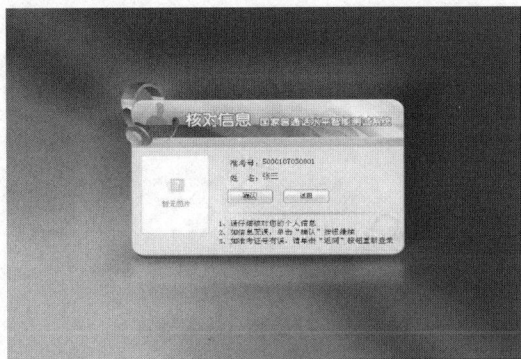

图九　核对信息

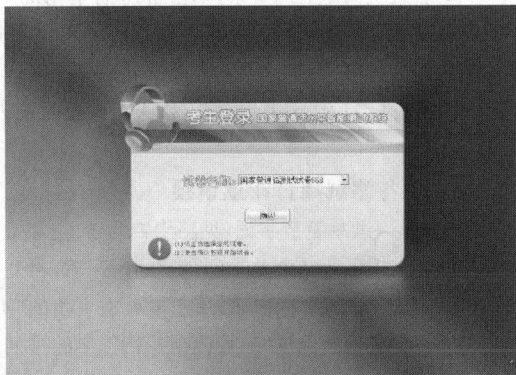

图十　确认试卷

五、确认试卷（见图十）

该步骤直接点击"确认"按钮继续即可。

六、自动试音（见图十一）

1. 请在提示语结束并听到"嘟"的一声后，用正常说话的音量朗读主屏中的个人测试信息。
2. 本系统会自动调节，以适应您的音量，您不用作任何操作。
3. 试音结束，系统会弹出提示试音结束的对话框。
4. 点击对话框中的"确认"按钮，进入正式测试程序。

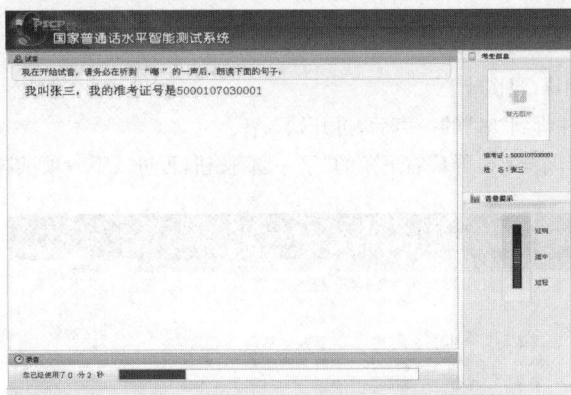

图十一　自动试音

七、开始考试

（一）测试总体注意事项

1. 普通话水平测试共有 4 项题目，系统会依次显示各项内容，应试人只需根据屏幕显示的试题内容进行录音。
2. 每项试题前都有一段语音提示，请在提示语结束并听到"嘟"的一声后，再开始读。
3. 录音过程中，应做到吐字清晰，语速适中，音量同试音时保持一致。
4. 录音过程中，请注意主屏下方的时间提示，确保在规定的时间内完成每项测试。

5. 规定时间结束,系统会自动进入下一项试题。

6. 若某项试题时间有余,单击屏幕右下角的"下一题"按钮,可进入下一项试题;但第四个测试项目"命题说话"必须说满3分钟,缺时将以秒为单位扣分。

7. 测试过程中,应试人不要说试卷以外的任何内容,以免影响测试成绩。

8. 若有疑问,请举手示意,工作人员会及时前来解答。

(二)各测试项目注意事项

第一题 读单音节字词(见图十二)

1. 请在提示语结束并听到"嘟"的一声后,再开始录音。

2. 若该项试题时间有余,单击屏幕右下角的"下一题"按钮,可进入下一项试题。

3. 请务必横向朗读,一行蓝字一行黑字的排列是为了分行醒目,不要跳行读题。

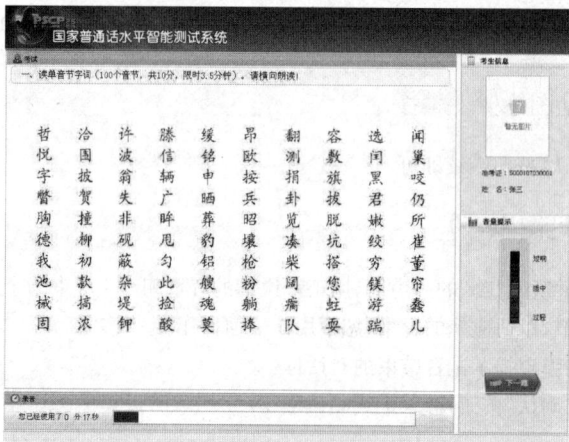

图十二 第一题 读单音节字词

第二题 读多音节词语(见图十三)

1. 请在提示语结束并听到"嘟"的一声后,再开始录音。

2. 若该项试题时间有余,单击屏幕右下角的"下一题"按钮,可进入下一项试题。

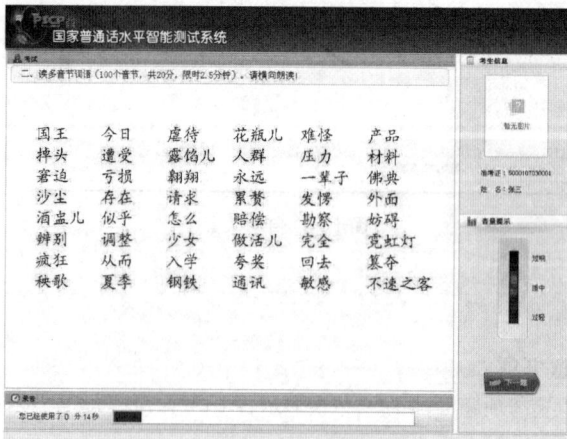

图十三 第二题 读多音节词语

第三题 朗读短文(见图十四)

1. 请在提示语结束并听到"嘟"的一声后,再开始录音。

2. 朗读时保持音量稳定，大小与试音音量一致，音量过低会导致评测失败。

3. 若该项试题时间有余，单击屏幕右下角的"下一题"按钮，可进入下一项试题。

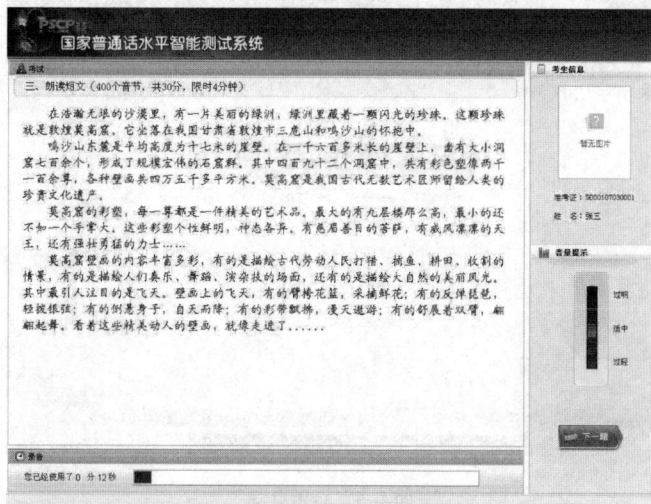

图十四　第三题　朗读短文

第四题　命题说话（见图十五）

1. 请在提示语结束并听到"嘟"的一声后，再开始录音。

2. 录音开始时，请读出所选话题名称。如：我说的话题是"我尊敬的人"。

3. 说话内容需符合所选话题，离题或不具评判价值语料均会导致丢分。

4. 本题必须说满 3 分钟（请按主屏下方的时间提示条把握时间）。

5. 说满 3 分钟后，系统会自动提交试卷，便可结束考试。

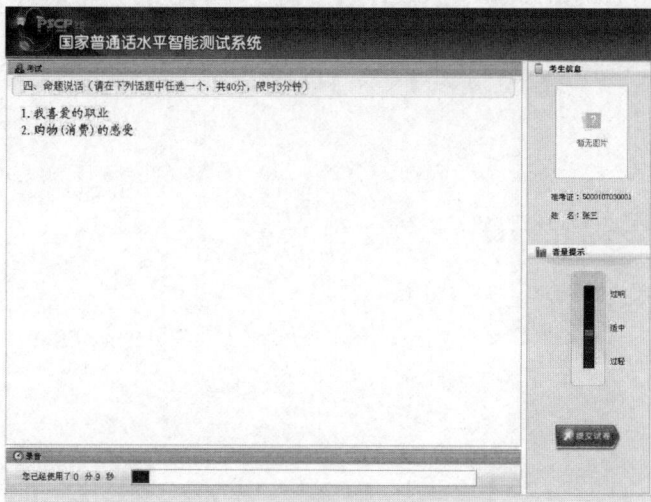

图十五　第四题　命题说话

八、结束考试（见图十六）

1. 提交试卷后，系统会自动弹出如下提示框，表示应试人已成功结束本次考试。

2. 请单击屏幕中央的"确定"按钮，结束整个考试程序。

3. 请摘下耳机放在桌上,然后轻轻离开考场。

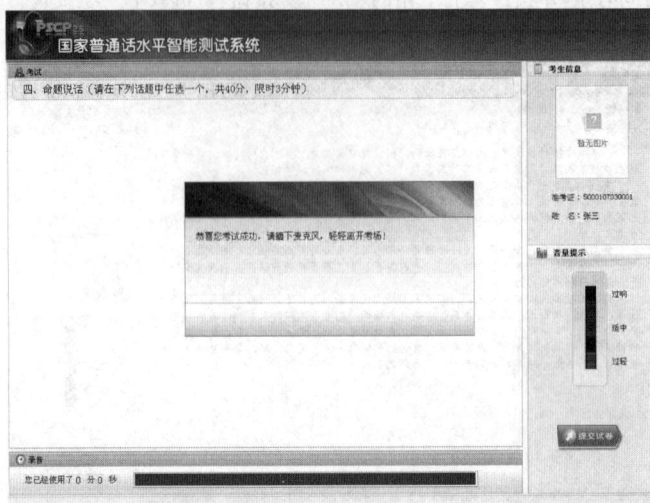

图十六　结束考试

附录四 普通话水平测试模拟试卷

一号卷

一、读单音节字词(100个音节,共10分,限时3.5分钟)

奔	纵	赏	箔	扔	哨	沁	访
僧	贫	炕	扭	标	免	票	脓
鸣	赫	爽	擦	热	达	抛	项
宋	支	课	捧	捶	体	蕨	此
绥	日	家	奏	贴	较	丢	填
爵	栓	绪	吭	锯	皇	罐	来
屈	醇	妆	瘸	错	熏	附	裘
允	估	饵	翁	扯	鳍	绕	听
导	翅	泛	艘	贼	否	您	册
娘	颇	海	雄	夫	孽	宽	雷
伞	略	资	笔	穷	猛	孵	抬
爹	苑	乖	卢	桦	箩	俊	改
吏	伙	玄	厚				

二、读多音节词语(100个音节,共20分,限时2.5分钟)

至少	森林	色彩	妖精	内容	举止
规模	人群	掌握	被窝儿	损害	下班
平行	成本	描述	此刻	爽快	怀念
胸脯	鼻梁儿	抢救	妥当	化肥	波长
投降	卷烟	敏锐	确立	明天	好玩儿
扭转	陨石	庄稼	学者	分裂	协作
恐怕	总统	存在	打盹儿	窘迫	选取
自发	参谋	卤水	了得	工作日	潜移默化

三、朗读短文

作品6号

立春过后,大地渐渐从沉睡中苏醒过来。冰雪融化,草木萌发,各种花次第开放。再过两个月,燕子翩然归来。不久,布谷鸟也来了。于是转入炎热的夏季,这是植物孕育果实的时期。到了秋天,果实成熟,植物的叶子渐渐变黄,在秋风中簌簌地落下来。北雁南飞,活跃在田间草际的昆虫也都销声匿迹。到处呈现一片衰草连天的景象,准备迎接风雪载途的寒冬。在地球上温带和亚热带区域里,年年如是,周而复始。

几千年来,劳动人民注意了草木枯荣、候鸟去来等自然现象同气候的关系,据以安排农事。杏花开了,就好像大自然在传语要赶快耕地;桃花开了,又好像在暗示要赶快种谷子。布谷鸟开始唱歌,劳动人民懂得它在唱什么:"阿公阿婆,割麦插禾。"这样看来,花香鸟语,草长莺飞,都是大自然的语言。

这些自然现象,我国古代劳动人民称它为物候。物候知识在我国起源很早。古代流传下来的许多农谚就包含了丰富的物候知识。到了近代,利用物候知识来研究农业生产,已经发展为一门科学,就是物候学。物候学记录植物的生长荣枯,动物的养育往来,如桃花开、燕子来等自然现象,从而了解随着时节//推移的气候变化和这种变化对动植物的影响。

(节选自竺可桢《大自然的语言》)

四、命题说话(任选一题,时间不得少于 3 分钟)

1. 假日生活
2. 科技发展与社会生活

二号卷

一、读单音节字词(100 个音节,共 10 分,限时 3.5 分钟)

税	女	双	灌	隋	犬	誉	翁
略	选	推	国	挖	辙	缺	魂
买	患	捕	岁	穴	址	砷	撑
谏	冷	姿	费	刀	蕨	尔	赠
缀	祛	节	鲤	囚	递	抓	笑
匹	垫	您	多	娘	托	甲	详
渺	白	顾	免	戳	见	烛	柄
滇	熊	遵	笋	庆	帮	日	剖
敛	坑	配	夕	人	弓	秤	瞥
篷	贴	绕	葱	啃	惩	陋	胶
铅	两	同	扣	�	晌	芯	探
肤	狭	袄	魄	睬	寺	开	则
钞	雌	匹	适				

二、读多音节词语(100 个音节,共 20 分,限时 2.5 分钟)

穷困	靶场	甜头	常识	平民	内外
炮弹	习性	萌发	脑瓜儿	空投	勉强
默默	虽说	厉害	材料	存在	腐朽
论文	打鸣儿	穷尽	乐曲	蕴藏	染色
享有	波动	重新	感官	困难	抽空儿
春风	草本	女皇	姐姐	翅膀	国庆
庙会	来年	归宿	笑话儿	行业	花生
救济	尽快	分水岭	体育馆	有的放矢	一会儿

三、朗读短文

作品 35 号

我喜欢出发。

凡是到达了的地方，都属于昨天。哪怕那山再青，那水再秀，那风再温柔。太深的流连便成了一种羁绊，绊住的不仅有双脚，还有未来。

怎么能不喜欢出发呢？没见过大山的巍峨，真是遗憾；见了大山的巍峨没见过大海的浩瀚，仍然遗憾；见了大海的浩瀚没见过大漠的广袤，依旧遗憾；见了大漠的广袤没见过森林的神秘，还是遗憾。世界上有不绝的风景，我有不老的心情。

我自然知道，大山有坎坷，大海有浪涛，大漠有风沙，森林有猛兽。即便这样，我依然喜欢。

打破生活的平静便是另一番景致，一种属于年轻的景致。真庆幸，我还没有老。即便真老了又怎么样，不是有句话叫老当益壮吗？

于是，我还想从大山那里学习深刻，我还想从大海那里学习勇敢，我还想从大漠那里学习沉着，我还想从森林那里学习机敏。我想学着品味一种缤纷的人生。

人能走多远？这话不是要问两脚而是要问志向。人能攀多高？这事不是要问双手而是要问意志。于是，我想用青春的热血给自己树起一个高远的目标。不仅是为了争取一种光荣，更是为了追求一种境界。目标实现了，便是光荣；目标实现不了，人生也会因//这一路风雨跋涉变得丰富而充实；在我看来，这就是不虚此生。

（节选自汪国真《我喜欢出发》）

四、命题说话（任选一题，时间不得少于 3 分钟）

1. 我的兴趣爱好
2. 如何保持良好的心态

附录五 普通话水平测试答疑50题

1. 普通话水平测试的证书是只在本省市使用还是全国通用? 证书的有效期是几年?

普通话水平测试是一项国家级的资格证书考试,所有测试员都是取得国家认可的测试资格的人员,因此,普通话水平测试证书是全国通用的。普通话水平测试证书目前没有有效期限制。

2. 我这人性格比较内向,平时不善言谈,参加普通话水平测试能不能取得好成绩?

不善言谈是口才问题。普通话水平测试不是口才的评估,不是文化水平的考核,也不是普通话知识的考试,而是对您掌握和运用普通话规范程度的检测。所以您只要发音、用词、用句符合普通话的规范,同时掌握普通话水平测试的应试技巧,就一定能够取得满意的成绩。

3. 我是被测者,不替别人打分,有必要掌握测试的评分标准吗?

很有必要。古人说得好:"知己知彼,百战不殆。"您只有掌握了每一项测试的评分标准,才能真正了解和理解各项测试的要求,在练习和测试中才会按这些要求去做,从而达到少扣分、多得分的目的。

4. 感冒时鼻子不通气,声音也有些异常,这种状态会不会影响到我的测试成绩?

鼻子不通气,不会影响到您发音时的舌位、口形和用词、用句等等。但是,您在考场上先向测试员说明一下,还是有必要的。

5. 什么是"语音错误"?

语音错误是指把一个音节中的声母、韵母和声调读成其他的声母、韵母和声调。比如:

"读单音节字词"中,把翘舌音声母读成平舌音声母,把后鼻音韵母读成前鼻音韵母,把阴平读成上声等等。

"读多音节词语"中,除上述语音错误以外,还有该变调而不变或变错、该读轻声而未读、儿化卷不起舌等等。

6. 怎样才能高效地纠正自己的语音错误?

第一步要辨音,知道怎样的音是正确的,怎样的音是错误的,这才有可能作出准确的选择。最好的方法是在看电视、听广播时仔细听辨播音员的发音,分析他们发的哪些音与您的发音有较大的不同,然后进行模仿。

第二步要记字,记住哪些字该读哪一类音,一看到它们立即就能准确归类。

第三步要解决多音字、异读词、变调、轻声、儿化等问题。

第四步要学以致用,把练习时记住的正确读音自觉地应用到平时的说话中,逐渐形成正确的发音习惯。

7. 什么是"语音缺陷"?

语音缺陷指把一个音节中的声母、韵母和声调读得不到位、不标准,但还没有完全读成其他的声母、韵母和声调。比如:

"读单音节字词"中出现的各种声母、韵母和声调不标准的读音。

"读多音节词语"中除上述语音缺陷以外,还有变调、轻声、儿化读音不完全规范等等。

8. 怎样才能发现并有效地纠正自己的语音缺陷?

语音的"正确"和"错误"是"质"的区别,它们之间的听感差别较大,所以比较容易听出来。而"正确"和"缺陷"只是"度"的区别,它们之间的听感差别比较小,所以听辨时有一定的难度,这就更需要您下一番功夫锻炼自己的耳朵,提高听辨能力。具体的做法是:

第一,请有经验的普通话语音教师帮您分析语音缺陷,通过教师的讲解,明白正确的读音是怎样的,您是怎样读的;了解正确音和缺陷音在发音部位和发音方法上的细微差别,以及您的发音器官怎样移动才能发准这个音。

第二,看电视时仔细观察播音员发这一类音时的音色和口形,再对着镜子看看自己的口形和他们有什么差别。通过分析、调整和模仿,彻底纠正语音缺陷。

9. 由于方音的影响,我实在发不好翘舌音和后鼻音,怎么办?

"发不好"某个音,无非是三种情况:一是发错,二是不到位,三是过了头。前者是语音错误,后两者是语音缺陷。我的建议是:一切为少失分着想,与其读错,不如读缺陷。如果实在摆不准发音位置,读不出准确的那个音,不妨读个过头的音,这样比读错少扣一半分。这是不得已而为之。您要是能读正确,当然更好。

10. 读单音节字词时,如果遇到没有标明语言环境的多音字,我该怎么读?

读出它的几个规范音中的任何一个,都算正确。

11. "闻 wén"字中的 w 到底应该怎么读? 发音时,上唇碰到下门齿造成阻碍算不算语音错误?

u 开头的韵母独自构成的音节中,除了 wu、wo 以外,wa、wai、wei、wan、wen、wang、weng 这几个音节发音时上唇轻微地碰到下门齿,不会扣错误或缺陷分。但是,如果您把音节开头的 w 读成了声带颤动的浊音[v],那就要扣分了。

12. 我发 j、q、x 这几个音时总是带有尖音倾向,很难改,该怎么办?

j、q、x 是舌面音,发音时舌面抬高,舌面前部接触或接近上齿龈和硬腭前部产生摩擦,而这时舌尖是紧紧抵在下门齿背的。如果您发音时舌尖浮了起来,这时舌尖就会和上门齿背产生摩擦,因而出现尖音倾向。纠正的方法是:发 j、q、x 时,把您的舌尖紧紧地固定在下门齿背,让舌面起作用,发出真正的舌面音。

13. 我们的方言中没有卷舌音 er,所以读卷舌音 er 和儿化词时,我的舌头根本卷不起来,怎么办?

许多读不好卷舌音的朋友发这个音时,舌头比较僵硬,总是把舌头整体抬高,把 er 发成近似于 e 的音。您可能也属于这种情况吧? 我觉得您需要经常做一些伸展舌头卷回舌尖的动作,锻炼舌尖的灵活度。发 er 时,舌尖自然向上卷起,舌头后部不需要抬高和过度使劲。

另外,读儿化词时,不要把"儿"当作一个单独的音节读出来。要知道,儿化词中的"儿"仅仅表示卷舌动作,并不是另外一个音节。比如:"那儿"是单音节词,"纳闷儿"是双音节词。如果您把这里的"儿"当作一个单独的音节读出来,把"那儿"读成两个音节,把"纳闷儿"读成三个音节,那就要按语音错误扣分。

14. 机考时我用什么样的音量?

一般用与两、三人之间交谈的音量即可。试音和考试过程中的音量应该一致。测试中常见问题是说话声音越来越小,嘀嘀咕咕,像说悄悄话,这样可能会影响录音效果导致失分。

15. 测试时应该如何把握语速?

测试时应该保持中等语速,一个字一个字念清楚。测试中有的应试人读得太快,字与字粘在一起,每一个字都不清晰,有缺陷。也不要读得太慢,太拖沓。要做到吐字清晰完整、归音到位,语速稳稳当当,从容不迫。

16. 机考时怎样把握时间?

每道题目的下方都有时间滚动条,你能清晰地了解每题的用时。前三项的时间很充裕,每项读完通常都会有时间多余,可以点击右下方的"下一题"按钮,系统便会进入下一题测试。第四项"命题说话"一定要等时间滚动条走完之后才能停下来,因为这一项一定要说满 3 分钟。

17. 机考时周围的噪音会影响我的成绩吗?

不会! 各个机位有一定的距离,为保证录音效果,测试选用的话筒能屏蔽别处的声音。但是您也必须专注于自己的考试,不要刻意去听别人的声音,以免影响自己的发挥。

18. 机考时遇到问题怎么办?

测试前应尽量解决所有操作上的疑问,测试时不要说同测试内容无关的话。若遇问题,应该举手示意,由监考教师前来处理。

19. 测试用计算机可以任意操作吗?

不可以。测试时,应按规定程序操作计算机。不要随意操作计算机,不要按动与测试操作无关的其他按钮,也不要拉扯各种连接线,以免出现影响录音的情况。

20. 读单音节字词时,如果遇到不认识的字怎么办?

测试中遇到不认识的字最好不要绕过去不读。您读错它,算一个语音错误;不读它,也算一个语音错误。所以,您不妨根据字的声旁以及您对它隐隐约约的印象读出一个音来,说不定会撞到一个正确的音。也就是说,哪怕有百分之一的希望也不要放过。您说对吗?

21. 读多音节词语时,如果一个词中有不认识的字,为了避免读错,我干脆不读这个词行吗?

最好不要这样做。"读多音节词语"不是以词为单位扣分的,而是以字为单位扣分的。如果您只有一个字不认识而放弃整个词,就会白白丢掉另一个或几个音节的分。谁会做这样的傻事儿?

22. 在机考第一项和第二项中发现读错能重读吗?

第一项和第二项如果有个别字词读错后重复读一遍,计算机系统会自动进行识别,不会因为一个字的重读而影响整体评分。但不要有过多的重复读。提示:考试时沉着冷静,尽量避免读错。

23. 读单音节字词和读多音节词语测试中,读某个字时由于喉咙不舒服、换气、犹豫不决等原因没有读完整或读得不清晰,怎么办?

您应该重新读一遍,因为这些因素都可以导致声母、韵母或声调方面的缺陷。如果不改读,就会按语音缺陷扣分。

24. 在机考中如何避免漏读?

测试时,前三项如果有"漏读"现象是要按字扣分的,所以要注意避免漏读,即使有不认识的字,也应揣摩着读一下。

建议换行时可稍放慢语速,看清后再读,不要漏行(最容易漏行的读单音节字词、读多音节词语项,行与行的颜色已设置成蓝黑相间,以便应试人把握);朗读短文时则要注意语义连贯,也不要漏行。

25. 朗读作品中的"谁"、"这"、"那"这些字到底算"口语音"还是"书读音",该怎样读?

"谁""这""那"这几个使用频率很高的代词,都有"口语音"和"书读音"之分。它们的"书读音"分别是"谁 shuí""这 zhè""那 nà""哪 nǎ",它们的"口语音"分别是"谁 shéi""这 zhèi""那 nèi、nè""哪 něi、nǎi"。其具体的用法是:

"书读音"一般用于议论文、说明文、应用文的朗读,在庄重、严肃场合中的文字材料的朗读。"口语音"一般用于平时的口语交流,以及口语色彩较浓的文字材料(如记叙文、故事、小说、剧本等)的朗读。朗读作品基本都属于记叙文、故事等体裁,所以读"口语音"比较恰当。但对于这一点,《普通话水平测试大纲》并没有明确的规定。因此,您遇到这几个字读"口语音"或"书读音",一般不会扣分。

如果这些字出现在读单音节字词或读多音节词语测试项中,您一定要看清楚语言环境的提示,再确定它们的正确读音。

26. 朗读作品中的 ABB 式重叠形容词应该怎么读?

ABB 式重叠形容词的读法,《普通话水平测试用普通话词语表》中并没有涉及。按《现代汉语词典》的注音方式看,ABB 式重叠形容词中 BB 的读法有以下三种情况:

(1)BB 本来就是阴平,当然应该读阴平。比如朗读作品中出现的"亮晶晶""蓬松松""阴森森""黑黢黢""笑眯眯"等词语。

(2)BB 是非阴平字,但普通话口语中习惯把它们读作阴平。比如朗读作品中出现的"黑黝黝""沉甸甸"等词语。

（3）BB 是非阴平字，普通话口语中习惯读它们的原调。比如朗读作品中出现的"明艳艳"一词，另外如"阴沉沉""暖洋洋""赤裸裸""空荡荡"等词语。

每一种情况所属的具体词语，您可以参考《现代汉语词典》中的注音，或参考《普通话正音掌中宝》（上海辞书出版社 2002 年 12 月第 1 版，彭红著）中的"ABB 式重叠词语的读音"。

27. 朗读作品中的 AABB 式重叠形容词应该怎么读？

关于 AABB 式重叠形容词，《普通话水平测试用普通话词语表》中也没有涉及。从口语习惯上来讲，有些 AABB 式重叠形容词的第一个 A 和 BB 都读原调，第二个 A 读成次轻音，听起来就比较自然。比如朗读作品中出现的以下词语：

舒舒服服　　密密麻麻　　恍恍惚惚　　断断续续　　坑坑洼洼
整整齐齐　　简简单单　　细细碎碎　　蹦蹦跳跳

而另一些 AABB 式重叠形容词这样处理听起来就比较别扭，必须把每个音节都读原调才觉得自然。比如朗读作品中出现的以下词语：

纷纷扬扬　　曲曲折折　　曲曲弯弯　　层层叠叠　　轰轰烈烈

这里，特别要提到"舒舒服服"这个词。由于"舒服 shūfu"是普通话必读轻声词，"服"字因读轻声而失去了上扬的调型，所以当它变为重叠词时，不能读成 shūshū-fúfú，而应当读作 shūshū-fūfū。

28. 读单音节字词要求读准上声的调值 214，读多音节词语要求读准末尾字的上声调值 214，那么朗读作品也要求把每一个上声字都读成 214 的调值吗？

没有这样的要求。您知道，上声的调值是 214，音程比别的声调要长。上声字独立存在时，一定要把它的调值读到位，即读成先降后升的降升调。而夹在一串音节中，上声的调值就会发生改变，有时只降不升，有时只升不降，因此不能把朗读作品中的每一个上声字都读成 214 调值，应该根据上声的变调规律来读。请您看看本书第二部分——读多音节词语中关于上声变调的内容。

有一点您需要注意：一个句子末尾的上声字还是应该读 214 的调值。

29. 什么叫"声母或韵母系统性缺陷"？

声母或韵母系统性缺陷指朗读短文时，同一类声母或同一类韵母的字有 3 个以上（包括 3 个）出现语音缺陷。

30. 什么叫"语调偏误"？

语调偏误指朗读短文时出现的重音不当、词语的轻重格式错误、同一类声调有 3 个以上（包括 3 个）出现语音缺陷、句调不够自然、语速过快或过慢等现象。

31. 什么叫"停连不当"？

停连不当就是在不该停的地方停顿，在不该连的地方连读，产生破词、破句，影响了语意的准确表达。比如把"黄河中游出土过蓝田人头盖骨"读成"黄河中游出土过蓝田人头 | 盖骨"，或"黄河中游出 | 土过蓝田 | 人头盖骨"；把"一群群孩子在雪地里堆雪人，掷雪球儿"读成"一群群孩子在雪地里堆 | 雪人掷雪球儿"等等。

32. 朗读作品时，如果我发现读错了或感觉读得不好，能不能把那个词或句子重复读一遍？

没有必要。朗读时，您如果读错了一个字，只扣 0.1 分；如果您想读得更完美一点儿而回读，那么已经读错的字得扣分，回读还要视程度轻重（回读字数的多少和回读次数的多少）扣 0.5 分、1 分、2 分。这样看来，回读无疑是一种吃力不讨好的做法。

33. 我朗读水平不行，读得很平，没有抑扬顿挫，更做不到声情并茂，这会不会影响这一项的测试成绩？

从朗读短文的评分标准中，您可以看到，《普通话水平测试大纲》并没有对抑扬顿挫、声情并茂作出具体的评分规定。因此，只要您的语音准确、停连恰当、语流顺畅，即使读得平一些，也不会影响这一项的测试成绩。当然，如果您既能做到语音准确、停连恰当、语流顺畅，又能达到抑扬顿挫、声情并茂的朗读水平，那就更加完美。

34. 前三项测试都有超时扣分的规定,怎样才能在测试时把握好时间?

首先您要搞清楚每一项测试的限时要求。前三项练习读模拟试卷时最好进行计时练读,随时调整自己的朗读速度,做到既不会因过快而影响声母、韵母和声调的完整性,又不会因过慢超时产生不必要的失分。当您练习时能自然而然地使用比较适中的语速,正式测试时您就不必担心时间问题,把所有注意力都集中在您读的试卷或作品上。

第四项命题说话您尽可能准备较多的内容,避免说不满 3 分钟。正式测试时您也不必担心时间问题,只管连续不断地说下去,机考时说满 3 分钟计算机系统会自动提交试卷。

35. 命题说话时不小心发错音,我马上改正过来,扣不扣分?

当然会扣分。命题说话主要是检测您在 3 分钟内不凭借文字材料进行口语表达的准确、规范和流畅的程度,每一次读音错误都被当作扣分的依据。您说话时如果反复纠错,错误照算不说,还得在言语流畅度中扣分,是不是得不偿失啊?

36. 命题说话时,如果同一个字反复读错,是按一次错误算还是按几次错误算?

分别计算错误。所以,如果您对哪几个字的读音总是因把握不准而读错,在练习话题和正式测试时就要有意识地尽量避免这些字,换一个其他的词来表达这个意思。

37. 说话时,谁都会不由自主地带上一些"嗯""呢""那么"之类的口头禅,出现多少次口头禅就会扣分?

从命题说话的评分标准中可以看出,这项测试要求您说话时边想边说,具有口语化特点。这就很难说得像读文章那样流畅,难免带一些"嗯"、"呢"、"那么"之类的口头禅,以此来赢得思考的时间。测试时,在 3 分钟内偶尔出现几次,属于口语表达的正常现象,一般是不扣分的;但如果出现次数过多,明显地影响到语句表达的完整性和整段话的流畅度,就要在"自然流畅程度"中酌情扣分。至于出现多少次就会扣分,这倒没有明确的规定。

38. 机考中说话时缺乏对象感怎么办?

应该调整心态和测试状态,想象着自己是面对着朋友、同伴在说话。有了心理准备和这种虚拟情景设置,感觉就会好多了。

39. 怎样才能避免说话时出现方言词语和方言语法?

首先,您应该了解方言中的一些词和句式在普通话里是怎样说的,这一方面要靠平时多讲普通话来养成用规范词语语法进行口语表达的习惯,另一方面要有意识增强对语言的敏感度,多留心普通话与自己的方言在用词用句方面的差异。您可以参看《普通话水平测试实施纲要》(国家语委普通话培训测试中心编制,语文出版社 2022 年 4 月第 1 版。下同)第 288 页《普通话水平测试用普通话与方言词语对照表》和第 331 页《普通话水平测试用普通话与方言常见语法差异对照表》,也许对您有所帮助。

其次,在练习话题时尽量避免使用自己原来讲得很顺口的方言的词语和语法。

再次,用录音的方式练说话题,然后以"旁观者"的身份复听,从中找出方言词语和语法,改正后再录音,再复听,直至完全规范为止。

最后,正式测试时要保持头脑清醒,沉着镇静,不要因怯场、慌乱而急不择词。

40. 命题说话时出现病句扣不扣分?

如果出现明显的病句,已经影响到您准确表达语意,会扣分的。

41. 我的家乡话在量词、名词的搭配上和普通话有区别,因此我一直搞不清楚"盘子""钥匙""试卷""蒜"配什么量词最合适?

这要看您说话时指的是个体概念还是集合概念。如果指个体概念,就应该是"一个(几个)盘子""一把(几把)钥匙""一份(几份)试卷""一瓣(几瓣)蒜";如果指集合概念,就应该是"一摞(几摞)盘子""一串(几串)钥匙""一套(几套)试卷""一头(几头)蒜"。您还可以参考《普通话水平测试实施纲要》第 364 页的《普通话水平测试用普通话常见量词、名词搭配表》,掌握更多的量词、名词规范搭配的方法。

42. 命题说话是不是要求必须在 3 分钟内说完一段意思完整的话? 换句话说,是不是让我们做口头

作文？

不是。命题说话是检测您不凭借文字材料在 3 分钟内连续说话的准确、规范和流畅的程度，并没有特别要求像作文或演讲稿那样结构完整、层次分明。您如果把注意力过多集中在这些方面，反而会限制临场发挥，分散注意力，使自己陷入被动。正确的做法是，围绕着话题只管说下去，直到说满 3 分钟为止。

43. 命题说话是不是必须做到句子优美、感情充沛、生动有趣？

不一定。命题说话的评分标准并没有这方面的要求。当然，您如果能够在准确、规范和流畅的前提下做到出口成章、引人入胜，那是再好不过的了。但您切不可在测试时为了语言的优美字斟句酌、反复修改，这样肯定会大大影响说话的流畅度而失掉更多的分。

44. 说话是边想边说的，难免会有停顿，这种停顿会不会扣分？

正常的句读停顿、换气停顿和因表达需要而进行的其他停顿是不会扣分的。如果您停顿过多、过于琐碎，或停顿时间太长，明显影响到说话的自然流畅程度，那就要视程度扣 2 至 3 分了。

45. 说话时为了避免出现语音错误，我采用多次重复一句话或几个词语的方法轻松说满 3 分钟，会不会扣分？

当然会扣分，而且会扣很多分，因为这明摆着是一种投机取巧、对付测试的做法。我在测试中就曾遇到过这样的情况：一位应试人说"我的业余生活"这个话题时是这样说的："我工作之余有时候经常和朋友一起搓麻将。麻将牌的花样很多，有一条、两条、三条……九条；还有一饼、两饼、三饼……九饼；还有一万、两万、三万……"就这样，她不紧不慢地把麻将牌里的条、饼、万、风、中、发、白全都摆了一遍，3 分钟就到了。由于她的说话内容里有太多重复的字词，句式几乎完全相同，根本不能反映她用普通话进行口语表达的真实水平，再加上她的方音的因素，最终只得到很少的分。所以，这种"对付"测试的方法实际上对应试人非常不利，是万万不可取的。

46. 我说话时才用了一半儿时间，准备的内容已经说完了，怎么办？

千万不要金口不再开。而应该迅速从这个话题的另一个方面或另一个角度继续说下去，直到说满 3 分钟。比如"我所在的集体"这个话题，您原来准备把这个"集体"中的每个成员介绍一下时间就差不多了，可是测试时由于紧张，您的语速加快，才用了一半儿的时间就说完了。这时您可以谈谈您所在的这个集体近几年来所取得的成绩，如果时间还没有到，还可以谈谈生活在这个集体的感受等等。

另外，您一定要知道测试大纲中的 50 个话题都没有规定必须得说"唯一"的人或事，所以您在练习话题时要尽可能多想几个方面（或几个人），有备无患。测试时也要保持平和的心态和冷静的头脑，万一时间未到就说完了，能够迅速想到接下去从哪个方面说。

47. 口语表达是我的弱项。面对电脑连续说 3 分钟话，我肯定会紧张到丧失思维能力。请问，测试时，我能不能背诵提前写好的说话稿？

不能。命题说话就是检测您在无文字凭借时用普通话进行口语表达的规范度，背稿子显然不符合"无文字凭借"这个要求。再说，"背"和"说"在口语化和语流自然方面都存在很大的距离。所以，您说话有类似背稿子的表现，会在自然流畅程度方面扣分。

48. 我抽到的话题恰好是没有准备的，测试时该怎么办？

千万不要慌乱，更不要轻言放弃。拿到话题后还有几分钟的备测时间，应试人可以充分利用这段时间迅速确定说什么事、怎么说，并在头脑中列出一个简单的说话提纲；然后，静静地想一想每一点应该如何组织语言。当然，如果应试人平常口才就比较好，那么只需迅速确定"从什么事说起"，测试时滔滔不绝地展开就行了。

有一点要请应试人注意：临时准备的话题在测试时一定要尽量说得"细"，这样才能避免说不满 3 分钟。

49. 机考时怎样才能熟悉计算机系统的操作？

1. 测试报到处张贴有"应试指南"，请注意阅读。

2. 测试备测室会滚动播放"机考流程"，请注意收看。

3. 计算机已设定程序，操作十分简便，测试时只要按提示操作即可。

50. 测试时需要出示准考证吗?

当然需要。测试时,录入准考证号并核对个人信息后,请将准考证放在靠走道的考试桌上角,监考人员将在测试过程中对准考证进行检查核对。

附录六 练习及模拟测试参考答案

一、读单音节字词练习试题(本书第50~51页)

读单音节字词练习试题(4)

sǎ	zhì	dāo	niáng	nì	liǔ	jiā	huà
洒	致	刀	娘	逆	绺	家	化
wǎn	qū	kè	děng	zhè	sōu	lián	biē
晚	屈	克	等	浙	艘	连	憋
qióng	zhuō	zhì	xuán	nà	gōng	tóu	diāo
琼	桌	炙	玄	捺	工	投	貂
xià	tiān	jiǒng	shùn	quǎn	huò	pá	lǚ
下	添	窘	顺	犬	货	爬	吕
qí	fèn	cóng	biǎn	míng	guǐ	qiào	cí
鳍	愤	丛	贬	鸣	鬼	俏	慈
bǐng	chī	chǎo	kàng	chá	xiū	liáng	shuā
禀	嗤	炒	炕	茬	休	凉	刷
kùn	rǔ	zhí	gài	fěi	héng	niè	bīn
困	辱	执	概	翡	恒	啮	宾
xiōng	huái	shuǎng	jùn	zé	cǎi	hàn	gōng
胸	槐	爽	俊	责	睬	旱	工
miáo	pèi	zhēn	móu	cuī	xún	zào	hūn
苗	配	臻	眸	崔	循	灶	荤
shì	shǎng	qià	tuán	miàn	xiǎng	luò	chún
恃	赏	洽	团	面	享	摞	唇
bā	liào	lǚ	zī	róng	gǔ	píng	guà
八	廖	履	姿	熔	蛊	平	挂
duì	wēng	pín	gù	lǐ	sī	zhèn	dī
队	翁	贫	雇	里	丝	镇	滴
niú	sǎn	jù	chuī				
牛	伞	具	吹				

读单音节字词练习试题(5)

shí	rì	ěr	cāi	zhāo	zǒu	lǜ	rán
时	日	尔	猜	招	走	氯	燃
chén	sēn	bǐ	yà	shuāng	huàn	yā	sú
陈	森	鄙	亚	双	幻	鸭	俗
zhǒu	yuān	zá	zhuī	jiǒng	diū	yín	xiè
肘	渊	咂	追	窘	丢	银	屑

jiǎng 桨	wéi 违	xiān 先	yǒu 有	qiáo 桥	yuē 曰	rēng 扔	zé 则
liǎ 俩	mán 鳗	xiōng 兄	qí 旗	miǎo 渺	qué 瘸	biàn 辫	liǔ 柳
miǎn 免	pìn 聘	céng 层	niān 拈	bǐng 饼	niáng 娘	tū 突	kuà 挎
duō 多	tóng 同	chè 澈	míng 名	fèn 愤	dǎn 胆	mái 埋	jiǎn 减
fǎng 仿	kāng 糠	féng 冯	luó 箩	fǎn 返	pōu 剖	mò 沫	qí 畦
tài 泰	dōu 兜	péi 陪	hè 鹤	lǎo 老	fù 腹	gǎn 秆	zá 杂
hǎi 海	gōng 弓	shuǐ 水	dòu 窦	cí 雌	guāng 光	kuài 快	lóng 隆
shé 舌	hēi 黑	pí 疲	tì 剃	jùn 郡	luǒ 裸	zhū 诛	xuǎn 选
xué 学	jù 锯	sì 四	shú 赎	chì 赤	nǚ 女	zī 资	lüè 掠
gùn 棍	jī 姬	fá 乏	zhì 志				

读单音节字词练习试题(6)

bā 疤	tè 特	pái 牌	fěi 匪	pāo 抛	bǐ 彼	chūn 春	bié 别
bīn 宾	miào 妙	pǔ 谱	chuī 吹	qiè 怯	bō 波	jué 掘	kuàng 框
sǔn 损	cuò 措	shuāng 双	niè 镍	diū 丢	jù 据	zhuāng 妆	mì 幂
kuān 宽	xùn 驯	guī 硅	yǔn 允	shōu 收	ruǐ 蕊	bó 铂	qū 蛆
dá 达	dào 道	mán 瞒	fèn 愤	fǎng 访	dì 第	lái 来	xuē 靴
xiū 修	niǎn 碾	bìng 病	sōu 艘	niàng 酿	jiǒng 窘	huái 槐	guà 挂
qióng 琼	cū 粗	kuà 跨	huó 活	guǎi 拐	zū 租	ruò 弱	qī 沏
suǒ 所	huá 滑	rě 惹	shuāi 衰	pù 瀑	niǎo 鸟	huī 挥	pǐn 品
léi 雷	fàn 犯	tǎng 躺	tí 题	niē 捏	róng 融	qǐng 请	gē 歌
zòu 揍	cháng 尝	chǒng 宠	qiú 裘	tiān 添	qià 恰	liáo 撩	niǔ 扭
lǚ 缕	zì 字	kāi 开	zhǐ 旨	láo 牢	zhá 铡	gēn 跟	měng 猛
tīng 厅	kuāng 筐	cí 瓷	shì 拭	ěr 饵	cāi 猜	kěn 肯	shòu 授

读单音节字词练习试题(7)

cuàn 篡	zuǎn 纂	niè 孽	něi 馁	jiàn 谏	niān 蔫	xù 婿	kēng 铿
cù 簇	dí 涤	kuài 侩	yǎn 俨	cūn 皴	bìn 殡	zhǒng 冢	miù 谬
lì 栗	náo 挠	tuān 湍	niè 镍	pín 频	bīn 濒	piǎo 瞟	fàn 梵
nuó 挪	è 扼	shāi 筛	shì 噬	zhuó 浊	fēi 绯	juàn 眷	xū 戌
shǐ 矢	yòu 釉	piē 瞥	shà 霎	fǔ 甫	kuàng 框	pí 毗	guī 皈
pī 坯	pēi 胚	yǔn 陨	kāi 揩	qíng 擎	miè 蔑	chán 潺	juē 撅
nǐ 拟	jiá 颊	zhuàng 撞	jí 瘠	sǒng 耸	juàn 绢	zè 仄	zhuì 缀
chī 痴	rào 绕	xiàn 霰	qī 沏	bǐng 禀	lǐn 凛	mò 蓦	miǎo 藐
niān 拈	bìn 摈	qián 潜	lù 戮	niè 啮	sǒu 擞	shù 恕	lú 栌
bì 庇	suǐ 髓	zhàn 绽	tǎ 獭	xiāo 嚣	zhàn 栈	pǐ 癖	lāo 捞
chá 察	cā 擦	duò 舵	xuǎn 癣	cāo 糙	lòu 陋	bǐ 鄙	shù 漱
xiè 褉	zhé 辄	gōu 钩	diào 钓	bāo 褒	huà 桦	kǎi 慨	qià 洽
huì 晦	qué 瘸	shuàn 涮	ruǐ 蕊				

二、读多音节词语练习试题(本书第69页)

读多音节词语练习试题(4)

fāshāo 发烧	tiáoyuē 条约	kuòzhāng 扩张	huàféi 化肥	rènao 热闹	zěnyàng 怎样
kǒujué 口诀	léizhui 累赘	wàibīn 外宾	zhàopiānr 照片儿	qǔnuǎn 取暖	yīng'ér 婴儿
xúncháng 寻常	liúpài 流派	gēsòng 歌颂	pínqióng 贫穷	tuōluò 脱落	jiātíng 家庭
quǎnchǐ 犬齿	tíchéngr 提成儿	tuīcè 推测	cǎiyòng 采用	biǎodá 表达	mǐngǎn 敏感
zhǔréngōng 主人公	sīliang 思量	sǔnhuài 损坏	tèshū 特殊	kūnchóng 昆虫	méizhǔnr 没准儿
mǎhu 马虎	kuánghuān 狂欢	bódòu 搏斗	érnǚ 儿女	wěndang 稳当	niánqīng 年轻

xiàjiàng	xǔjiǔ	xuěshān	wányìr	pòliè	guǎngyì
下降	许久	雪山	玩意儿	破裂	广义
wèisuì	róngjiě	bǎndèng	shénjīngzhì	qíngbùzìjīn	míngpáir
未遂	溶解	板凳	神经质	情不自禁	名牌儿

读多音节词语练习试题(5)

kùnjìng	quánqiú	xīnsi	qǐtǎo	jiǎngzhuàng	zhànlüè
困境	全球	心思	乞讨	奖状	战略
tūntǔ	chōusuì	fójiào	liǎnpánr	shàonǚ	shāfā
吞吐	抽穗	佛教	脸盘儿	少女	沙发
cuīhuǐ	yīnyuè	chāishi	xuèyè	lǎozhě	pāishè
摧毁	音乐	差事	血液	老者	拍摄
mínzhòng	luòkuǎnr	xùnsù	chōngmǎn	shuāibiàn	cùyōng
民众	落款儿	迅速	充满	衰变	簇拥
kuàngqiě	piēkāi	fēnmì	lǐcǎi	liúyù	yìdiǎnr
况且	撇开	分泌	理睬	流域	一点儿
chíchěng	kǒudai	xuánguà	shuìmián	měidé	yǒnghéng
驰骋	口袋	悬挂	睡眠	美德	永恒
chángnián	zhìzào	xuétáng	guǎiwānr	qiǎngjiù	cǎoběn
长年	制造	学堂	拐弯儿	抢救	草本
fèiténg	tǎngruò	huāduǒ	nóngzuòwù	liǎngkǒuzi	fāngxīngwèi'ài
沸腾	倘若	花朵	农作物	两口子	方兴未艾

读多音节词语练习试题(6)

jǔzhǐ	xúnhuán	xuǎnqǔ	dāying	miǎoxiǎo	gōngfu
举止	循环	选取	答应	渺小	工夫
qióngrén	huángsè	kùnjìng	dàhuǒr	ménkǒu	miànkǒng
穷人	黄色	困境	大伙儿	门口	面孔
fēngbì	huāfěn	cúnzài	chābié	chuàngzào	péikuǎn
封闭	花粉	存在	差别	创造	赔款
pǔbiàn	dǎgér	qúntǐ	guǐdào	yuǎnfāng	chúncuì
普遍	打嗝儿	群体	轨道	远方	纯粹
liǎngjí	quánmín	juécè	zhuājǐn	bǔtiē	lèizhūr
两极	全民	决策	抓紧	补贴	泪珠儿
xuējià	xióngzhuàng	shuāibài	qiǎnhǎi	zhāngluo	xiàdiē
削价	雄壮	衰败	浅海	张罗	下跌
kuàitǐng	qiángyìng	shěnzi	sòngxìnr	niǔzhuǎn	gēngzuò
快艇	强硬	婶子	送信儿	扭转	耕作
sǎnshè	mófàn	bóruò	jīnsīhóu	shǒuliúdàn	bèidào'érchí
散射	模范	薄弱	金丝猴	手榴弹	背道而驰

三、命题说话

普通话词语规范练习(本书第 152 页)

1. 从每组词中选出普通话规范词语。

A．聊天儿　　　B．双胞胎　　　C．鼻子　　　D．爸爸　　　E．手绢儿

2．从下列词语中选出普通话的以"子"为词缀的词。

A．栗子　　　B．椅子　　　C．鸭子　　　D．刷子　　　E．镜子

3．从下列词语中选出普通话的以"头"为词缀的词。

A．码头　　　B．盼头　　　C．来头　　　D．甜头　　　E．里头

4．从下列词语中选出普通话的儿化词。

A．冰棍儿　　　B．掌勺儿　　　C．饱嗝儿　　　D．找茬儿　　　E．好好儿

5．对比下列普通话词语和方言词语的词素排列次序。

这几个方言词语和普通话规范词语的词素排列顺序正好相反。

6．从下列短语中选出普通话规范成语。

A．自言自语　　　B．粗茶淡饭　　C．说三道四　　D．温情脉脉　　E．沸沸扬扬

7．从下列词义中选出普通话的词义。

面汤——B：煮过面条的水。

生活——A：进行各种活动。

口头——B：用说话的方式来表达的。

苗子——A：比喻继承某种事业的年轻人。

巴结——A：趋炎附势、讨好奉承。

8．对译训练。（略）

普通话语法规范练习(本书第166页)

1．正确搭配下面的量词和名词。

条　　　　　　　　医院
间　　　　　　　　窗户
所　　　　　　　　房子
部　　　　　　　　老鼠
扇　　　　　　　　毛巾
架　　　　　　　　电影
张　　　　　　　　桥
只　　　　　　　　桌子
座　　　　　　　　飞机

2．从每组词中选出普通话的规范词语。

A．娃娃　　　B．试试看　　C．硬梆梆　　D．白花花　　E．糊里糊涂

3．指出下列句中的普通话代词。

A．什么　　　B．怎么　　C．你们　　D．哪里　　E．这里

4．分析下列句中表示动作状态持续的词，找出普通话的规范表达方式。

C．他正写着信。

5．找出下列句子中哪种表示数量的说法是普通话规范的表达方式

A．一共有十六只鸭子。　　　　　　　　B．这套书一百一十六元。

C．我家住在二层。　　　　　　　　　　D．下午两点三刻。

E．现在的比分是二比六。

6．指出下列句子中使用普通话规范语气助词的句子。

B．你看这孩子写得多认真哪！

7．指出下列句子中使用普通话规范叹词的句子。

B．啊，太美啦！

8．从下列各组句中选择一种语序符合普通话语法规范的句子。

A．你去不去？   B．快到了。

C．我比你大。   D．今天你练字了吗？练了。

E．从前没有干的，也没有吃的；现在有干的，也有吃的。

9．从下列句子中找出语法符合普通话规范的句子。

A．这件事我不知道。   B．这沙发能坐三个人。

C．不要客气，你先走。   D．给我一张报纸。

E．这盘菜咸吗？

纠正病句练习（本书第168页）

1．在假日里，我也经常去玩。

2．总而言之，这时候我已经渐渐地放心了。

3．我们买了许多野炊用的食物，准备露一手，让老师夸夸我们的手艺。

4．中国最热闹的节日就是春节了。

5．看到这种情景，脑海里涌现出许多感想。

6．现在到处都种了许多树，绿化搞得很好，人们的生活环境变好了。

7．我的朋友是一家出售高档礼品的商店的总经理。

8．现在科技发展了，人们都有了手机这种通讯工具。

9．假日的天空晴朗无云，令人很开心。

10．以前，大家都通过写信联络感情。

言语自然流畅、突出口语化特点练习（本书第169页）

1．下列词语哪些常用于口头，哪些常用于书面？

A．口头语：聊天儿 害怕 看   心   忘

　书面语：谈话   畏惧 观看 心扉 遗忘

B．口头语：吓唬 生气 顶嘴 颜色 穷

　书面语：恐吓 愤怒 口角 色彩 贫穷

C．口头语：小气 来   冷   往   飞

　书面语：吝啬 莅临 寒冷 居住 飞翔

D．口头语：要饭 丢掉 望   长相 拿手

　书面语：乞讨 遗失 凝望 容貌 擅长

E．口头语：爸爸 就   和   嘴   走

　书面语：父亲 便   与   口腔 步行

2．下面一段话中哪些词语不够口语化？请用口语化词语替换它们。

我们家是一个三口之家，非常和睦、温馨。我爸爸在一家公司上班，我妈妈是一位护士。我爸爸妈妈很爱我。有一件事情让我很多年都忘不掉。那年夏天的一个傍晚，妈妈买来了很多菜和水果……

3．请把下面一段话改为口语化的表述。

那一天黄昏，天气很冷，我孤孤单单地在小河边走着，心里惦记着远在家乡的妈妈。太阳快要落山了，它好像舍不得离开似的把金黄色的光芒洒在小河里，水面上就像漂着一层耀眼的碎金子一样，好看极了。这时候，一个非常漂亮的小女孩挑着一对小桶来到河边挑水，我这才回过神儿来……

4．请比较下列各组句子，选择出口语化句式：

（1）我高中时的班主任，高个子，大眼睛，性格比较内向，平常不大说笑。

(2) 小朋友,这些小动物是你捏的? 太好了,活灵活现的! 你真聪明!

(3) 三年前的一天早上,天气很好,很早,太阳就出来了……

(4) 在海边,也是生来第一次。我们尽情玩耍、游泳、拾贝壳、跑沙滩、尝海鲜……

四、普通话水平测试模拟试卷(本书第175～176页)

一号卷

1. 读单音节字词(100个音节,共10分,限时3.5分钟)

bēn	zòng	shǎng	bó	rēng	kěn	qìn	fǎng
奔	纵	赏	箔	扔	啃	沁	访
sēng	pín	kàng	niǔ	biāo	miǎn	piào	nóng
僧	贫	炕	扭	标	免	票	脓
míng	hè	shuǎng	cā	rè	dá	pāo	xiàng
鸣	赫	爽	擦	热	达	抛	项
sòng	zhī	kè	pěng	chuí	tǐ	jué	cǐ
宋	支	课	捧	捶	体	蕨	此
suí	rì	jiā	zòu	tiē	jiào	diū	tián
绥	日	家	奏	贴	较	丢	填
jué	shuān	xù	shǔn	jù	huáng	guàn	lái
爵	栓	绪	吮	锯	皇	罐	来
qū	chún	zhuāng	qué	cuò	xūn	fù	qiú
屈	醇	妆	瘸	错	熏	附	裘
yǔn	gū	ěr	wēng	chě	qí	rào	tīng
允	估	饵	翁	扯	鳍	绕	听
dǎo	chì	fàn	sōu	zéi	fǒu	nín	cè
导	翅	泛	艘	贼	否	您	册
niáng	pō	hǎi	xióng	fū	niè	kuān	léi
娘	颇	海	雄	夫	孽	宽	雷
sǎn	lüè	zī	bǐ	qióng	měng	fū	tái
伞	略	资	笔	穷	猛	孵	抬
diē	yuàn	guāi	lú	huà	luó	jùn	gǎi
爹	苑	乖	卢	桦	箩	俊	改
lì	huǒ	xuán	hòu				
吏	伙	玄	厚				

2. 读多音节词语(100个音节,共20分,限时2.5分钟)

zhìshǎo	sēnlín	sècǎi	yāojing	nèiróng	jǔzhǐ
至少	森林	色彩	妖精	内容	举止
guīmó	rénqún	zhǎngwò	bèiwōr	sǔnhài	xiàbān
规模	人群	掌握	被窝儿	损害	下班
píngxíng	chéngběn	miáoshù	cǐkè	shuǎngkuai	huáiniàn
平行	成本	描述	此刻	爽快	怀念
xiōngpú	bíliángr	qiǎngjiù	tuǒdang	huàféi	bōcháng
胸脯	鼻梁儿	抢救	妥当	化肥	波长
tóuxiáng	juǎnyān	mǐnruì	quèlì	míngtiān	hǎowánr
投降	卷烟	敏锐	确立	明天	好玩儿

niǔzhuǎn	yǔnshí	zhuāngjia	xuézhě	fēnliè	xiézuò
扭转	陨石	庄稼	学者	分裂	协作
kǒngpà	zǒngtǒng	cúnzài	dǎdǔnr	jiǒngpò	xuǎnqǔ
恐怕	总统	存在	打盹儿	窘迫	选取
zìfā	cānmóu	lǔshuǐ	liǎodé	gōngzuòrì	qiányí-mòhuà
自发	参谋	卤水	了得	工作日	潜移默化

3. 朗读短文(略)

4. 命题说话(略)

二号卷

1. 读单音节字词(100个音节,共10分,限时3.5分钟)

shuì	nǔ	shuāng	guàn	suí	quǎn	yù	wēng
税	女	双	灌	隋	犬	誉	翁
lüè	xuǎn	tuī	guó	wā	zhé	quē	hún
略	选	推	国	挖	辙	缺	魂
mǎi	huàn	bǔ	suì	xué	zhǐ	shēn	niǎn
买	患	捕	岁	穴	址	砷	撵
jiàn	lěng	zī	fèi	dāo	jué	ěr	zèng
谏	冷	姿	费	刀	蕨	尔	赠
zhuì	qū	jié	lǐ	qiú	dì	zhuā	xiào
缀	祛	节	鲤	囚	递	抓	笑
pǐ	diàn	nín	duō	niáng	tuō	jiǎ	xiáng
匹	垫	您	多	娘	托	甲	详
miǎo	bái	gù	miǎn	chuō	jiàn	zhú	bǐng
渺	白	顾	免	戳	见	烛	柄
diān	xióng	zūn	luó	qìng	bāng	rì	pōu
滇	熊	遵	箩	庆	帮	日	剖
liǎn	kēng	pèi	xī	rén	gōng	gǎn	piē
敛	坑	配	夕	人	弓	秆	瞥
péng	tiē	rào	cōng	kěn	chéng	lòu	jiāo
篷	贴	绕	葱	啃	惩	陋	胶
qiān	liǎng	tóng	kòu	jí	shǎng	xīn	tàn
铅	两	同	扣	瘠	晌	芯	探
fū	xiá	ǎo	pò	cǎi	sì	kāi	zé
肤	狭	袄	魄	睬	寺	开	则
chāo	cí	pǐ	shì				
钞	雌	匹	适				

2. 读多音节词语(100个音节,共20分,限时2.5分钟)

qióngkùn	bǎchǎng	tiántou	chángshí	píngmín	nèiwài
穷困	靶场	甜头	常识	平民	内外
pàodàn	xíxìng	méngfā	nǎoguār	kōngtóu	miǎnqiǎng
炮弹	习性	萌发	脑瓜儿	空投	勉强
mòmò	suīshuō	lìhai	cáiliào	cúnzài	fǔxiǔ
默默	虽说	厉害	材料	存在	腐朽

lùnwén	dǎmíngr	qióngjìn	yuèqǔ	yùncáng	rǎnsè
论文	打鸣儿	穷尽	乐曲	蕴藏	染色
xiǎngyǒu	bōdòng	chóngxīn	gǎnguān	kùnnan	chōukòngr
享有	波动	重新	感官	困难	抽空儿
chūnfēng	cǎoběn	nǚhuáng	jiějie	chìbǎng	guóqìng
春风	草本	女皇	姐姐	翅膀	国庆
miàohuì	láinián	guīsù	xiàohuar	hángyè	huāshēng
庙会	来年	归宿	笑话儿	行业	花生
jiùjì	jǐnkuài	fēnshuǐlǐng	tǐyùguǎn	yǒudìfàngshǐ	yíhuìr
救济	尽快	分水岭	体育馆	有的放矢	一会儿

3. 朗读短文(略)

4. 命题说话(略)